本书得到国家自然科学基金项目"数智专利技术会聚层次对专利市场价值的作用机理研究"（72374037）的资助

知识产权研究的理论与方法

THEORIES AND METHODS OF INTELLECTUAL PROPERTY RESEARCH

栾春娟 宋博文 邓思铭 等／著

科学出版社

北 京

内 容 简 介

本书以知识产权研究分析流程为主线，以专利技术的评估、运营及机会预测为重点，梳理出知识产权分析研究的基础性流程。在基础理论部分，书中从国内外知识产权管理学科研究中的焦点问题出发，论述了知识产权研究的意义、国内外发展现状、研究焦点、研究脉络、研究派系及其理论基础。在分析方法部分，书中深入讨论了高校、企业专利运营实力的评价分析方法，专利价值与专利代理数量、专利技术创新网络及其他专利特征间的关系，技术演进与技术预测方法，技术会聚评价指标及测度方法，科学仪器与科学论文产出间的关系，以及 ICT 企业的专利技术合作与创新网络演化。

本书可供知识产权、专利分析、科学计量学领域的高校和研究院所的研究人员、相关专业研究生，以及政府和企事业部门从事战略规划、科技评价、专利分析的工作人员阅读与参考。

图书在版编目（CIP）数据

知识产权研究的理论与方法 / 栾春娟等著 . —北京：科学出版社，2024.1
ISBN 978-7-03-077414-9

Ⅰ.①知… Ⅱ.①栾… Ⅲ.①知识产权－研究－中国 Ⅳ.① D923.404

中国国家版本馆 CIP 数据核字（2024）第 004427 号

责任编辑：朱萍萍 / 责任校对：韩　杨
责任印制：赵　博 / 封面设计：有道文化

科学出版社 出版
北京东黄城根北街16号
邮政编码：100717
http://www.sciencep.com

北京市金木堂数码科技有限公司印刷
科学出版社发行　各地新华书店经销

*

2024 年 1 月第 一 版　开本：720×1000　1/16
2025 年 1 月第二次印刷　印张：16 1/2
字数：300 000

定价：118.00 元
（如有印装质量问题，我社负责调换）

前　　言

　　探索知识产权研究的理论、方法与应用实例，对于推动知识产权学科建设和知识产权人才培养，助力国家的创新驱动发展战略和知识产权强国战略，具有重大的理论贡献和实践意义。作为一个跨学科的研究领域，知识产权研究不仅涉及法学、管理学、经济学等社会科学研究领域，而且涉及信息科学、计算机科学和工程技术等相关自然科学研究领域。

　　本书缘起于 2020 年 11 月 14 日在江苏大学召开的、由中国科学学与科技政策研究会知识产权政策专业委员会主办、江苏大学承办的"第十六届中国科技政策与管理学术年会知识产权政策与管理分会"。在那次年会上，笔者做了题为"知识产权与科学计量学"的主旨演讲，激起来自各高校参会老师及学生的热烈讨论，也由此掀起了一场推动知识产权研究方法研究、传授与学习的热潮。

　　"工欲善其事，必先利其器"，知识产权研究的工具与方法是加强知识产权学科建设和人才培养的基础工程。在当今全球科学技术会聚发展的时代，知识产权学科的长足发展，需要借鉴和融合来自不同学科领域的研究方法，并健全和完善自身独具特色的研究方法。如何运用新兴技术方法与工具手段推动知识产权学科的建设与发展，成为国内外学者们关注的重要课题。本书拟借鉴管理学、经济学、信息与计算科学等多个学科领域的新兴研究方法，结合知识产权学科的发展特点和全球科学技术会聚发展的趋势，探索知识产权学科的新兴研究方法，以期推动知识产权学科的长足发展。

　　书中共包括与知识产权研究相关的 6 个研究主题和相关案例研究。

这些知识产权研究理论方法与应用实例是栾春娟及其团队近年来研究成果的一部分。研究主题主要包括：知识产权管理学科研究中的焦点与核心、专利运营综合实力评价研究、专利价值与专利运营网络研究、技术演进与技术预测研究、技术会聚评价指标与方法研究、科学仪器与科学论文产出相互作用的实证研究。

本书共包括七章。

第一章为知识产权管理学科研究中的焦点与核心，由宋博文和栾春娟执笔。

第二章为专利运营综合实力评价研究。其中第一节高校专利运营实力评价方法与实证研究由栾春娟、白晶执笔，第二节国民经济各个行业专利运营实力评价由栾春娟、张琳和白晶执笔，第三节各省专利运营能力评价研究由李亚宽和栾春娟执笔，第四节高校专利运营的地区差异与政策研究由李宇婧和栾春娟执笔。第五节新产品开发视角下高技术产业专利运营效率研究由栾春娟和李宇婧执笔。

第三章为专利价值与专利运营网络研究。其中第一节我国发明专利代理量与价值度的关系——基于 VAR 的实证分析由张琳和栾春娟执笔，第二节中美专利质量比较研究由白晶和栾春娟执笔，第三节国家电网公司专利运营模式研究由白晶和栾春娟执笔，第四节转让专利申请、公开时间特征研究由张琳和栾春娟执笔，第五节美国在华专利转让网络研究由栾春娟、张琳和白晶执笔。

第四章为技术演进与技术预测研究。其中第一节全球太阳能技术中心转移与核心主题演进研究由栾春娟和宋博文执笔，第二节能源产业技术演进与技术预见——模型与实证由栾春娟和张琳执笔，第三节基于全球专利布局战略的技术预测方法与实证由栾春娟和白晶执笔。

第五章为技术会聚评价指标与方法研究。其中第一节基于特征向量中心度的技术会聚评价指标研究由宋博文和栾春娟执笔；第二节基于多元技术会聚的会聚影响力研究由宋博文和栾春娟执笔。

第六章为科学仪器与科学论文产出相互作用的实证研究，由栾春娟、邓思铭和张琳执笔。

第七章为 ICT 企业的专利技术合作与创新网络演化研究，由栾春娟执笔。

感谢在本书写作过程中给予我们帮助的多方主体。感谢国家自然科学基金的资助。感谢科学出版社朱萍萍老师的耐心编辑、校对。

我们希冀这本结合了各位编者自身多学科专业知识背景的特长，博采众长，广泛借鉴管理学、信息与计算科学、经济学等多学科领域的国际前沿新兴研究方法，结合知识产权学科的特点的著作可以受到知识产权研究领域人士的喜爱。

由于是探索性研究，本书大概主要发挥抛砖引玉的作用。书中内容虽倾尽著者们的智慧与心血，然仍难免有所疏漏，望广大读者批评指正。

栾春娟

2022 年 12 月

于大连理工大学知识产权学院办公楼

目　　录

第一章　知识产权管理学科研究中的焦点与核心

第一节　全球知识产权研究进展

一、全球知识产权研究的发展趋势

知识产权在促进产业升级、创造就业、吸引投资和提高商业竞争力等方面发挥着重要作用。一般认为，"知识产权"一词是由法国学者卡普佐夫首创的，后被比利时法学家皮卡第（Piret）所发展并概括为"一切来自知识活动领域的权利"[1]。1967 年《成立世界知识产权组织公约》签订后，"知识产权"的概念获得绝大多数国家和组织的认可，知识产权研究开始逐渐引起学者们的关注。

经过数十年的发展，当前全球知识产权研究的发展趋势如何？知识产权研究成果的高产国家和高产机构是哪些？主要学科是如何分布的？研究的热点主题是什么？了解和掌握当前全球知识产权研究进展对未来知识产权研究工作的开展具有重要意义。

笔者基于 Web of Science 核心合集数据库中的社会科学引文索引数据库（Social Sciences Citation Index，SSCI），检索了 1900～2021 年全球知识产权研究的全部文献，共计 19 030 篇。检索式为：(((TS=(intellectual property*)) OR TS=(patent)) NOT TS=(patently)) AND DT=(Article)。相关文献数量年度分布如图 1-1 所示。

图 1-1 显示，现有知识产权研究相关论文最早出现在 1956 年，该年的文献发表数量为 33 篇。全球知识产权研究大致可以分为三个阶段：第一阶段为 1956～1990 年，全球知识产权研究在这个阶段发展平稳，年发文数量在 100 篇以下；第二阶段为 1991～2005 年，全球知识产权研究在这个阶段稳步推进，年发文数量从 79 篇（1991 年）增加到 350 篇（2005 年）；第三阶段为 2006～2021 年，全球知识产权研究在这个阶段迅速发展，年发文数量整体呈指数上升，截至 2021 年，年发文数量达 1482 篇。经过 60 余年的发展，全球知识产权研究已取得长足进步，越来越多的学者开始认识到知识产权研究的重要性，并加入研究行列。

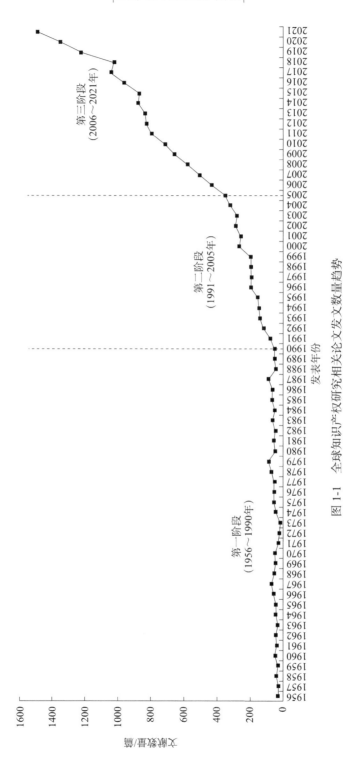

图 1-1　全球知识产权研究相关论文发文数量趋势

二、全球知识产权研究的高产国家/地区与高产机构

知识产权研究成果的高产国家/地区和高产机构是哪些？表1-1列出了截至2021年产出论文数量多于150篇的21个高产国家/地区的名称、论文数量等。

表 1-1　产出论文数量多于 150 篇的 21 个高产国家/地区

排名	高产国家/地区（中文名称）	高产国家/地区（英文名称）	论文数量/篇
1	美国	the United States	7070
2	英国	the United Kingdom	1836
3	中国大陆	China's mainland	1825
4	德国	Germany	1115
5	意大利	Italy	1022
6	韩国	the Republic of Korea	798
7	加拿大	Canada	775
8	澳大利亚	Australia	687
9	西班牙	Spain	676
10	中国台湾	Taiwan, China	652
11	法国	French	650
12	荷兰	the Netherlands	647
13	日本	Japan	440
14	比利时	Belgium	398
15	印度	India	375
16	瑞典	Sweden	350
17	瑞士	Switzerland	341
18	丹麦	Denmark	220
19	新加坡	Singapore	216
20	巴西	Brazil	213
21	芬兰	Finland	170

表1-1显示，知识产权研究论文产出数量最多的国家/地区是美国，共有论文7070篇，且论文产出数量多出第二名（英国）5234篇，足见美国知识产权研究实力之雄厚。论文产出数量超过1000篇的高产国家/地区有5个，500～1000篇的国家/地区有7个，150～500篇的国家/地区有9个。

表1-2列出了截至2021年产出论文数量多于150篇的19个高产机构的名

称及其所属国家等信息。其中，以加利福尼亚大学系统为首的来自美国的机构有 13 个，来自英国的机构有 2 个，余下机构分别来自法国、比利时、意大利和加拿大。加利福尼亚大学系统发文数量最多，为 546 篇，占比 2.869%。英国伦敦大学发文数量位列第二，共发文 423 篇，占比 2.223%。余下的机构中，论文数量多于 200 篇的机构有 6 个，150~200 篇的机构有 11 个。

表 1-2　截至 2021 年产出论文数量多于 150 篇的 19 个高产机构名称及其所属国家等信息

排名	高产机构（中文名称）	高产机构（英文名称）	所属国家	论文数量 / 篇	占比 /%
1	加利福尼亚大学系统	University of California System	美国	546	2.869
2	伦敦大学	University of London	英国	423	2.223
3	哈佛大学	Harvard University	美国	372	1.955
4	国家经济研究院	National Bureau of Economic Research	美国	317	1.666
5	佐治亚大学系统	University System of Georgia	美国	287	1.508
6	加利福尼亚大学伯克利分校	University of California, Berkeley	美国	262	1.377
7	乌迪斯法国研究型大学	Udice French Research Universities	法国	241	1.266
8	斯坦福大学	Stanford University	美国	233	1.224
9	鲁汶大学	Ku Leuven	比利时	183	0.962
10	宾夕法尼亚州联邦高等教育系统	Pennsylvania Commonwealth System of Higher Education Pcshe	美国	180	0.946
11	佐治亚理工学院	Georgia Institute of Technology	美国	177	0.930
12	宾夕法尼亚大学	University of Pennsylvania	美国	177	0.930
13	麻省理工学院	Massachusetts Institute of Technology（MIT）	美国	174	0.914
14	得克萨斯大学系统	University of Texas System	美国	169	0.888
15	米兰路易吉·博科尼大学	Bocconi University	意大利	164	0.862
16	多伦多大学	University of Toronto	加拿大	163	0.857
17	伦敦政治经济学院	the London School of Economics and Political Science	英国	156	0.820
18	哥伦比亚大学	Columbia University	美国	154	0.809
19	纽约大学	New York University	美国	154	0.809

三、全球知识产权研究成果的主要学科分布

基于文献检索结果，运用 VOSviewer 软件进行 Web of Science 学科类别分

析，生成如图 1-2 所示的全球知识产权研究成果的主要学科分布图谱。图谱中的节点标注信息代表着每篇论文的所属学科。节点越大，表示该学科下的论文数量越多，不同的节点表示该文献所处的聚类不同。

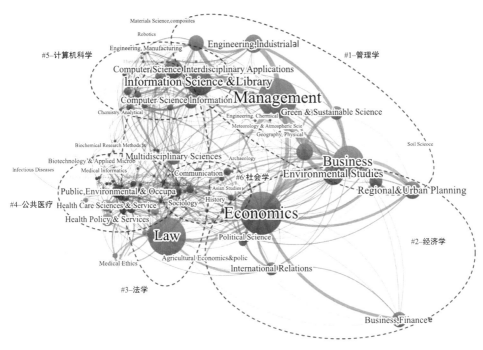

图 1-2 全球知识产权研究成果的主要学科分布图谱

图 1-2 显示，全球知识产权研究成果的主要学科涉及经济学、管理学、法学、公共医疗、计算机科学和社会学 6 个聚类，其中最主要的学科聚类为经济学、管理学和法学。来自不同聚类的各学科之间存在显著的交叉与融合，说明知识产权研究已经突破传统的单一学科体系，具有典型的跨学科特征。

四、全球知识产权研究的热点主题

基于文献检索结果，运用 VOSviewer 软件进行关键词分析，生成了如图 1-3 所示的全球知识产权研究成果的热点主题分布图谱。其中，图谱中的节点标注信息代表着论文的每个关键词。节点越大，表示该关键词下的论文数量越多，不同颜色的节点表示该文献所处的聚类不同。

图 1-3 显示，全球知识产权研究的绝大部分热点主题处于 3 个聚类中，分析汇总其文献信息后，将聚类标签总结为 #1-知识产权研究、#2-专

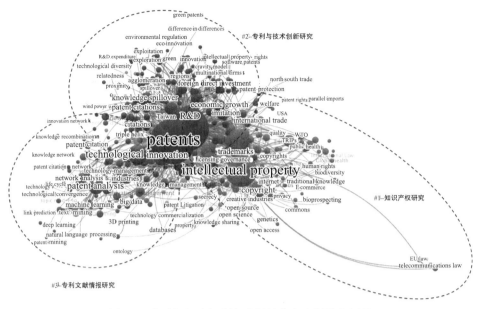

图 1-3　全球知识产权研究成果的热点主题分布图谱

利与技术创新研究、#3-专利文献情报研究。其中，#1-知识产权研究聚类中的热点主题以版权（copyright）、与贸易有关的知识产权协定（TRIPs）、商标（trademark）和国际贸易（international trade）等为主，研究多为政策法规、战略对策类研究；#2-专利与技术创新研究聚类中的热点主题以知识溢出（knowledge spillover）、经济增长（economic growth）、外商直接投资（foreign direct investment）和专利引证（patent citation）等技术创新的经济效益类研究为主；#3-专利文献情报研究聚类中的热点主题以技术会聚（technological convergence）、大数据（big data）、文本挖掘（text mining）、专利挖掘（patent mining）等实证研究为主。知识产权研究的热点主题理论与实践兼具，既涉及与知识产权相关的政策法律等规范性研究，又涉及对具体产业、新兴技术的实证研究，旨在满足科技进步和经济社会发展的现实需要。

第二节　科学意义与国内外研究现状

21 世纪是知识经济全球化的时代，知识已经成为当今众多生产要素中的重中之重，知识产权的管理也成为当今企业在高新技术发展浪潮中乘风破浪的核心动力[2]。因此，加强对知识产权的管理研究能够极大地影响国民的创新意识与创新积极性，同时也是推动企业发展、强化人才保护等诸多问题的集中体现。加强发展知识产权管理学科必然需要对当前的学科概况进行全面认识，而科研文献作为科研过程中学习某个学科相关知识及获取最新发展前沿的重要途径，能否选择合适的文献来了解知识产权管理学科对于后期的学科认知过程尤其重要。

目前知识产权管理学科中的相关研究主要集中在从管理学角度对知识产权管理现状的探究与分析[3,4]、从法学与文化角度对知识产权的研究和建议[5-7]、对知识产权管理学科建设与人才培养[8-10]的相关研究三大方面，缺少针对知识产权管理学科焦点的研究与评述。因此，本书拟采用引文分析法与参考文献出版年图谱分析法对知识产权管理学科中的相关文献开展研究，运用引文分析法分析学科中的经典文献，并在此基础上得出主要研究角度，从而获得学科的研究焦点；运用文献出版年图谱分析法来发现知识产权管理学科中被掩盖的根源性文献，并对这些根源性文献进行说明；结合学科中的焦点与核心解读当前知识产权管理研究的派系状态。书中以学科中的全部文献为基础，对整个学科的知识脉络进行梳理，并为认识知识产权管理学科的当前状态、研究焦点与核心、历史溯源提供理论支持。

第三节　数据来源与研究方法

一、数据来源

本书的数据获取自 Web of Science 数据库中的科学引文索引扩展版（Science Citation Index Expanded，SCIE）、社会科学引文索引数据库（Social Sciences Citation Index，SSCI）及艺术与人文引文索引数据库（Art & Humanities Citation Index，A&HCI）三个数据库。针对知识产权管理学科这个研究主题，我们选择主题为 intellectual property*①或 patent、研究方向为 business economics 或 public administration 或 operations research management science 的检索策略，检索 1900～2017 年的全球知识产权学科中的全部相关文献，共计 23 018 篇。

二、研究方法

本书主要采用引文分析法与参考文献出版年图谱分析法（reference publication year spectroscopy，RPYS）对全球知识产权管理学科的相关文献进行经典文献和关键文献的分析与探索，用以探析知识产权管理学科研究的焦点与核心。

---

① 书中*号放在某个词根后面，表示搜索该词根的有关变体。

（一）引文分析法

引文分析法是评价文献质量的常用指标。早在 1979 年，加菲尔德通过定量分析诺贝尔奖获奖者的引文数量，对 1962～1963 年诺贝尔生理学或医学奖、物理学奖和化学奖获奖者论文的被引频次进行分析，发现获奖者前期发表的论文的被引频次多于同时期的其他论文。通过一系列的统计后，他确定被引频次是评价文献的重要指标[11,12]。文献的被引频次越多，说明其在该学科中具有越高的关注度与认可程度。因此，国内外很多研究中都采用引文分析法来评价文献的质量[13]。因此，书中采用被引频次指标来确定知识产权管理学科中的经典论文。

（二）参考文献出版年图谱分析法

早在 1974 年，普莱斯（Price）就针对参考文献出版年图谱分析法进行过探讨[14,15]。随后，Marx 等在第 14 届国际科学计量学和信息计量学大会（International Society for Scientometrics and Informetrics，ISSI）上又提出了基于某领域全部参考文献出版时间为横轴、历年被引用参考文献出现频次为纵轴对某学科领域发展进行根源性探索的一种计量学分析方式[16]，并已获得大量验证。参考文献出版年图谱分析法认为，不同学科领域包含以下相同的特征：①全部参考文献的时间跨度中必然包含"学科形成前"及"学科形成后"两个发展阶段，且"学科形成后"的参考文献数量多于"学科形成前"的参考文献数量；②参考文献的被引频次往往能够积极地反映出该文献的影响力，被引频次高的文献可能是推动该学科领域形成及发展的重要文献；③这些具有影响力及推动作用的文献多出现于参考文献出版年图谱的峰值点[17]。因此，采用该方法可以帮助我们从知识产权管理学科领域复杂的文献关系中找出推动该学科形成及发展的根源文献。

第四节　数据分析结果

一、知识产权管理学科的研究焦点

书中选择 1900～2017 年的全球知识产权管理学科的相关文献，通过运用 VOSviewer 软件进行文献共被引分析，生成如图 1-4 所示的全球知识产权管理经典文献图谱。图谱中的节点标注的信息代表每篇经典文献的作者。节点越大，表示该作者在该年发表的文章的被引频次越多，不同虚线圈中的节点则表示该文献所处的聚类不同。

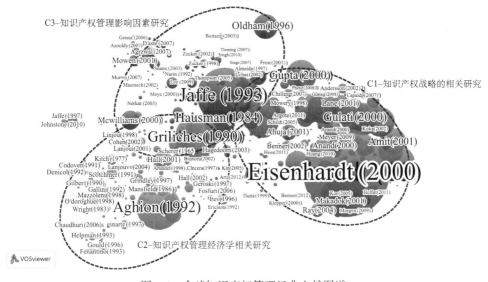

图 1-4　全球知识产权管理经典文献图谱

图中仅显示了第一作者名，括号中的数字代表论文发表年份

图 1-4 显示，全球知识产权管理学科领域中的全部文献分别处于 3 个聚类中，通过分析汇总其文献信息可以总结其聚类标签，分别为：C1-知识产权战略的相关研究、C2-知识产权管理经济学相关研究、C3-知识产权管理影响因素研究。被引频次最多的文献为 Eisenhardt 等于 2000 年发表的被引频次高达 3588 次的《动态能力：它们是什么？》（*Dynamic capabilities: What are they?*），位于 C1 聚类；被引频次排在第二位的是 Jaffe 等于 1993 年发表的《基于专利引用的地理知识溢出研究》（*Geographic localization of knowledge spillovers as evidenced by patent citations*），被引频次高达 2278 次，位于 C3 聚类；被引频次排在第三位的是 Aghion 等于 1992 年发表的《一个具有创造性破坏性的成长模型》（*A model of growth through creative destruction*），位于 C2 聚类，被引频次为 1826 次。表 1-3 列出了全球知识产权管理学科中被引频次处于前十位的信息。

表 1-3　全球知识产权管理学科高被引论文

聚类	篇名	作者	发表年份	被引频次
知识产权管理战略的相关研究	动态能力：它们是什么？ （Dynamic capabilities: What are they?）	Eisenhardt 等	2000	3588

续表

聚类	篇名	作者	发表年份	被引频次
知识产权管理战略的相关研究	在战略管理研究中使用偏最小二乘法（PLS）：对最近四项研究的回顾［Use of partial least squares (PLS) in strategic management research: A review of four recent studies］	Hulland	1999	1460
	开放创新：基于英国制造业的创新绩效解读（Open for innovation: The role of openness in explaining innovation performance among U.K. manufacturing firms）	Laursen 等	2006	1372
	战略网络（Strategic networks）	Ranjay 等	2000	1271
	跨国公司的知识流动（Knowledge flows within multinational corporations）	Gupta 等	2000	1270
	协作网络、结构洞和创新：纵向研究（Collaboration networks, structural holes, and innovation: A longitudinal study）	Ahuja	2000	1259
知识产权管理经济学相关研究	一个具有创造性破坏性的成长模型（A model of growth through creative destruction）	Aghion 等	1992	1826
	专利统计作为经济指标的一项调查研究（Patent statistics as economic indicators: A survey）	Griliches	1990	1774
知识产权管理影响因素研究	基于专利引用的地理知识溢出研究（Geographic localization of knowledge spillovers as evidenced by patent citations）	Jaffe 等	1993	2278
	基于专利研发关系计量数据的计量经济学模型（Econometric models for count data with an application to the patents: R&D relationship）	Hausman	1984	1377

知识产权管理领域被引频次最多的文献为斯坦福大学工程学院 Eisenhardt 于 2000 年发表在管理学顶级期刊《战略管理杂志》（*Strategic Management Journal*）上的《动态能力：它们是什么？》[18]。该文章的被引频次为 3588 次。Eisenhardt 在管理学领域具有极大的影响力，先后获得过太平洋利用基金奖（Pacific Telesis Foundation Award）、怀特莫奖（Whittemore Prize）及斯特恩奖（Stern Award）。《动态能力：它们是什么？》这篇经典论文更由于其在战略管理中的重要影响力而获得了申德尔论文奖（Schendel Paper Prize）。她认为，动态能力是一种在快速变换不稳定的竞争环境下的实施资源的整合、重构、获取及放弃以期创造和适应市场变革的可识别的惯例[18, 19]。然而，知识产权作为重要而独特的资源财富，企业应该如何利用其特殊的资源优势在资源整合、重构及获取过程中应对不断不变换的市场以保持长期的收益，正是知识产权管理研究面对当前动态的市场环境所亟待解决的问题。

被引频次排在第二位的文献为 Jaffe 等于 1993 年发表在《经济学季刊》

（*The Quarterly Journal of Economics*）上的《基于专利引用的地理知识溢出研究》[20]一文。该文章的被引频次高达 2278 次。文章针对专利文献的引文地理信息进行研究，对专利文献的地理溢出情况进行探究。通过分析引文的地理信息发现，专利的引用情况存在地域集中的现象。例如，引用国内专利的专利文献，其所引用的其他专利信息也大多源于国内专利，甚至来自同一个地区，这个现象在美国的大城市尤为明显。当前这一地域集中化的现象正在缓慢减弱，同样也没有足够的证据表明这种减弱在创新领域的趋势更加明显。

排在第三位的文献是著名法国经济学家 Aghion 等于 1992 年发表在《经济计量学》（*Econometrica*）上的《一个具有创造性破坏性的成长模型》[21]。该文的被引频次为 1826 次。Aghion 是世界经济计量学会的入会会士，在经济学领域有极大的影响。该文主要阐述了他对新古典框架下纳入垂直质量改进过程的熊彼特主义内生增长理论的考量。该文中关于"创造性破坏"的思考对经济学发展有重要意义[22]。

排在第四位的文献为哈佛大学的 Griliches 发表在《经济文献期刊》（*Journal of Economic Literature*）上的《专利统计作为经济指标的一项调查研究》[23]。该篇文章的被引频次高达 1774 次。这篇文章使用专利文献数据进行了经济学研究，对专利数据进行了特征描述，将专利数据作为评价技术发展的指标进行了分析，同时采用时间序列分析法对专利的研发支出关系进行了探究，并采用欧洲专利数据对专利价值及专利权价值进行了估算。结论认为，专利数据虽然获取及分析存在许多困难，但专利数据仍是评价技术变化的重要研究资源。

被引频次排在第五位的文献为 Hulland 于 1999 年发表在《战略管理杂志》（*Strategic Management Journal*）的《在战略管理研究中使用偏最小二乘法（PLS）：对最近四项研究的回顾》[24]。该篇文章的被引频次为 1460 次。作者主要阐述其采用偏最小二乘法（PLS）进行因果建模对当前的四项研究进行分析，说明该方法在战略管理研究中的重要意义及使用方法。

其他被引频次较高的文献还有 Hausman 于 1984 年发表的《基于专利研发关系计量数据的计量经济学模型》[25]，被引频次为 1377 次；Laursen 等于 2006 年发表的《开放创新：基于英国制造业的创新绩效解读》[26]，被引频次为 1372 次；Ranjay 等于 2000 年发表的《战略网络》[27]，被引频次为 1271 次；Gupta 等于 2000 年发表的《跨国公司的知识流动》[28]，被引频次为 1270 次；Ahuja 同样于 2000 年发表的《协作网络、结构洞和创新：纵向研究》[29]，被引频次为 1259 次。这些高被引文献都是从经济学、管理学与统计学角度对知识产权领域产生重要影响的经典文献，同时也是知识产权管理学科研究所关注的焦点。

二、知识产权管理学科的研究核心

关键文献的获取是通过选择 1900～2017 年的全球知识产权管理学科的文献，将全部文献汇总于一个 txt 文本中，命名为 data.txt，将汇总后的 data.txt 文件与 DPYS 分析程序 rpys.exe、yearcr.exe 和 RefMatchCluster.jar 三个运行程序放置在同一个文件夹中。运行 DPYS 分析程序中的 rpys.exe 程序可以得到 rpys.dbf 和 median.dbf 两个文件，通过 rpys.dbf 中的分析结果绘制出如图 1-5 所示的参考文献分布年图谱，运行 yearcr.exe 程序得出历年参考文献的引用情况[17]，其中的曲线显示出知识产权管理学科中历年文献的引文总频次的变化情况。

图 1-5 显示，该学科领域尚未发展成熟的早期阶段为 1880～1960 年。为探究推进学科形成的关键性文献，笔者对该阶段文献的被引情况进行了深入分析，得出 1880～1960 年的引文变化情况，如图 1-6 所示。

图 1-6 显示，1880～1960 年参考文献的引用情况出现了 5 次明显的峰值，文献分布的年份分别为 1890 年、1920 年、1934 年、1942 年、1959 年。其中，1920 年的峰值出现的原因为 1890 年出版的《经济学原理》(*Principles of Economics*) 于 1920 年再版。对其他五年中的文献引用情况进行分析后，得出该领域关键文献的分布情况如表 1-4 所示。

表 1-4　知识产权管理领域关键文献分布

序号	出版／发表年份	题目	作者
1	1890	经济学原理 （Principles of Economics）	Marshall
2	1921	风险、不确定性和利润 （Risk, Uncertainty and Profit）	Knight
3	1934	经济发展理论 （The Theory of Economic Development）	Schumpeter
4	1942	资本主义、社会主义和民主 （Capitalism, Socialism and Democracy）	Schumpeter
5	1959	企业增长理论 （Theory of the Growth of the Firm）	Penrose

表 1-4 列出了通过参考文献出版年图谱分析法得出的影响知识产权学科形成及发展的 5 个关键性文献，分别为 Marshall 于 1890 年出版的《经济学原理》、Knight 于 1921 年出版的《风险、不确定性和利润》、Schumpeter 于 1934 年出

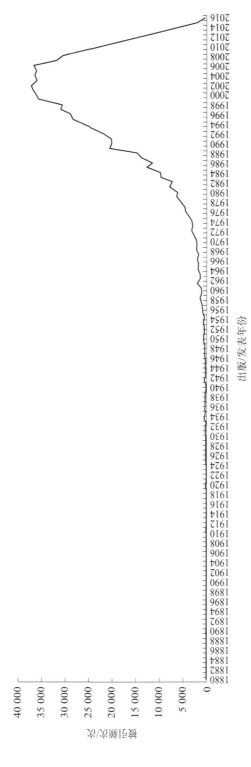

图 1-5　全球知识产权管理学科领域参考文献出版年图谱

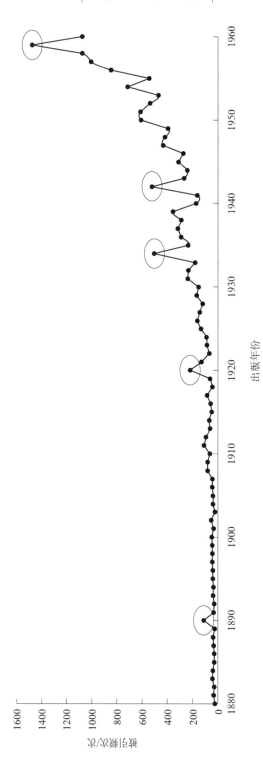

图 1-6 1880～1960 年参考文献出版年图谱

版的《经济发展理论》、Schumpeter 于 1942 年出版的《资本主义、社会主义和民主》、Penrose 于 1959 年出版的《企业增长理论》。

英国经济学家 Marshall 于 1890 年出版的《经济学原理》是西方经济学公认的经典著作[30]，是继《国民财富的性质和原因的研究》(*An Inquiry into the Nature and Causes of the Wealth of Nations*)（简称《国富论》）后最伟大的经济学著作之一。该书的主要成就在于建立了静态经济学、开创了边际效用理论，从资本主义市场角度论述了资源配置、收入分配的合理性。《经济学原理》成为当时最具影响力的著作，曾被誉为英国经济学的"圣经"。

《风险、不确定性和利润》是由美国经济学界最具权威性的人物之一 Knight 于 1921 年出版的著作。该著作也是他在康奈尔大学期间的博士毕业论文。在该部著作中，他对风险、不确定性及利润三个方面的问题进行了详细的区分和描述，为现代经济学理论引入信息经济学的思想[31,32]，被誉为在第一次世界大战之前成文，但影响力及重要性延续至今的极具影响力的经济学著作之一。

美籍政治经济学家 Schumpeter 作为"创新理论"的鼻祖，在经济学领域具有极大的影响力。他提出了"创新应当是企业家的主要特征，企业家不是投机商，也不是只知道赚钱、存钱的守财奴，而应该是一个大胆创新、敢于冒险、善于开拓的创造型人才"。这一创新思想对被誉为"现代企业管理学之父"的 Drucker 等经济学家产生了极长远的影响[33]。代表作中包含了 1934 年出版的《经济发展理论》。该著作首先采用静态方法"循环流转"进行了分析，假定在经济生活中存在一种"循环流转"的"均衡"状态，并提出创新是经济发展的源泉，信贷创造的本质需求在于创新，利息来源于利润，利润是企业家创新价值的报酬的概念[34]。另一部著作为 1942 年出版的《资本主义、社会主义和民主》[35]。该著作分别对资本主义、社会主义和民主进行了解读，并包含了他个人的思考，在其中提出了"创造性破坏"理论。

《企业增长理论》是 Penrose 于 1959 年出版的著作。这部著作延续了 Schumpeter 从企业内部活动对企业的行为进行分析的思想，力求解决"是否企业中存在着某种内部力量能够促使企业发展，而又在某种程度上限制了发展的速度"[36]这一问题。

三、知识产权管理学科研究中的派系

知识产权管理学科中的经典文献与关键文献之间被知识产权管理领域的论文紧密相连，两类文献间的整体引用关系如图 1-7 所示。其中，Marshall 于

1890 年出版的《经济学原理》与网络中的其他各点连接较少，但是 1920 年再版的《经济学原理》则在知识产权管理领域拥有较多的引用关系。另外，Knight 的《风险、不确定性和利润》在经典文献与关键文献的引证关系网中连接较少。

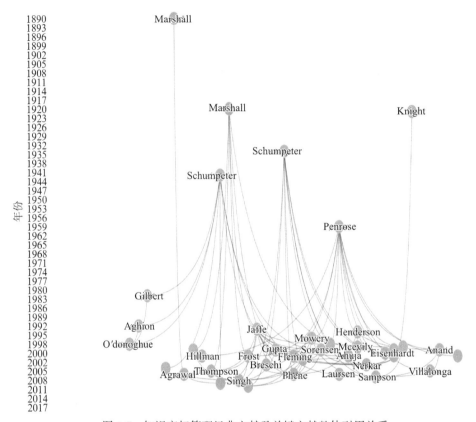

图 1-7　知识产权管理经典文献及关键文献整体引用关系

考虑到 1998 年、2000 年、2002 年是经典文献发布的高频时间，所以将 1998—2002 年的时间切片设定为 2 年，其他段的时间切片为 3 年

将分析得出的经典文献及关键文献从整体网络中提取出，绘制成经典文献与关键文献间的引文关系，绘制结果如图 1-8 所示。从中能够明显发现知识产权管理学科中包含两个重要的研究分支，根据其中的研究特点可以将其分为建构派及解析派。

（一）建构派

通过引文关系可以看出知识产权管理研究中的一类研究是由《资本主义、

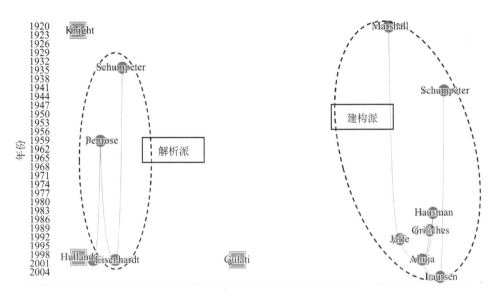

图 1-8 知识产权管理经典文献及关键文献引用关系

圈表示聚类结果

社会主义和民主》及《经济学原理》为启发，研究的重点在于通过构建多样化的模型和指标研究方法，推进知识产权管理的研究，可以称其为建构派。其中的研究焦点包括"开放创新：基于英国制造业的创新绩效解读""一个具有创造性破坏性的成长模型""专利统计作为经济指标的一项调查研究""协作网络、结构洞和创新：纵向研究""基于专利引用的地理知识溢出研究""基于专利研发关系计量数据的计量经济学模型"等。

（二）解析派

另一类研究是以《经济发展理论》及《企业增长理论》为理论基础，研究角度从构建模型转换为针对不同的研究主体，寻求适合研究对象的解析方式，这一类称为"解析派"。它的研究焦点包括"动态能力：它们是什么？""跨国公司的知识流动"等。

第五节 结果与讨论

通过对全球知识产权管理学科中的相关论文进行计量研究及引文分析可以发现当前知识产权管理学科研究聚焦的 10 篇被引频次最高的文章，在此基础上通过聚类分析的结果得出当前学科研究的焦点主要集中于知识产权管理战略研究、知识产权管理经济学研究及知识产权管理影响因素研究这三个主要方面，其中重点在于知识产权管理的战略研究方面。

从学科发展的根源上来看，知识产权管理学科发源于经济学，影响学科形成的关键文献包括 Marshall 于 1890 年出版的《经济学原理》，Knight 于 1921 年出版的《风险、不确定性和利润》，Schumpeter 于 1934 年出版的《经济发展理论》和 1942 年出版的《资本主义、社会主义和民主》及 Penrose 于 1959 年出版的《企业增长理论》。这五部著作都与经济学有较密切的关系。由此可以看出，知识产权管理学科的发展与经济学有密不可分的关系。因此在当前国家积极推动学科融合及学科交叉的大背景下，我们应该积极地从经济学领域的相关研究中吸取对于知识产权管理学科发展有益的经验。

结合经典文献及关键文献的引文关系可以看出，虽然关键文献都于较早时间发表，但其对于知识产权管理学科的影响仍然存在，学科中的许多经典文献都与关键著作一脉相承，并在关键著作的基础上创新突破。同时，通过分析发现，当前知识产权管理研究主要分成两大派系——建构派与解析派。其中，建构派的研究是通过构建统一的模型和指标来分析不同研究角度及方向的普遍的现象、规律，解析派的研究则是针对不同国别、不同类别或发展状态的主体进行的单一解读式的研究。这两类研究相辅相成，分别从宏观层面和微观层面对知识产权相关内容进行了完整阐释。

本章参考文献

［1］吴汉东. 知识产权基本问题研究［M］. 北京：中国人民大学出版社，2015.

［2］Jiang X, Li M, Gao S, et al. Managing knowledge leakage in strategic alliances: The effects of trust and formal contracts［J］. Industrial Marketing Management, 2013, 42(6): 983-991.

［3］Candelin-Palmqvist H, Sandberg B, Mylly U-M. Intellectual property rights in innovation management research: A review［J］. Technovation, 2012, 32(9-10): 502-512.

［4］Park W G. International patent protection: 1960—2005［J］. Research Policy, 2008, 37(4): 761-766.

［5］Sweet C M, Eterovic Maggio D S. Do stronger intellectual property rights increase innovation?［J］. World Development, 2015, 66: 665-677.

［6］杜颖. 中国（上海）自由贸易试验区知识产权保护的构想［J］. 法学，2014，（1）：36-42.

［7］蔡虹，吴凯，蒋仁爱. 中国最优知识产权保护强度的实证研究［J］. 科学学研究，2014，（9）：1339-1346.

［8］张巧媛.企业知识产权人才培养及激励问题研究［D］.重庆：重庆理工大学硕士学位论文，2014.

［9］李亮.天津市知识产权人才队伍建设对策研究［D］.天津：天津大学硕士学位论文，2015.

［10］马瑾.高新技术企业知识产权人才培养路径研究［D］.镇江：江苏科技大学硕士学位论文，2015.

［11］栾春娟，侯海燕.科技政策研究代表人物与核心文献可视化网络［J］.科学学研究，2008，（6）：1164-1167，1187.

［12］Edward M T. Citation indexing：Its theory and application in science, technology, and humanities［J］. ISIS, 1981, 72(3): 491-492.

［13］陈必坤.学科知识可视化分析研究［D］.武汉：武汉大学博士学位论文，2014.

［14］Price D. Little sciece, big science［J］. von Der Studierstube Zur, 1963, 7(3-6): 443-458.

［15］李信，陆伟，李旭晖.一种新兴的学科领域历史根源探究方法：RPYS［J］.图书情报工作，2016，（20）：70-76.

［16］Marx W, Bornmann L, Barth A, et al. Detecting the historical roots of research fields by reference publication year spectroscopy (RPYS)［J］. Journal of the Association for Information Science and Technology, 2014, 65(4): 751-764.

［17］李信，赵薇，肖香龙，等.基于RPYS分析的引文分析研究：起源和演化［J］.图书馆论坛，2017：1-9.

［18］Eisenhardt K M, Martin J A. Dynamic capabilities：What are they?［J］. Strategic Management Journal, 2000: 1105-1121.

［19］熊胜绪.动态能力理论的战略管理思想及其理论基础探析［J］.企业经济，2011，（6）：5-9.

［20］Jaffe A B, Trajtenberg M, Henderson R. Geographic localization of knowledge spillovers as evidenced by patent citations［J］. Quarterly Journal of Economics, 1993, 108(3): 577-598.

［21］Aghion P, Howitt P. A model of growth through creative destruction［J］. Econometrica, 1992, 60(2): 323-351.

［22］刘志铭，郭惠武.创新、创造性破坏与内生经济变迁——熊彼特主义经济理论的发展［J］.财经研究，2008，（2）：18-30.

［23］Griliches Z. Patent statistics as economic indicators: A survey［J］. Journal of Economic Literature, 1990, 28(4): 1661-1707.

［24］Hulland J. Use of partial least squares (PLS) in strategic management research: A review of four recent studies［J］. Strategic Management Journal, 1999, 20(2): 195-204.

［25］Hausman J. Econometric models for count data with an application to the patents: R&D relationship［J］. Nber Technical Working Papers, 1984, 52(4): 909-938.

［26］Laursen K, Salter A. Open for innovation: The role of openness in explaining innovation performance among U.K. manufacturing firms［J］. Strategic Management Journal, 2006, 27(2): 131-150.

［27］Ranjay G, Nitin N, Akbar Z. Strategic networks［J］. Strategic Management Journal, 2000, 21: 203-215.

［28］Gupta A K, Govindarajan V. Knowledge flows within multinational corporations［J］. Strategic Management Journal, 2000, 21(4): 473-496.

［29］Ahuja G. Collaboration networks, structural holes, and innovation: A longitudinal study［J］. Administrative Science Quarterly, 2000, 45(3): 425-455.

［30］马歇尔. 经济学原理［M］.章洞易，缩译. 海口：南海出版公司，2010.

［31］安佳. 风险、不确定性与利润以及企业组织：奈特理论介评［J］.科学·经济·社会，2006，（1）：15-18，22.

［32］尹世杰. 消费经济学原理［M］.北京：经济科学出版社，2000.

［33］李如鹏. 关于熊彼特的经济创新理论［J］.经济研究参考，2002，（37）：16-22.

［34］Backhaus U. The Theory of Economic Development［M］. New York: Springer US, 1934.

［35］Joseph A, Thomas K, Schumpeter J A, et al. Capitalism, socialism and democracy［J］. Social Science Electronic Publishing, 1942, 27(4): 594-602.

［36］Penrose E. Theory of the growth of the firm［J］. Long Range Planning, 1959, 29(3): 192-193.

第二章　专利运营综合实力评价研究

第一节　高校专利运营实力评价方法与实证研究

一、科学意义与国内外研究现状

探索高校专利运营实力评价的指标与方法，对我们正确把握我国高校专利运营水平、推进国家知识产权商业运营体系建设，具有重要的理论意义和实践价值。虽然没有一个明确的专利运营界定[1,2]，但人们一般认为专利运营是指专利权人为了商业目的而通过转让、许可、融资等方式对其拥有的专利技术成果进行商业化运作和经营等的活动[1-4]。国内外与专利运营相关的研究成果主要集中在专利运营模式[5-8]、专利运营效率[9-12]、专利运营资本[13-15]、专利运营要素[2,16]等方面。

作为新知识生产的重要阵地和人类历史上许多重大科技创新成果的创造地，高校的专利运营一直受到关注。一些国际知名高校已经积累了非常成功的专利技术转移实践经验。1912年，加利福尼亚大学伯克利分校的Cottrell发起成立了美国首家专门面向高校的校外专利管理公司——研究公司（Research Corporation，RC），这家公司至今仍在运作[17-21]。1925年，威斯康星大学的Steenbock发起成立了专门管理本校专利事务的机构——威斯康星校友研究基金会，这个机构为学校赚取了可观的专利许可收入，且该机构至今仍在运营[22]。1937年，麻省理工学院与RC签署协议，将学校的专利申请与许可等相关知识产权事务交由RC公司掌管[23,24]。1968年，斯坦福大学的工作人员Reimers试点管理学校的专利事务获得成功。该校于1970年正式成立了技术许可办公室（office of technology licensing，OTL）。因其助推了硅谷的成功而引起许多学校效仿，OTL模式现在已经成为当代美国大学技术转移的标准模式[23,25]。

高校专利运营的研究成果主要包括以下几个方面：第一，高校专利运营模式的研究。周训胜分析了我国高校专利运营的三种模式并提出相关对策建议[26]。Aceytuno等提出中欧地区和地中海周边国家高校的不同创新模式与专利运营模式[27]。胡罡等研究发现，大学与地方政府合作共同推动专利运营具有较好的效果[28]。Calcagnini 等分析了欧洲一些国家大学的专利运营及其政策[29]。第二，高校专利运营的制度创新研究。李海健提出，相关制度不完善是制约高校专利运营的主要因素，并提出了加强高校科技成果转化制度创新的建议[30]。Silva 等提出，促进大学专利运营与成果转化的当务之急是健全和完善相关制度[31]。第三，美国高校专利运营的研究。李晓慧等提出，美国高校促进科技成果转化的一系列做法值得中国大学借鉴和参考[32]。管丽丽等研究了哈佛大学专利成果管理与转化的成功经验，并结合当地高校的情况提出了相应的对策建议[33]。王岩认为专利运营就是专利及其衍生物的市场交易[34]。专利运营贯穿了技术发明创造到实现产业化的全部过程。第四，高校专利运营能力评价。慎金花等采用专利申请量、授权量、有效量、高强度专利、专利领域等指标，探讨了上海高校专利运营能力[35]。崔惠敏对广东省高校专利运营能力进行了情报分析[36]。郭倩玲等以北京化工大学为例，探讨了高校专利运营能力及相关对策[37]。

已有的研究成果为我们提供了很好的研究基础，但关于高校专利运营及其能力的研究，采用的多是高校专利创造的指标（专利申请量与授权量等），只有少数成果采用了专利转让与许可等专利运营指标，而没有采用能够代表高校专利运营的、比较全面的指标。本文选择我国 2015～2019 年发明授权专利数量超过 2000 件的 48 所大学的专利运营数据，包括专利转让、诉讼、许可、标准、质押等 11 项指标，通过采用相关分析、因子分析等方法探索高校专利运营实力的评价方法；并且以这 48 所大学为实证，找出用来评价高校专利运营实力的各个指标之间的内在联系、发现不同高校专利运营综合实力的差异，以期为我国知识产权商业运营体系建设提供决策支撑。

二、指标选择与评价方法

（一）研究思路与评价方法

本文旨在探索我国[①]高校专利运营实力的评价方法，并进行实证分析。首先选取能够代表高校专利运营的指标，获取各个指标的相应数据，作为变量；选择拥有较多专利的一定数量的高校作为样本数据。而后，对变量进行相关分析和 KMO 检验与 Bartlett's 球形检验，以确定是否适合对变量进一步做因子分析。若适合，则采用主成分分析方法，进一步做因子分析，提取公因子。最后，根据公因子的方差贡献率计算得到每个样本的综合得分，识别不同高校专利运营实力的差异。

---

① 因为数据统计口径的原因，书中我国的专利数据不包含香港、澳门、台湾地区的数据。

（二）指标选择与指标意义

我们选择 11 项指标（诉讼、转让、许可、海关备案、复审、无效、标准、国防解密、权利人变更、质押和保全，表 2-1）作为代表高校专利运营情况的变量数据。

表 2-1　变量及其含义

变量名称	变量含义
诉讼	经历过诉讼的高校专利数据，包括权属案件、侵权案件、行政案件、其他案件
转让	发生过转让的高校专利数据
许可	发生过许可的高校专利数据，许可类型不作区分
海关备案	高校专利权利人就自己需要保护的专利向海关申请备案
复审	高校专利申请人对专利审查部门驳回申请的决定不服而向专利复审部门请求再次审查
无效	高校被他人提起专利无效宣告的专利
标准	通过一定程序被确定为标准的高校专利
国防解密	可以加速军民融合的、保密的国防专利被解密
权利人变更	高校专利产权因权属发生变动而进行的变更，事由包括转让、继承、公司合并等
质押	以专利权中的财产权作为质押的标的物，在债务人届期不履行债务时，债权人有权把折价、拍卖或者是变卖该专利权所得的价款优先受偿的物权担保行为
保全	高校专利诉讼案件中，当事人可以请求法院通知专利局停止办理与该专利权有关的手续

（三）样本选择

我们选择拥有中国发明授权专利数量多于 2000 件的 48 所专利高产高校作为样本。数据检索与精炼的步骤如下：第一，选择国家知识产权局作为专利授权机构，同时选择申请人的国别为中国，以获取我国高校的中国专利数据。第二，选择发明授权专利。第三，选择授权日为 2015 年 1 月 1 日至 2019 年12 月 31 日。第四，法律事件选择诉讼、转让、许可、海关备案、复审、无效、标准、国防解密、权利人变更、质押和保全 11 个变量，作为我国高校专利运营数据。其中，复审包括复审决定和复审口审，无效包括无效审查决定和无效口审。第五，选择发明授权专利数量多于 2000 件的 48 所高校作为样本。这样我们就获得了我国发明授权专利数量多于 2000 件的 48 所专利高产高校在 2015～2019 年全部授权发明专利数据中的专利运营数据。为了避免重复，我们进行了申请号合并处理。数据检索于科技创新情报的专利信息平台

IncoPat[①]，数据检索时间为 2020 年 2 月 16～19 日。

三、实证分析

（一）描述性统计

对变量进行描述性统计分析，可以帮助我们宏观把握这些指标，粗略了解各变量指标的概要信息，包括最小值、最大值、平均值和标准差等，为后续更深入的数据分析做好必要准备。表 2-2 显示了 11 个变量的描述性统计结果。

表 2-2　描述性统计

变量	个案数 / 个	最小值 / 个	最大值 / 个	平均值 / 个	标准差
诉讼	48	0	2	0.125	0.393
转让	48	37	594	178.771	133.547
许可	48	0	112	14.208	19.373
海关备案	48	0	15	0.354	2.168
复审	48	1	94	10.479	13.552
无效	48	0	1	0.083	0.279
标准	48	0	3	0.104	0.472
国防解密	48	0	18	0.708	2.946
权利人变更	48	3	170	25.771	27.839
质押	48	0	7	1.229	1.640
保全	48	0	4	0.521	0.945

表 2-2 显示数据之间还存在一些量纲差异，为了提高数据质量，使数据分析更有实际意义，我们对数据进行了标准化处理，获得了每个变量的标准差，之后的分析都是对标准差进行分析。

（二）相关分析

相关分析（correlation analysis）是对变量之间的相关性进行分析的一种方

---

① IncoPat是由北京合享智慧科技有限公司开发包括世界112个国家（地区）专利信息的深加工专利数据库，同时也是国内首个拥有自主知识产权的专利信息数据库。IncoPat为用户提供简单检索、高级检索等多种专利信息检索形式，并且设置了申请人类型、法律事件、申请年、转让年、公开年等多种类别供用户对专利进行筛选，而且用户可用IncoPat设置好的50余种常用分析模板或自定义分析对检索到的专利进行分析。IncoPat借助人工智能（AI）技术，融合技术先进性、技术稳定性、保护范围等20多个技术指标，通过挖掘数据、迭代优化的方法，创建了一套科学客观的价值度评价模型。该模型将专利价值划分为10个等级，用1～10的10个数值表示专利的价值度。

法，把握变量之间是否存在相关关系；若变量之间存在相关关系，则可以进一步探索其相关程度的高低。基本功能是研究变量之间的线性相关程度并用适当的统计指标揭示出来。表 2-3 列出了 11 个专利运营变量之间的相关系数及其显著性检验结果。

表 2-3　相关系数及其显著性检验结果

	诉讼	转让	许可	海关备案	复审	无效	标准	国防解密	权利人变更	质押	保全
诉讼	1										
转让	−0.0295	1									
许可	−0.0846	0.3235*	1								
海关备案	0.3217*	0.3057*	0.0625	1							
复审	0.4522**	0.2888*	0.0256	0.9100**	1						
无效	0.0970	0.1294	−0.0308	0.4772**	0.5007**	1					
标准	0.0430	0.0999	0.2092	0.2749	0.1915	0.0941	1				
国防解密	−0.0782	−0.0638	−0.0850	−0.0401	−0.1041	−0.0733	0.2670	1			
权利人变更	0.2109	0.4396**	0.1825	0.7641**	0.7230**	0.3391*	0.4308*	−0.1339	1		
质押	−0.0124	0.2508	−0.0832	−0.0233	−0.0070	−0.0890	−0.0589	−0.1708	0.2667	1	
保全	0.0502	0.1190	0.0939	−0.0815	−0.0598	0.0739	0.1619	−0.0436	0.1033	0.2233	1

注：** 为在 0.01 级别（双尾）相关性显著；* 为在 0.05 级别（双尾）相关性显著。

表 2-3 揭示了各个变量之间的相关系数。可以发现，部分变量在 99% 置信水平上具有显著性相关关系，包括诉讼与复审、海关备案与无效、海关备案与权利人变更、复审与无效等。部分变量在 95% 置信水平上具有显著性相关关系，包括诉讼与海关备案、转让与许可、标准与权利人变更等。相关分析的结果显示可以进一步做因子分析。

（三）因子分析与综合实力排名

1. 因子分析

英国心理学家斯皮尔曼（Spearman）最早提出的因子分析（factor analysis）[38]，是多元数据统计分析中解决降维问题的一种常用方法。基本原理是针对具有一定相关关系的多个变量提取共性因子，从而研究一组具有复杂关系的实测指标是如何受少数几个独立因子支配的。进行因子分析前，首先需要进行KMO 检验与 Bartlett's 球形检验，目的是判断数据是否适合做因子分析，取值范围是 0～1。数值越大，表明越适合做因子分析。对高校专利运营变量数据进行 KMO 检验和 Bartlett's 球形检验得到的统计结果如表 2-4 所示。

表 2-4　KMO 检验与 Bartlett's 球形检验结果

KMO 检验		0.662
Bartlett's 球形检验	近似卡方	199.702
	自由度	55
	显著性	0.000

表 2-4 显示，KMO 检验的取值为 0.662，表明是可以做因子分析的。Bartlett's 球形检验的近似卡方值为 199.702，自由度为 55，p 值小于 0.01，表明检验结果在 99% 置信水平上具有显著性。

采用主成分分析方法对 48 所高校专利运营的 11 个变量进行因子分析。共有 48 个样本参与了因子分析，其中特征值大于 1 的因子有 4 个。由于第 5、第 6 两个因子的特征值也比较高，所以我们提取了 6 个公因子。表 2-5 为因子分析结果。6 个公因子的累计方差贡献率为 84.014%，具有比较强的解释能力。

表 2-5　因子分析结果

成分	初始特征值			提取载荷平方和			旋转载荷平方和		
	总计	方差百分比	累积 /%	总计	方差百分比	累积 /%	总计	方差百分比	累积 /%
1	3.371	30.642	30.642	3.371	30.642	30.642	3.095	28.132	28.132
2	1.564	14.218	44.860	1.564	14.218	44.860	1.354	12.308	40.440
3	1.384	12.579	57.439	1.384	12.579	57.439	1.316	11.964	52.404
4	1.103	10.025	67.464	1.103	10.025	67.464	1.294	11.760	64.164
5	0.931	8.467	75.931	0.931	8.467	75.931	1.097	9.968	74.132
6	0.889	8.083	84.014	0.889	8.083	84.014	1.087	9.882	84.014
7	0.685	6.226	90.241						
8	0.446	4.052	94.293						
9	0.403	3.663	97.955						
10	0.152	1.378	99.334						
11	0.073	0.666	100.000						

注：提取方法为主成分分析法。

图 2-1 显示了因子特征值的碎石图。可以发现，前 6 个因子的特征值明显高于其他因子的得分。表 2-6 为旋转后的每个因子的变量得分矩阵。

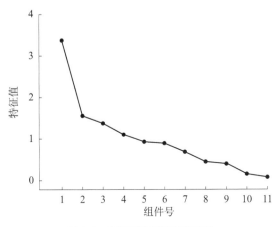

图 2-1　因子特征值的碎石图

表 2-6　旋转后的成分矩阵

变量	因子					
	1	2	3	4	5	6
诉讼	0.264 826	−0.093 040	−0.052 050	−0.063 210	0.060 886	0.885 381
转让	0.367 602	0.498 652	0.484 620	−0.020 240	−0.026 280	−0.218 050
许可	0.005 505	0.925 329	−0.104 320	−0.002 730	0.073 026	−0.038 050
海关备案	0.912 821	0.076 994	0.037 867	0.096 437	−0.122 870	0.182 900
复审	0.906 107	0.029 153	0.025 947	−0.009 290	−0.088 870	0.291 933
无效	0.742 341	−0.176 91	−0.295 230	−0.143 040	0.288 644	−0.297 140
标准	0.254 624	0.284 944	−0.013 090	0.729 428	0.244 203	0.097 127
国防解密	−0.101 780	−0.194 410	−0.102 450	0.830 144	−0.118 350	−0.129 670
权利人变更	0.778 707	0.252 171	0.366 955	0.150 510	0.065 104	0.134 717
质押	−0.003 080	−0.120 280	0.898 535	−0.116 680	0.176 704	−0.010 650
保全	−0.047 920	0.071 977	0.160 240	0.043 058	0.933 475	0.051 378

注：提取方法为主成分分析法。旋转方法为凯撒正态化最大方差法。旋转在 10 次迭代后已收敛。

表 2-6 显示，旋转后的因子 1 解释的主要是海关备案、复审、权利人变更和无效四个变量；因子 2 解释的主要是许可和转让两个变量；因子 3 解释的主要是质押；因子 4 解释的主要是国防解密和标准两个变量；因子 5 解释的主要是保全；因子 6 解释的主要是诉讼。采用最大方差正交旋转方法。图 2-2 显示了旋转后的因子载荷图。

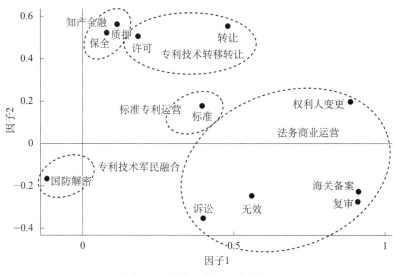

图 2-2　旋转后的因子载荷图

结合每个因子解释不同变量的情况和变量的空间位置及其与其他变量的距离，我们命名并确定了高校专利运营的五种类型：法务商业运营，包括诉讼、复审、无效、海关备案和权利人变更；专利技术转移转让，包括转让与许可；专利知产金融，包括质押和保全；标准专利运营（标准）和专利技术军民融合（国防解密）。

2. 综合得分计算与综合实力排名

依据表 2-6 中提取的 6 个公因子的方差贡献率，利用式（2-1）计算出各个高校专利运营的综合得分，以此作为高校专利运营实力的评价结果。

$$综合得分 = 0.306\,42 \cdot FAC1\_1 + 0.142\,18 \cdot FAC2\_1 + 0.125\,79 \cdot FAC3\_1$$
$$+ 0.100\,25 \cdot FAC4\_1 + 0.084\,67 \cdot FAC5\_1 + 0.080\,83 \cdot FAC6\_1 \quad （2-1）$$

式中，FAC1_1、FAC2_1、FAC3_1、FAC4_1、FAC5_1、FAC6_1 是进行因子分析时对提取的公因子保存的变量，前面的系数是各个公因子的方差贡献率。表 2-7 列出了 48 所高校专利运营实力的综合得分。

表 2-7　发明授权专利数量超过 2000 件的 48 所大学专利运营实力的综合得分

排名	大学名称	得分1	得分2	排名	大学名称	得分1	得分2
1	清华大学	2.10	3.28	4	华南理工大学	0.44	1.62
2	东南大学	0.92	2.10	5	江苏大学	0.31	1.49
3	西安交通大学	0.47	1.65	6	浙江大学	0.30	1.48

排名	大学名称	得分1	得分2	排名	大学名称	得分1	得分2
7	上海交通大学	0.17	1.35	28	天津大学	−0.14	1.04
8	江南大学	0.16	1.34	29	西安电子科技大学	−0.14	1.04
9	浙江工业大学	0.12	1.30	30	上海大学	−0.14	1.04
10	中国石油大学（华东）	0.11	1.29	31	北京理工大学	−0.18	1.00
11	哈尔滨工业大学	0.11	1.29	32	北京大学	−0.19	0.99
12	中南大学	0.10	1.28	33	福州大学	−0.20	0.98
13	四川大学	0.06	1.24	34	东北大学	−0.20	0.98
14	华中科技大学	0.05	1.23	35	太原理工大学	−0.22	0.96
15	武汉大学	0.04	1.22	36	吉林大学	−0.22	0.96
16	苏州大学	0.01	1.19	37	哈尔滨工程大学	−0.23	0.95
17	西北工业大学	0	1.18	38	广西大学	−0.24	0.94
18	北京工业大学	0	1.18	39	中国矿业大学（北京）	−0.24	0.94
19	武汉理工大学	−0.01	1.17	40	同济大学	−0.24	0.94
20	南京航空航天大学	−0.01	1.17	41	合肥工业大学	−0.25	0.93
21	山东大学	−0.02	1.16	42	北京邮电大学	−0.25	0.93
22	北京航空航天大学	−0.04	1.14	43	河海大学	−0.25	0.93
23	东华大学	−0.06	1.12	44	广东工业大学	−0.28	0.90
24	厦门大学	−0.07	1.11	45	昆明理工大学	−0.28	0.90
25	重庆大学	−0.11	1.07	46	大连理工大学	−0.29	0.89
26	电子科技大学	−0.13	1.05	47	济南大学	−0.35	0.83
27	北京科技大学	−0.13	1.05	48	南京理工大学	−0.37	0.81

注：阴影部分的前18所大学得分高于平均值。

表2-7中，列三（得分1）中的数据为原始得分，但是由于样本数据经过了标准化处理，所以原始得分的0分代表平均水平，低于0分的单位意味着其专利运营实力低于平均水平。为了使得分都为正值，我们利用标准差对原始得分进行了处理，得到列四（得分2），即处理后的综合得分。表2-7显示，北京工业大学及之前的这18所高校的专利运营综合实力的得分大于等于平均分，其中得分最高的是清华大学；排在第二位的是东南大学；西安交通大学和华南理工大学这两所大学的得分高于1.50分。共有30所大学的综合得分低于平均分。图2-3显示了各个样本在前两个主因子维度上的因子得分示意图。

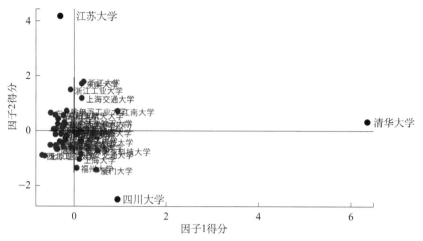

图 2-3　发明授权专利数量超过 2000 件的 48 所大学因子得分结果图

旋转：正交变换法；方法：主成分因子；按表 2-7 中的得分 1 显示

图 2-3 显示，清华大学在因子 1 的得分非常高，其在权利人变更、复审、海关备案和诉讼等法务商业运营方面表现得比较好；在因子 2 的转让与许可等专利技术转移方面的得分也不错。另一所比较突出的大学是江苏大学，其在因子 2 的转让与许可方面的得分非常高，在因子 1 的几个指标方面的得分也不错。其他大学在图 2-3 中的距离比较近、聚集现象比较突出。

四、结论与启示

本文的创新之处在于，我们首次选择代表高校专利运营的 11 项指标作为研究变量，采用相关分析、因子分析等方法，探索出一套评价高校专利运营实力的指标体系与方法，不仅具有重要的理论意义与学术价值，而且对国家知识产权商业运营体系的建设具有重要的现实意义和贡献。

在对比较全面代表专利运营的 11 项指标（专利转让、许可、诉讼、权利人变更、质押、保全、标准、复审、无效、海关备案和国防解密等）的含义进行阐释的基础上，文中选择我国高校拥有发明授权专利数量超过 2000 件的 48 所高校作为实证分析对象，运用 Stata 与 SPSS 等软件，在对变量进行了相关分析和因子分析的基础上，根据公因子的方差贡献率，计算得到每个样本的综合得分，依此确定高校的专利运营实力。相对于已有的专利诉讼[39, 40]或专利转让[41, 42]等研究成果，本文提供了更全面与综合的专利运营实力评价指标和方法。本文为今后类似的研究提供了重要的工具、指标与方法上的参考，为今后类似的专利运营实力评价研究提供了新的思路、视角和方法，为类似的研究提供了重要的范例。

除了在理论与方法方面的贡献外，本文通过实证分析主要得到以下结论：相关分析揭示了部分变量在99%置信水平上具有显著的相关关系。部分变量在95%置信水平上具有显著的相关关系。因子分析的结果揭示了高校专利运营的五种类型：法务商业运营、专利技术转移转让、专利知产金融、标准专利运营和专利技术军民融合。因子分析之后的综合得分计算结果显示，清华大学遥遥领先，排在第一位，代表清华大学具有最强的专利运营实力。在全部样本中，有18所大学的专利运营实力得分高于平均值，另外30所大学的专利运营实力得分则低于平均值。

下一步，我们将更微观地对高校所属的国民经济不同行业的专利运营实力进行评价研究，对不同地区高校专利运营实力进行评价研究，还可以对不同类型的专利申请人的专利运营实力进行研究。在全面把握我国各行各业、各种类型专利主体、不同区域专利运营实力的基础上，通过对专利运营综合实力的量化评估为我国知识产权商业运营体系的建设和知识产权强国战略的实施提供决策支撑。

第二节 国民经济各个行业专利运营实力评价

一、科学意义与国内外研究现状

对我国国民经济各个不同行业的专利运营综合实力进行评价研究，有助于我们把握不同行业专利运营实力的差异，推进我国知识产权商业运营体系的建设和发展，为国家知识产权强国战略的实施提供决策支撑。随着我国专利申请量、授权量的逐年增加，尤其是近年来发明专利申请量连年居世界第一，我国已经成为全球专利申请大国。但是高申请量和授权量并没有带来预期的经济价值和科技价值[43]，如何将我国专利的数量优势转化为经济效益优势，实现从"量"到"质"的转变，已经成为政府、企业和学者们关注的焦点[44]。通过专利运营实现专利技术的转移转化进而提高专利价值，已是业内的共识[45]，在美国、德国、日本等发达国家，专利运营已经形成了一条较完整的产业创新链[46]，他们通过专利授权、转让、许可及更复杂的金融运行手段等提升产品竞争力，抢占市场实现垄断。但中国在专利运营方面仍处于起步探索阶段，急需完善专利运营体系、搭建技术转移转化平台，将专利技术转化为现实生产力，实现创新驱动发展。

专利运营是一种涉及多主体、多要素、多层次的策略性法律行为与市场行为[47]。Griliches认为，专利运营是指专利的商业化运用[48]。Svensson认为，专利运营是专利权人采取某些措施利用专利获取收入[49]。张武军等认为，专利运营具有独特性，是通过商业手段实现专利价值最大化[50]。王岩认为，专利运营就是专利及其衍生物的市场交易[34]。专利运营贯穿了技术发明创造到实现产业化的全部过程。价值链理论将企业运营视为价值创造与增值的链式结构，价值创造是通过计划、组织、协调、控制等一系列活动共同完成的[51]。专利作为一种独特的知识型资产，同样适用于价值链理论。专利运营一般分为获取、整合、收益三个环节，所有环节的综合竞争力决定了专利运营效果的好坏。专利获取是指通过对专利进行投资、收购、培育、布局等形成专利群。作为专利运营的基础，通常汇聚的专利越多，获取的收益也越多。专利整合是将获取的专利进行重新组合、优化配置的一种策略性行为，通过形成专利池或专利联盟，构建专利壁垒，规避企业后续研发、生产、销售中可能出现的专利侵权，获取单个专利难以实现的经济效益。专利运营收益是指通过转让、许可、诉讼、无效、复审、质押等方式，使前期获取、整合的专利提升价值，使专利所有者获得经济效益。其中，专利的实施、转让、许可是将专利技术转化为现实生产力获取价值；诉讼、无效等法律手段可以阻碍竞争对手进入市场，使自己获得更大的市场占有率，从而谋取利益；专利质押、专利担保将专利作为抵押物获取资金，是专利的资本化。

专利运营是一个涉及机构、技术、人员、信息、权益、市场的多主体、多对象、多要素的复杂系统。系统理论认为，可以通过认识局部与局部、整体与局部的相互作用和相互联系，更好地理解和把握整体。专利运营系统可以按照要素划分为若干个子系统，子系统又由次子系统构成，次子系统又可以继续划分为更小的系统……因此，系统是由各级子系统层层递进构成的，从局部到整体的研究方法对于深入理解专利运营是一个良好的思路。在不同行业中，专利的技术含量、投入资本、经营模式、运营主体等各不相同，因而可以将专利运营划分为若干个行业子系统，从不同国民经济行业入手，分析各个行业的专利运营特征和差别，通过从局部到整体的分析过程较科学地理解专利运营的意义和本质。

作者首先检索了我国国民经济各个行业在2017年的全部发明授权数据，筛选出其中涉及专利转让、诉讼、许可、标准、质押等12种法律事件的专利运营数据，通过采用相关分析、因子分析等方法，不仅找出用来评价行业专利运营实力的各个指标之间的内在联系，而且发现了不同行业专利运营综合实力的差异，以期对我国知识产权商业运营体系建设提供决策支撑。

二、方案设计

（一）思路与方法

本文旨在评价我国国民经济各个不同行业的专利运营综合实力，识别用来评价行业专利运营实力的各个指标之间的内在联系，揭示不同行业专利运营的特征与差异。选择专利运营的 12 个指标（诉讼、转让、许可、海关备案、复审、无效、标准、国防解密、权利人变更、在售、质押和保全）构建专利运营评价指标体系。首先，利用多元统计分析中的相关分析，识别各变量之间的相关关系。然后，利用主成分分析方法提取主要因子，并依照提取的公因子，通过 SPSS "计算变量" 的分析功能，计算得到各个国民经济行业的综合得分并进行排名和聚类。

（二）样本与变量

本文的样本数据为我国国民经济各个不同行业 2017 年的全部授权发明专利数据中的专利运营数据。我们界定的专利运营数据包括发生以下法律事件的专利数据：诉讼、转让、许可、海关备案、复审、无效、标准、国防解密、权利人变更、在售、质押和保全。首先，我们选择中国国家知识产权局为专利授权机构，同时选择申请人的国别为中国。第二，专利类型选择发明授权专利；第三，选择授权日为 2017 年 1 月 1 日至 2017 年 12 月 31 日；第四，法律事件选择诉讼、转让、许可、海关备案、复审、无效、标准、国防解密、权利人变更、在售、质押和保全 12 个变量作为专利运营数据，其中复审包括复审决定和复审口审，无效包括无效审查决定和无效口审。这样我们就获得了我国国民经济各个不同行业 2017 年全部授权发明专利数据中的专利运营数据。为了避免重复，我们进行了申请号合并处理。数据检索于科技创新情报的专利信息平台 IncoPat，数据检索时间为 2020 年 3 月 3～9 日。

三、分析结果

（一）描述性统计

通过对变量进行描述性统计分析可以帮助我们粗略把握各变量指标，包括最小值、最大值、平均值和标准差等。通过对这些指标的宏观把握，可以为后续更深入的数据分析做好必要准备。表 2-8 显示了 12 个变量的描述性统计结果。

表 2-8　描述性统计

变量	个案数 / 个	最小值 / 个	最大值 / 个	平均值 / 个	标准差
诉讼	42	0	45	4.33	8.924
转让	42	16	7849	1260.98	1931.562
许可	42	1	172	31.71	48.792
海关备案	42	0	67	6.19	12.755
复审	42	0	252	26.79	54.617
无效	42	0	41	5.95	10.957
标准	42	0	371	9.19	57.217
国防解密	42	0	15	0.90	2.612
权利人变更	42	8	3387	614.02	982.074
在售	42	0	64	9.83	15.265
质押	42	1	697	94.29	158.839
保全	42	0	162	24.29	40.717

表 2-8 显示数据之间的量纲差异是比较大的。为了提高数据质量、使数据分析更有实际意义，我们对数据采取了标准化处理，获得每个变量的标准化 Z 值，之后的分析都是对标准化数据进行分析了。

（二）相关分析与相关系数检验

相关分析（correlation analysis）方法是对变量之间的相关性进行分析的一种方法，基本功能是研究变量之间的线性相关程度并用适当的统计指标揭示出来。表 2-9 列出了 12 个专利运营变量之间的相关系数及其显著性检验。

表 2-9　相关系数及其检验

	诉讼	转让	许可	海关备案	复审	无效	标准	国防解密	权利人变更	在售	质押	保全
诉讼	1.000											
转让	0.928**	1.000										
许可	0.740**	0.878**	1.000									
海关备案	0.771**	0.819**	0.741**	1.000								
复审	0.565**	0.660**	0.860**	0.549**	1.000							
无效	0.930**	0.963**	0.876**	0.882**	0.666**	1.000						
标准	0.084	0.113	0.375*	0.245	0.497**	0.145	1.000					
国防解密	0.338*	0.559**	0.655**	0.462**	0.471**	0.506**	0.247	1.000				

	诉讼	转让	许可	海关备案	复审	无效	标准	国防解密	权利人变更	在售	质押	保全
权利人变更	0.867**	0.956**	0.941**	0.814**	0.809**	0.940**	0.289	0.650**	1.000			
在售	0.902**	0.970**	0.875**	0.833**	0.708**	0.930**	0.198	0.618**	0.962**	1.000		
质押	0.916**	0.982**	0.823**	0.740**	0.636**	0.923**	0.053	0.546**	0.934**	0.949**	1.000	
保全	0.736**	0.818**	0.895**	0.663**	0.861**	0.796**	0.534**	0.591**	0.917**	0.857**	0.803**	1.000

注：** 为在 0.01 级别（双尾）相关性显著；* 为在 0.05 级别（双尾）相关性显著。

表 2-9 揭示了各个变量之间的相关系数。可以发现，大部分变量在 99% 置信水平上具有显著性的检验结果。比如，诉讼与转让、许可、海关备案、复审、无效、权利人变更、在售、质押、保全这些变量之间都是在 99% 置信水平上具有显著的相关关系，与国防解密在 95% 置信水平上具有显著的相关关系，与标准的相关关系不显著。标准、保全和复审在 99% 置信水平上相关关系显著，与许可在 95% 置信水平上具有显著性相关关系，而与其他变量之间的相关关系不显著。

（三）因子分析

因子分析的目的是识别隐藏在能够测量到的变量中的一些更基本、无法直接测量到的隐性因子（latent factor）。因子分析方法有两种类型。一种是探索性因子分析方法，另一种是验证性因子分析方法。本文中采用的是探索性因子分析方法，提取方法为主成分分析方法。

1. KMO 检验

KMO 检验是为了判断数据是否适合做因子分析，取值范围是 0~1。数值越大，表明越适合做因子分析。对专利运营变量数据进行 KMO 检验和 Bartlett's 球形检验，得到的检验结果如表 2-10 所示。

表 2-10　KMO 与 Bartlett's 检验结果

KMO 样本充分性检验		0.773
Bartlett's 球形度检验	近似卡方	994.199
	自由度	66
	显著性	0.000

表 2-10 显示，KMO 检验的取值为 0.773，表明数据比较适合做因子分析。Bartlett's 球形检验的近似卡方值为 994.199，自由度为 66，p 值小于 0.01，表明检验结果在 99% 置信水平上具有显著性。

2. 因子分析

我们采用主成分分析方法对专利运营的12个变量进行因子分析。共有42个样本参与了因子分析，提取保留特征值大于1的前两个因子，模型 LR 检验的卡方值［LR test: independent vs. saturated: chi2(66)］为1021.69，p 值小于0.001，表明模型非常显著。表2-11为因子分析结果。

表 2-11　因子分析结果

成分	初始特征值			提取载荷平方和			旋转载荷平方和		
	总计	方差百分比	累积 /%	总计	方差百分比	累积 /%	总计	方差百分比	累积 /%
1	9.007	75.060	75.060	9.007	75.060	75.060	7.637	63.646	63.646
2	1.381	11.505	86.565	1.381	11.505	86.565	2.750	22.920	86.565
3	0.686	5.719	92.284						
4	0.432	3.602	95.886						
5	0.250	2.082	97.969						
6	0.088	0.729	98.698						
7	0.058	0.485	99.183						
8	0.047	0.388	99.571						
9	0.033	0.271	99.842						
10	0.010	0.085	99.927						
11	0.006	0.052	99.979						
12	0.003	0.021	100						

注：提取方法为主成分分析法。

表 2-11 显示共提取了12个因子，其中只有前两个因子的特征值大于1。第一个因子的特征值是9.007，第二个因子的特征值为1.381。第一个因子的方差贡献率是75.060%，第二个因子的方差贡献率是11.505%。前两个因子的累计方差贡献率为86.565%。表 2-12 列出了模型的因子载荷矩阵及变量的未被解释部分。

表 2-12　模型的因子载荷矩阵及变量的未被解释部分

变量	因子 1	因子 2	未被解释部分
诉讼	0.940 3	0.042 5	0.114 0
转让	0.979 2	0.159 2	0.015 8
许可	0.809 1	0.513 1	0.082 1
海关备案	0.824 2	0.208 8	0.277 1

变量	因子1	因子2	未被解释部分
复审	0.582 1	0.677 8	0.201 8
无效	0.962 8	0.171 1	0.043 7
标准	−0.047 3	0.919 9	0.151 5
国防解密	0.503 9	0.442 2	0.550 5
权利人变更	0.916 0	0.385 2	0.012 6
在售	0.946 8	0.257 1	0.037 4
质押	0.966 7	0.110 3	0.053 4
保全	0.731 2	0.627 0	0.072 2

表 2-12 中因子 1 和因子 2 对应的两列数据分别说明的是各个变量对旋转提取的两个主因子的解释程度。表 2-12 显示，因子 1 在除了标准、复审之外的其他 10 个专利运营变量上有较大载荷；因子 2 在标准和复审两个变量上有较大载荷。未被解释部分表示的是变量未被提取的前两个主因子解释的部分，结果显示了在舍弃其他主因子的情况下，信息的损失量是很小的。依据因子系数得分矩阵可以写出各公因子的表达式。需要说明的是，表达式中的各个变量是标准化变量而非原始变量。保留小数点后三位的表达式见式（2-2）和式（2-3）。

$$F_1 = 0.9403 \cdot 诉讼 + 0.9792 \cdot 转让 + 0.8091 \cdot 许可 + 0.8242 \cdot 海关备案$$
$$+ 0.5821 \cdot 复审 + 0.9628 \cdot 无效 - 0.0473 \cdot 标准 + 0.5039 \cdot 国防解密$$
$$+ 0.916 \cdot 权利人变更 + 0.9468 \cdot 在售 + 0.9667 \cdot 质押 + 0.7312 \cdot 保全 \qquad （2-2）$$

$$F_2 = 0.0425 \cdot 诉讼 + 0.1592 \cdot 转让 + 0.5131 \cdot 许可 + 0.2088 \cdot 海关备案$$
$$+ 0.6778 \cdot 复审 + 0.1711 \cdot 无效 + 0.9199 \cdot 标准 + 0.4422 \cdot 国防解密$$
$$+ 0.3852 \cdot 权利人变更 + 0.2571 \cdot 在售 + 0.1103 \cdot 质押 + 0.627 \cdot 保全 \qquad （2-3）$$

采用最大方差正交旋转方法，图 2-4 显示了旋转后的因子载荷图。

图 2-4 形象地揭示了诉讼、许可、海关备案、无效、国防解密、权利人变更、在售、质押、保全和复审这 11 个变量主要被因子 1 所解释；标准与复审两个变量主要被因子 2 所解释。变量复审被因子 1 的解释程度是 0.5821，被因子 2 的解释程度是 0.6778。由此可见，两个因子对复审的解释程度差异不大，因此可以将复审同时归入因子 1 和因子 2 中。变量"标准"主要是被因子 2 所解释，解释程度高达 0.9199。由于标准专利代表着更高的产业专利运营实力[52,53]，因此，结合两个因子对变量的解释程度，我们可以将因子 1 命名为

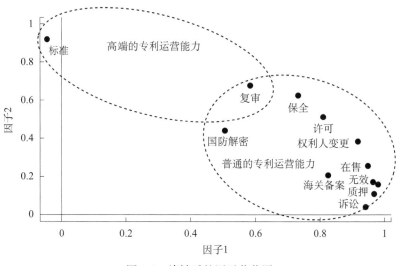

图 2-4 旋转后的因子载荷图

旋转：正交旋转法；方法：主成分分析

"普通的专利运营能力"，将因子 2 命名为"高端的专利运营能力"。

（四）行业专利运营实力的排名与聚类

依据表 2-11 中提取的两个公因子的方差贡献率，因子 1 为 75.060%，因子 2 为 11.505%，利用式（2-4）计算出各个行业专利运营实力的"综合得分"，以此作为不同行业专利运营实力的评价结果。

$$综合得分 = 0.750\,60 \cdot f_1 + 0.115\,05 \cdot f_2 \qquad （2\text{-}4）$$

式中，f_1、f_2 是进行因子分析后保留的两个公因子，前面的系数是各个公因子的方差贡献率。表 2-13 列出了国民经济 42 个行业专利运营实力的综合得分。

表 2-13 国民经济 42 个行业专利运营实力的综合得分

序号	国民经济行业分类	综合得分	聚类
1	通用设备制造业（C34）	2.199 071	第一类
2	电气机械和器材制造业（C38）	1.781 723	第二类
3	计算机、通信和其他电子设备制造业（C39）	1.513 696	
4	仪器仪表制造业（C40）	1.227 111	
5	化学原料和化学制品制造业（C26）	1.082 676	
6	专用设备制造业（C35）	1.071 826	
7	电信、广播电视和卫星传输服务）（I63）	1.008 767	

续表

序号	国民经济行业分类	综合得分	聚类
8	金属制品业（C33）	0.607 802	
9	基本金属的制造（C31/32）	0.158 584	第三类
10	医药制造业（C27）	0.121 482	
11	汽车制造业（C36）	-0.002 060	
12	铁路、船舶、航空航天和其他运输设备制造业（C37）	-0.049 330	
13	非金属矿物制品业（C30）	-0.144 770	
14	文教、工美、体育和娱乐用品制造业（C24）	-0.212 460	
15	土木工程建筑业（E48）	-0.268 310	第四类
16	其他制造业（C41）	-0.269 190	
17	纺织业（C17）	-0.272 120	
18	水的生产和供应业（D46）	-0.283 760	
19	石油加工、炼焦和核燃料加工业（C25）	-0.286 090	
20	家具制造业（C21）	-0.295 400	
21	房屋建筑业（E47）	-0.333 370	
22	印刷和记录媒介复制业（C23）	-0.336 120	
23	农业（A01）	-0.350 150	
24	食品制造业（C14）	-0.363 340	
25	木材加工和木、竹、藤、棕、草制品业（C20）	-0.365 690	
26	造纸和纸制品业（C22）	-0.384 460	
27	建筑装饰和其他建筑业（E50）	-0.386 690	
28	橡胶和塑料制品业（C29）	-0.391 020	
29	酒、饮料和精制茶制造业（C15）	-0.392 670	
30	废弃资源综合利用业（C42）	-0.399 830	第五类
31	烟草制品业（C16）	-0.406 670	
32	化学纤维制造业（C28）	-0.409 430	
33	农副食品加工业（C13）	-0.411 300	
34	纺织服装、服饰业（C18）	-0.413 660	
35	建筑安装业（E49）	-0.415 220	
36	渔业（A04）	-0.415 640	
37	皮革、毛皮、羽毛及其制品和制鞋业（C19）	-0.416 910	
38	金属、非金属矿采选（B08/09）	-0.417 150	

序号	国民经济行业分类	综合得分	聚类
39	电力、热力生产和供应业（D44）	−0.418 380	
40	畜牧业（A03）	−0.419 020	第五类
41	农、林业混合（A01/02）	−0.421 270	
42	林业（A02）	−0.421 280	

表 2-13 显示，通用设备制造业（C34）的专利运营实力的综合得分最高，为 2.199 071，是唯一一个得分大于 2 的行业，遥遥领先于其他行业，我们将其归为专利运营实力强的第一类。第二类的各个行业的综合得分都高于 1，包括电气机械和器材制造业（C38）、计算机、通信和其他电子设备制造业（C39）、仪器仪表制造业（C40）、化学原料和化学制品制造业（C26）、专用设备制造业（C35）、电信、广播电视和卫星传输服务（I63）。第三类的几个行业的专利运营实力的综合得分介于 0 和 1 之间，包括金属制品业（C33）、基本金属的制造（C31/32）和医药制造业（C27）。第四类的行业的专利运营实力的综合得分介于 −0.2 和 0 之间；第五类的行业的专利运营实力的综合得分介于 −0.5 和 −0.3 之间。图 2-5 显示了各个样本在前两个主因子维度上的因子得分示意图。

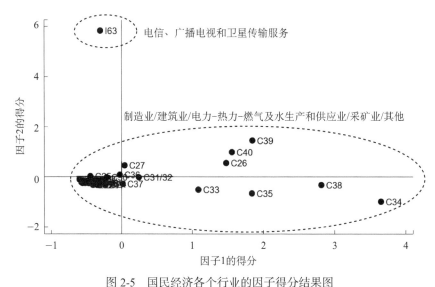

图 2-5　国民经济各个行业的因子得分结果图

旋转：正交旋转法；方法：主成分因素

图 2-5 显示，国民经济各个行业的样本被分配到四个象限，形象地揭示了各个样本的因子得分分布情况。整体上可以划分为两个集团：电信行业与制造业/

建筑业等其他行业。国民经济行业分类中的通用设备制造业（C34）的综合得分为第一名，因其在因子 1 里的多个变量的赋值远远大于其他变量而获得专利运营实力最强的地位。具体来说，其"转让"专利的数量比排在第二位的电气机械和器材制造业（C38）高出 30.93%；其"诉讼"的专利数量比排在第二位的专用设备制造业（C35）高出 95.65%；其"权利人变更"的专利数量比排在第二位的计算机、通信和其他电子设备制造业（C39）高出 7.22%；其"质押"的专利数量比排在第二位的化学原料和化学制品制造业（C26）高出 39.12%。国民经济行业分类中的电信、广播电视和卫星传输服务（I63）高高位于第二象限的顶部，主要是因为因子 2 的得分，更确切地说，是由于其拥有最多的标准专利运营数量而获得比较高的综合得分。电信、广播电视和卫星传输服务（I63）拥有的"标准"专利数量占全部标准专利数量的 96.36%，其拥有的"复审"专利数量也在各个国民经济行业中排名第二位。

四、结果与讨论

本文主要得到以下结论：相关分析揭示了大部分变量在 99% 置信水平上具有显著性的相关关系。诉讼与转让、许可、海关备案、复审、无效、权利人变更、在售等变量之间在 99% 置信水平上具有显著性相关关系。标准、保全和复审在 99% 置信水平上相关关系显著，但与其他变量之间的相关关系不显著。

因子分析的结果揭示了因子 1 主要被诉讼、转让、许可、海关备案、无效、国防解密、权利人变更、在售、质押、保全和复审等 11 个变量解释；因子 2 主要被标准与复审两个变量解释。因此可以将因子 1 命名为"普通的专利运营能力"，将因子 2 命名为"高端的专利运营能力"。依据国民经济各个行业的因子得分结果图，可以将各个行业的专利运营状况划分为两个集团——电信行业与制造业/建筑业等其他行业。

依据最后的综合得分，可以将国民经济各个行业的专利运营综合实力划分为五大类。其中，通用设备制造业（C34）的专利运营综合运营实力最强，该行业在专利转让、诉讼、质押等多个专利运营领域领先于其他行业。电信、广播电视和卫星传输服务（I63）由于拥有最多的标准专利而成为具有强大专利运营实力的行业领域。

本节内容的创新之处在于选择我国国民经济各个行业 2017 年全部发明授权专利数据中的包括专利转让、诉讼、许可、标准、质押等 12 个指标的专利运营数据，通过采用相关分析、因子分析、综合得分计算等方法，对不同行业的专利运营综合实力进行了评价研究。相对于已有的专利诉讼[39,40]或专利转让[41,42]等研究成果，本文更全面地综合评价了我国国民经济各个不同行业的专利运营实力。本节的研究思路设计、研究方法与研究指标等为今后类似的专利运营实力评价研究提供了新的思路、视角和方法。

第三节　各省专利运营能力评价研究

一、背景与意义

专利是知识经济时代重要的战略资源，是技术、法律与商业的集合[50]。随着我国知识产权事业的蓬勃发展，专利申请量快速增加。截至 2019 年，我国的发明专利申请量已经连续 9 年高居世界各国专利申请量的第一位。尽管如此，我国仍有大量的闲置专利没有充分发挥其价值，原因之一就是缺乏相应的专利运营能力[54]。合理的专利运营有利于实现从专利技术到社会生产力的转化，将知识能力转化为竞争优势和经济优势。

专利运营在我国备受重视，俨然成为激励创新和驱动发展的当务之急。2008 年国务院发布的《国家知识产权战略纲要》，旨在提升我国的知识产权创造、运用、保护和管理能力[55]。为进一步贯彻落实《国家知识产权战略纲要》，国务院办公厅在 2014 年发布了《深入实施国家知识产权战略行动计划（2014—2020 年）》[56]，文中多次强调了专利运营的重要意义与发展方向。2015 年，国家知识产权局印发《加快推进知识产权强省建设工作方案（试行）》，将一些重点建设省份划分为引领型、支撑型、特色型知识产权强省，推进省级单位知识产权能力建设[57]。2020 年，国务院印发《2020 年深入实施国家知识产权战略加快建设知识产权强国推进计划》[58]，更是特别提到关于促进知识产权转移转化的相关事宜，重点关注我国知识产权运营能力。

2021 年 9 月，中共中央、国务院印发了《知识产权强国建设纲要（2021—2035 年）》。如何提高我国的专利运营水平和能力，必将是未来国家知识产权商业运营体系建设过程中的重要课题之一，本节尝试通过对专利数据的实证分析探索出适应中国国情的专利运营指标体系，并对我国各省份的专利运营能力进行评价与分析，为我国知识产权商业化运营事业的进一步发展提供思路与建议。

二、国内外研究现状

目前，学界对于专利运营的研究主要集中在专利运营的界定、专利运营模式探寻和专利运营效率评价等方面。从概念上来讲，专利运营尚无明确定义，Svensson 认为，专利运营是专利权人通过采取某些措施，使用专利获取收入[49]；朱国军等提出，企业的专利运营是以研发投入产出效率为目标，对企业专利发展战略的全局性谋划[59]；冯晓青提出，企业知识产权运营是企业通过各种方式达到知识产权资产增值和价值实现的过程[60]；李黎明等提出，知识产权运营是相关权利主体从市场规则出发，通过许可、质押、咨询、诉讼等方式实现知识产权的经济价值的行为[61]；王振宇等认为，专利运营是将受法律保护且产权明确的专利，通过合理分配资源和采用某些商业模式可以最大限度地发挥知识产权的效益的过程[62]；孙传良等认为，专利运营是通过专利质押、许可、转让、诉讼等方式增强专利市场控制力的行为[63]。综上所述，本节将专利运营定义为，专利权人主体通过各种方式合理行使法律赋予的专利权来直接或间接促使专利发挥经济价值的过程。

对专利运营模式的探索以质性研究为主，刘红光等从来源、模式、效果等几个方面深入探究国外成熟专利运营模式，为我国的专利运营政策提出建议[64]；袁晓东等通过对美国高智公司的案例分析，介绍了其专利转移转化的运营模式[65]；冯薇等、张亚峰等、唐恒等分别从企业、高校等不同专利权人主体出发，采用案例研究的方式对各类专利运营模式进行了归纳总结，并为提高专利运营效率提出了有价值的建议[66-68]。在定量研究方面，栾春娟等通过构建我国发明专利的转让人与受让人网络，提炼出输出型、输入型与均衡型的典型专利运营模式[69]。

在效率评价方面，陈伟等使用数据包络分析法与 TOPSIS 评价模型，测度了中国高新技术产业的知识产权运营效率[70]；罗旭等应用 categorical variables-DEA 模型研究 2008～2012 年中国区域知识产权效率变化，得出中国不同区域效率增长的差异[71]；王振宇等建立三阶段 DEA 模型，研究中国中东部地区高技术产业知识产权运营效率[62]；张慧颖等在其研究中将 R&D 人力、有效发明专利、新产品销售收入、技术市场合同成交额等作为知识产权运用的投入与产出指标，测度省际知识产权运用效率[72]；张月花等使用 DEA-SBM 两阶段模型对战略性新兴产业专利研发和转化的效率进行了评价[73]。

现有研究从不同角度对专利运营进行了定义，各类主体的专利运营模式与战略及知识产权效率评价的研究相对丰富，但是也存在专利运营能力评价指标不够明确、区域专利运营能力的评价停留于投入-研发-产出的层面、对专利运营相关法律事件涉及较少等问题。因此，建立科学合理的专利运营能力评价体系，从专利法律事件角度定量分析不同省份的专利运营能力差异是本文的重点。

三、方案设计

（一）研究思路与方法

本文根据专利运营的内涵，选取在专利运营过程中几类重要的法律事件作为测度指标，使用 SPSS 软件对中国各地的专利运营数据进行实证分析，并在此基础上，针对各地专利运营能力的差别，揭示其中存在的关键特征，探索各类能力的组成机制与进步空间，为相关政策的制定与实施提供思路。

在本文中，为将不同维度的指标进行整合评价，采用因子分析方法对所获取数据进行降维。同时，因子分析法具有主观人为影响性较弱的特点，可以客观展示各项指标的权重，从而全面、准确地考察各项指标对专利运营能力的影响程度。

（二）评价指标的选择

专利运营能力是权利人主体通过各种方式实现专利经济价值能力。根据现有研究，可以将其解构为直接能力与间接能力两个方面[49, 61-63]。直接能力即将专利权直接转化为生产资料的能力，间接能力则是根据相关法律制度，有效维护和使用自己的专利权，间接提高专利商业化可能性的能力。从直接能力与间接能力两个方面出发，选择最能代表专利运营能力的指标，能够为专利运营的量化分析提供有效的标准。基于已有文献和专利数据，本文主要选取了以下 12 种评价指标：体现直接专利运营能力的指标，包括转让、许可、在售、质押；体现间接专利运营能力的指标，包括诉讼、海关备案、复审、无效、标准专利、保全、权利人变更、国防解密。

（三）样本数据

本文的样本数据为我国各省份 2015～2019 年的专利运营数据。各地发明授权总量中的转让、诉讼、质押、许可、海关备案、复审、无效、标准、保全、在售、权利人变更和国防解密，作为各地专利运营的数据。首先，我们选择"双重中国"标准，即选择中国国家知识产权局为专利授权机构，同时选择申请人的国别为中国。在此基础上，遵照以下步骤进行数据检索与精炼：①专利类型选择发明授权专利；②选择授权日为 2015 年 1 月 1 日至 2019 年12 月 31 日；③法律事件分别选择转让、诉讼、质押、许可、海关备案、复审、无效、标准、保全、在售、权利人变更和国防解密；其中复审包括复审决定和复审口审，无效包括无效审查决定和无效口审。这样我们就获得了中国国家知识产权局授权公布的、申请人国别为中国的、各地 2015～2019 年的技术创新与专利运营数据，为了避免重复，我们进行了申请号合并处理。数据检索于科技创新情报的专利信息平台 IncoPat，数据检索时间为 2020 年 5 月 3～9 日。

四、实证分析

（一）描述统计

经过对数据的检索、筛选、合并，共收集有效专利运营数据 1 585 806 条。对其进行描述性统计分析，有助于粗略把握各变量的指标，包括最小值、最大值、平均值和标准差等。表2-14 展示了 31 个样本和 12 个变量的描述性统计结果。

表 2-14 2015～2019 年我国各省份专利运营数据描述性统计

变量	个案数 / 个	最小值 / 个	最大值 / 个	平均值 / 个	标准差
诉讼	31	61	40 722	8 298.48	11 796.421
转让	31	0	213	27.52	44.629
许可	31	1	2 691	551.00	740.568
海关备案	31	1	1 901	234.74	395.436
复审	31	0	469	35.06	94.634
无效	31	2	2 171	281.23	509.314
标准	31	0	327	35.97	66.715
国防解密	31	0	1 897	79.97	349.976
权利人变更	31	0	924	146.03	226.641
在售	31	0	355	57.52	89.882
质押	31	47	25 555	3 750.42	5 863.016
保全	31	0	608	58.94	124.081

表 2-14 显示，不同类型的法律事件之间的数量级存在一定差异，同一法律事件在不同省份之间也有较大差距。为了减少量级差异带来的误差，提高数据分析的准确性，我们对原始数据进行了标准化处理，统一各指标的数量级，以此作为后续分析的基础。

（二）相关分析及相关系数检验

相关分析方法是研究并揭示变量之间的线性相关程度的研究方法，为验证各项指标间的相关性以进行因子分析，我们使用 SPSS 软件对质量指数和专利申请数的相关性进行显著性验证。表 2-15 列出了 12 个专利运营变量之间的相关系数及其显著性检验结果。

表 2-15 各变量相关系数及其检验结果

变量	诉讼	转让	许可	海关备案	复审	无效	标准	国防解密	权利人变更	在售	质押	保全
诉讼	1.000											
转让	0.937**	1.000										
许可	0.936**	0.908**	1.000									
海关备案	0.906**	0.845**	0.839**	1.000								
复审	0.780**	0.754**	0.744**	0.733**	1.000							
无效	0.964**	0.940**	0.948**	0.901**	0.822**	1.000						
标准	0.933**	0.942**	0.887**	0.852**	0.827**	0.952**	1.000					
国防解密	0.601**	0.626**	0.559**	0.636**	0.644**	0.639**	0.638**	1.000				
权利人变更	0.852**	0.845**	0.832**	0.756**	0.757**	0.862**	0.835**	0.567**	1.000			
在售	0.780**	0.792**	0.652**	0.743**	0.642**	0.767**	0.763**	0.611**	0.640**	1.000		
质押	0.969**	0.935**	0.956**	0.877**	0.805**	0.980**	0.938**	0.635**	0.896**	0.732**	1.000	
保全	0.405*	0.487**	0.451*	0.391*	0.314	0.474**	0.477**	0.298	0.511**	0.227	0.444*	1.000

注：*、** 和 *** 分别表示 10%、5% 和 1% 的显著性水平。

表 2-15 显示，文中所选取的大部分指标在 99% 置信水平上具有显著的相关性。例如，转让与除保全之外的所有变量之间都在 99% 置信水平上存在显著的相关关系；国防解密与保全的相关关系不显著，却与其他变量在 99% 置信水平上的相关关系显著。变量间普遍呈现强弱不同的相关性，使其存在通过因子分析而凝练出公共因子进行诠释的可能。

（三）因子分析

因子分析法是从变量群中提取公因子进行降维，将原有的多项相关指标转化为较少的几个互不相关的综合指标的一种统计方法。使用降维后的公因子代替原变量，可以增强因子变量的可解释性，减少由于变量重复而引起的失真，从而更好地解释所研究对象的主要特征[74-76]。本文采用主成分分析法对各个变量进行分析。

1. KMO 与 Bartlett 检验

为判断数据是否适合做因子分析，我们对专利运营数据进行了 KMO 检验与 Bartlett's 球形检验，结果如表 2-16 所示。

表 2-16 KMO 检验与 Bartlett's 球形检验结果

KMO 样本充分性检验		0.746
Bartlett's 球形检验	近似卡方	816.542
	自由度	66
	显著性	0.000

表 2-16 显示，本组数据的 KMO 值为 0.746，较适合做进一步的因子分析。根据 Bartlett's 球形检验的结果，显著性水平（p 值）为 0.000（＜0.01），表明检验结果在 99% 置信水平上具有显著性。综合 KMO 检验和 Bartlett's 球形检验结果得出，本文选取的数据符合进行因子分析的基本条件。

2. 因子提取与命名

使用 SPSS 对我国各省份的数据进行因子分析的结果如表 2-17 所示。

表 2-17 因子分析结果

成分	初始特征值			提取载荷平方和			旋转载荷平方和		
	总计	方差百分比	累积 /%	总计	方差百分比	累积 /%	总计	方差百分比	累积 /%
1	8.843	73.693	73.693	8.843	73.693	73.693	4.746	39.548	39.548
2	1.479	12.325	86.018	1.479	12.325	86.018	4.634	38.618	78.166
3	1.063	8.861	94.878	1.063	8.861	94.878	2.006	16.713	94.878
4	0.260	2.164	97.043						
5	0.190	1.584	98.627						
6	0.090	0.748	99.376						
7	0.036	0.299	99.675						
8	0.017	0.145	99.820						
9	0.013	0.105	99.924						
10	0.005	0.041	99.966						
11	0.003	0.025	99.991						
12	0.001	0.009	100.000						

注：提取方法为主成分分析法。

表 2-17 的分析结果显示，前 3 个公因子的特征值分别为 8.843、1.479 和 1.063，均大于 1。而且，前 3 个公因子的累计方差贡献率已经达到 94.878%，在很大程度上解释了 12 个原始变量所反映的信息。

变量在经过载荷矩阵分析后，采用最大方差法进行因子旋转，重新分配各个因子解释原有变量的方差，从而显示出各个因子的典型主成分。本组数据在历经 5 次旋转迭代以后收敛，结果如表 2-18 所示。

表 2-18 旋转后公因子载荷矩阵

指标	成分		
	F_1	F_2	F_3
转让	0.860	0.483	0.092
诉讼	0.577	0.793	0.138
质押	0.719	0.543	0.215
许可	0.853	0.335	0.176
海关备案	0.446	0.875	−0.048
复审	0.403	0.649	0.628
无效	0.556	0.818	0.104
标准	0.073	0.965	0.174
保全	0.633	0.278	0.651
在售	0.941	0.152	0.213
权利人变更	0.679	0.691	0.238
国防解密	0.087	0.003	0.968

表 2-18 显示，公因子 F_1 在专利的在售、转让、许可、质押四个指标上的载荷值较高。在售、转让及许可的事件，体现出专利权人主体将手中专利投入市场交易而获取资本的过程，质押的本质是一种融资行为，专利权人使用专利作为债权抵押物进行担保，也是将自有专利转化为资本的过程，因此我们可以将 F_1 因子命名为"专利市场运营与资本化能力因子"。F_2 因子主要包含了标准、无效、海关备案、诉讼、权利人变更、复审这五项指标。专利权具有资源、财产与权利的多重属性，而通过以上方式对权利合理使用才能体现出专利在技术、法律、商业的三重价值。因此，可以将 F_2 称为"权利运用与拓展能力因子"。F_3 包括国防解密、保全两项指标，我们称之为"专利军民融合与自我保护能力因子"。

3. 各省份综合得分与评价

首先根据原始各变量因子得分系数矩阵，利用回归方法计算公因子得分。然后，以三个公因子的方差贡献率 73.693%、12.325%、8.861% 作为得分权重，构建省际专利运营能力因子得分函数 [式（2-5）]，即：

$$F 综合得分 = 0.736\,93 \cdot F_1 得分 + 0.123\,25 \cdot F_2 得分 + 0.088\,61 \cdot F_3 得分$$

（2-5）

经过计算得出我国各省份的专利运营能力得分及其排名，如表 2-19 所示。

表 2-19　各省份专利运营能力得分情况

申请人所在省份	F_1 得分	F_2 得分	F_3 得分	F 综合得分	得分排名
江苏	4.053	−0.957	−0.006	2.868	1
浙江	2.334	0.627	−1.298	1.682	2
山东	1.385	−0.427	−0.092	0.960	3
广东	0.296	5.212	−0.380	0.827	4
北京	0.274	0.512	4.728	0.684	5
上海	0.506	−0.238	1.575	0.483	6
安徽	0.662	−0.251	−0.381	0.423	7
福建	0.334	−0.268	−0.364	0.181	8
四川	0.118	−0.220	−0.009	0.059	9
辽宁	0.090	−0.366	−0.062	0.015	10
重庆	−0.154	−0.172	−0.436	−0.173	11
湖南	−0.225	−0.099	−0.079	−0.185	12
广西	−0.270	−0.265	−0.395	−0.267	13
湖北	−0.323	−0.029	−0.339	−0.272	14
河南	−0.406	−0.197	0.493	−0.280	15
天津	−0.375	−0.254	0.208	−0.289	16
河北	−0.446	−0.066	−0.171	−0.352	17
云南	−0.434	−0.214	−0.383	−0.380	18
新疆	−0.462	−0.237	−0.371	−0.402	19
江西	−0.516	−0.105	−0.369	−0.426	20
吉林	−0.510	−0.177	−0.342	−0.428	21
黑龙江	−0.554	−0.192	−0.130	−0.443	22
陕西	−0.686	−0.277	0.965	−0.454	23
贵州	−0.558	−0.151	−0.275	−0.455	24
山西	−0.557	−0.172	−0.274	−0.456	25
甘肃	−0.563	−0.178	−0.283	−0.462	26
宁夏	−0.563	−0.187	−0.307	−0.465	27
西藏	−0.582	−0.188	−0.389	−0.487	28
海南	−0.593	−0.131	−0.390	−0.487	29
青海	−0.613	−0.171	−0.375	−0.506	30
内蒙古	−0.660	−0.158	−0.069	−0.512	31

表 2-19 显示，我国各省份的专利运营能力的整体水平差距较大，江苏、浙江、山东、广东、北京、上海、安徽、福建、四川、辽宁 10 个省份的得分为正值，其余 21 个省份未达到平均分，分数为负值。总体来看，我国东部地区省份的专利运营能力较强，其中专利运营能力最强的是江苏，综合得分为2.868，在全国范围内遥遥领先。浙江和山东分别列第 2 位和第 3 位，专利运营能力综合得分分别为 1.682 和 0.960。西部地区省份的专利运营能力相对较弱，内蒙古、青海、西藏、宁夏等省份的弱势最明显，其中得分最低的是内蒙古，综合得分仅为 −0.512，与强势省份差距明显。

具体来看，江苏的专利运营综合能力最强，且 F_1 因子得到 4.053 的最高分，显示了其强劲的专利市场运营与资本化能力。这是由于江苏省的经济发达，市场活跃，且政府部门出台的相关政策对于专利市场运营与资本化也相当有利。2018 年，江苏省人大常委会把《江苏省知识产权促进条例》列入五年立法规划项目；同年，江苏省知识产权运营母基金和三支子基金签约成立，并联合中国银行、兴业银行等 8 家金融机构搭建"互联网＋知识产权＋金融"服务平台，助力知识产权运营[77]；2020 年初，全国地级市首只知识产权运营引导基金也在江苏省苏州市正式运行，以支持市级专利运营资本的供给，推进知识产权商业化[78]。这些政策无不显示出政府对于提升地区专利运营能力的重要支撑作用。

作为我国第一经济大省，广东的经济基础雄厚，科技实力突出，市场氛围活跃。F_1 和 F_2 因子的得分高，并且 F_2 因子的得分格外突出。F_2 权利运用与拓展因子包括标准、无效、海关备案、诉讼、权利人变更、复审。从数据上来看，广东的权利运用和拓展能力出色，专利运营意识与法律意识较强。

北京则在专利军民融合与自我保护能力维度一枝独秀，国防解密与专利保全的能力均处于全国第一的位置。对于保密时效解除的国防专利，军转民的解密措施可以极大唤醒国防专利的"睡美人"状态，为赋予已解密的国防专利更多的经济价值提供可能。北京在这一维度的领先与其作为首都所获得的得天独厚的政治资源及拥有更多国防专利权人单位不无关系。此外，专利保全事件数量的领先，也显示出北京专利权人具有较高的自我保护意识和能力。

中西部地区省份的专利运营能力整体水平较低且无较突出的能力，这与这些地区经济与科技发展相对滞后有关，在"技术创新-专利效益-经济发展"的模式中容易陷入恶性循环，不利于专利运营大环境的展开。在技术与市场竞争日益激烈的今天，专利运营能力不足往往使得地区发展受人掣肘，相关部门应给予更多政策的支持、氛围的引导和资金的保障。例如，贵州就于 2018 年在全国率先启动专利运营改革试水，提出了"在专利权人保持所有权不变的情况下，将专利许可、转让、维权等专利运营权托管委托让渡给专业的知识产权运营商，按约定分享收益"的政策[79]。类似的制度创新有利于打破观念的僵化，推动专利运营能力进步。

五、结论与启示

本文选择12项专利运营指标，采用因子分析法对我国各省份进行了实证分析，主要得出如下结论：概括了专利市场运营与资本化能力、权利运用与拓展能力、专利军民融合与自我保护能力的三大能力维度；我国各省份专利运营能力存在明显的差异性，且大部分地区的运营能力较弱，其中江苏、浙江、山东等地的专利运营能力较强，海南、青海、内蒙古等地的专利运营情况较差；各省份的专利运营能力的优势维度不尽相同，如江苏的专利市场运营与资本化能力占优势，广东精于权利运用与拓展能力，北京的专利军民融合与自我保护能力格外突出等。

作者针对以上结论提出如下对策建议，以推动我国知识产权商业运营体系建设。

首先，针对我国专利存量大但商业运营能力普遍不强的基本情况，政府需要加强对专利运营意识的宣传与引导，树立"没有实现商业化价值的专利只是一种成本，专利只有面向市场才能发挥价值"[80]的理念，使专利商业化的重要意义深入人心，促进社会对专利的认知由传统的技术保护向开放创新与商业化、市场化的方向转变。

此外，政府需要围绕专利运营的三大能力维度出台相应的支持政策，全方面提升各类主体的专利运营能力。例如，为增强专利市场运营与资本化能力，政府需要推进建设完善的专利运营中介服务机构，规范各类知识产权商业化行为，营造活跃的专利交易市场氛围等；为促进各地权利运用与拓展能力的提升，国家应完善专利转让、许可、质押等各类专利运营行为的法律规范，加大执法力度以确保知识产权商业化活动的顺利进行，为专利权人主体行使合法权利解决后顾之忧；注重国防专利解密及专利保全在知识产权商业运营中的重要价值，提供相关政策倾斜。

最后，针对地区能力差异的问题，需要从国家层面继续推进知识产权强省建设，推动专利质量高、运营能力强的知识产权强省引领其他省份专利运营工作的发展；从省级层面，加强重点地区示范带动作用，推进区域间交流；各省相关单位可结合辖区内各地市之间不同的专利运营能力优势树立典型示范城市，带动全省其他地区专利运营工作的开展。同时，各级单位也要根据自身发展水平与发展特点，有针对性地向优势地区学习。以辽宁省为例，实证分析表明，其权利运用与拓展能力相对薄弱，因此相关部门可以以此方面较优秀的广东省为标杆，加强学习交流，发现其优势能力来源，积极探寻在政策、模式、案例方面的可复制经验。

第四节　高校专利运营的地区差异与政策研究

一、问题的提出与研究意义

在国家创新体系中，高校是非常重要的组成部分[1]，而专利不仅是企业、行业乃至国家科技创新与核心竞争力的标志，而且是高校衡量科研实力、研发能力的重要指标[2]。专利转化为生产力是高校支撑创新型国家建设的重要着力点，提升高校专利转化行为的有效性已经成为确保我国产业实现优势创造与可持续发展的重点[3]。Jaffe 等、Audrestch 等认为大学的研究成果可以对当地产业界的创新起到促进作用[81,82]。然而，我们不得不面对的一个现实是高校的大部分专利都被"束之高阁"，专利转化率较低，高校现存的大量技术资源无法市场化转变为实际的生产力。高校专利运营的最终目的就是将高校的专利成果转化为现实的生产力[6]，对于提高高校科技成果转化的效率、盘活高校已有的专利资源至关重要。

近年来，我国学者对于高校专利运营的研究主要集中在以下两个方面：一是对于高校专利运营现存问题的探究，二是对于专利运营模式的探讨。我国高校主要从事科学技术的创新研发，缺乏对知识产权人才的培养[7-9]及专门的科技成果转化机构[10]；知识产权缺乏市场化意识，实施运营的可行性低[10]。目前，我国高校专利运营模式单一，大量存在的是专利转让和专利许可的模式。郑美杰等以我国 211 高校专利数据为例，对我国高校专利运营整体、不同专利运营模式进行研究，指出我国高校专利运营整体呈非协调阶段性发展，合作申请模式、专利转让模式、专利许可模式的发展存在差异[11]；沈玲玲分析了国内外高校的专利运营服务现状及问题，建立了面向产学研合作的专利运营模式，提出"导航式专利运营服务"[12]；唐恒、朱伟伟将高校视为生产"专利"产品的企业，高校需要建立以客户为导向的专利营销策略、制定传递产品价值的专利营销方案[83]。

专利转让作为专利运营的一种重要模式，代表了深层次的知识成果转化[13]。随着相关数据的开放和技术完善，出现了一批关于跨地区的专利转让的研究[14]。学者们通过专利转让数据，构建了区域间或城市间的技术网络、协同网络等。Tang认为跨区域的技术转让对于缩小地区技术差异、实现协同创新具有重要意义[15]。Graf等从产学研的角度出发，认为研究机构与高校在区域合作网络中是重要角色[84]。康旭东等利用2011～2015年发明专利转让公告为样本数据，通过社会网络分析法、可视化方法构建我国高等院校与企业间以专利为媒介的技术转让网络[17]。Hicks等通过探究公司申请的专利与本地科研机构成果产出的关系，证实了地理因素对科技成果转化的限制[85]。徐庆富等利用专利转让数据，分析了我国省际技术转移特征[86]。谢祥等基于社会网络分析方法构建了我国31个省份间的专利转让网络结构，了解各地区2016年的跨区域专利转让情况[87]。李志鹏等通过分析"双一流"高校专利转让网络来评价高校知识成果转化能力，认为"双一流"高校的专利质量相对较高，但成果转化率不高[88]。

现有的研究大多是基于部分高校及相关数据对高校专利运营现状和模式的定性研究，或者是基于专利转让数据研究区域、城市间的技术转移、构建技术网络等。对于不同地区高校专利转让是否存在差异、政府及高校政策有何作用，鲜有学者进行研究。根据国家知识产权局的统计数据，专利技术的转让人有企业、个人、高校、研究院和其他。高校作为重要的创新基地，其专利活动是建设创新型国家的重要环节，专利转让作为技术转化的方式，是评价高校科研成果质量和创新能力的重要依据[22]。故本文作者选取中国高校转让发明专利数据，探讨高校专利转让是否存在显著的地域性差异，并选择专利转让成绩卓著的地区分析地方促进高校科技成果转化政策及高校相关制度对高校专利转让的影响，最终为全面推动我国高校专利运营提供决策支撑。

二、数据与方法

（一）数据检索与分布

书中的样本数据为中国高校转让发明专利数据。具体的检索步骤如下：

（1）受理局：选择中国国家知识产权局为专利授权机构；

（2）专利类型：选择发明授权专利；

（3）日期：选择授权日为2019年12月31日前；

（4）法律事件：选择转让；

（5）申请人国别：选择中国；

（6）中国申请人类型：选择大专院校。

这样，我们就获得了中国国家知识产权局授权公布的、申请人国别为中国的、发明授权专利数据中的"转让专利数据"。为了避免重复，而后进行了申请号合并，共得到检索结果 43 776 条，作为本书我国高校专利运营地域差异的样本数据。数据检索与科技创新情报的专利信息平台 IncoPat，数据检索时间为 2020 年 6 月 25 日～7 月 2 日。样本数据的年度分布和年度增长率如图 2-6 所示。

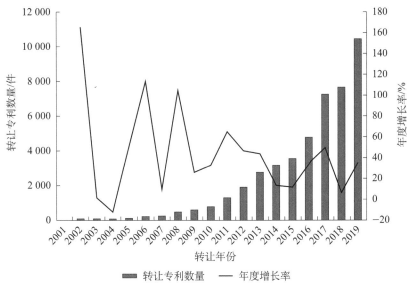

图 2-6   中国高校发明授权转让专利的年度分布与年度增长率

（二）思路与设计

书中旨在识别与发现我国的高校专利转让是否存在显著的地域性差异；在存在差异的情况下，各省份的高校专利转让可以划分为几种类型；之后，选择高校专利转让成绩卓著的类别，分析地方促进高校科技成果转化的政策及高校相关制度对高校专利转让的影响。最终为全面推动我国高校专利成果转化提供决策支撑。在地域差异的识别方面，我们采用系统聚类方法，对各省份的高校专利转让进行聚类分析，通过分类识别地域性差异，将各省份的高校专利转让情况区分为几种类型。

三、分析结果

（一）样本数据描述性统计

表 2-20 展示了我国各省份的高校发明专利转让数量的描述性统计结果。其中，发明专利转让数量的最大值为 9208，最小值仅为 9，平均值为 1408.61，数据的波动范围大，表明各省份的高校的发明专利转让在数量上存在较大差异。但是，仅凭描述性统计结果无法对各省份进行类别划分，因此需要采用系统聚类法对各省份进行类别划分。

表 2-20 我国各省份的高校发明专利转让数量的描述性统计结果

项目	个案数	最小值	最大值	平均值	标准差	方差	偏度	峰度
转让数量	31	9	9 208	1 408.61	1 860.921	3 463 028.112	2.825	9.934

（二）聚类分析

为了进一步揭示各省份的高校的发明专利转让的地域差异，需要采用系统聚类分析方法进行类别划分。以 IncoPat 检索到的中国高校转让发明专利的数量为依据，借助于统计分析软件 SPSS 23.0 进行聚类分析计算。计算过程如下：将高校发明专利转让数量作为聚类指标；采用欧式距离测度各省份之间的样本间距离；选用组间平均连接法计算类间的距离，并对样本进行归类。聚类结果如图 2-7 所示，各省份被分成四种类型。其中，江苏被分为第一类；浙江、北京被分为第二类；上海、陕西、广东、山东、湖北、黑龙江被分为第三类；剩下的 22 个省份为第四类。

根据以上的分类结果，分别计算出每个类型省份的专利转让数量的占比，如表 2-21 所示。其中，仅江苏的高校的发明专利转让数量占比就已达到 21.09%；浙江、北京的高校的发明专利转让数量占比为 20.29%；上海、陕西、广东、山东、湖北、黑龙江的高校的发明专利转让数量占比为 30.31%；剩下的 22 个省份的高校的发明专利转让数量占比总共为 28.31%。前三类的几个省份的高校发明专利转让数量占比累计已经超过 80%，且江苏的高校的发明专利转让数量更加突出，故选择前三类的省份的数据进一步分析地域间技术优势所存在的差异。

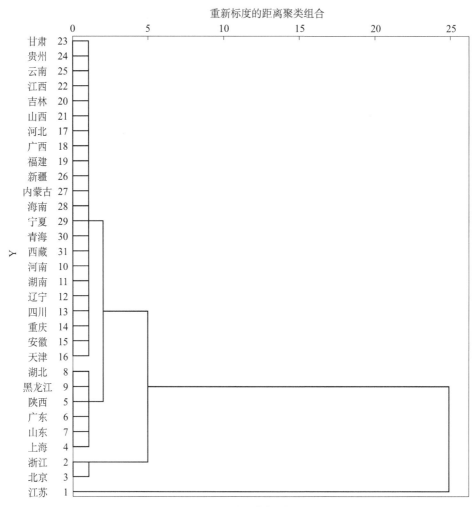

图 2-7　系统聚类树形图

表 2-21　每一类型省份的高校的发明专利转让数量及占比

类型	省份	转让专利数量 / 件	占比 /%
一	江苏	9208	21.09
二	浙江	4595	20.29
	北京	4266	
三	上海	2740	30.31
	陕西	2381	
	广东	2296	
	山东	2195	

类型	省份	转让专利数量/件	占比/%
三	湖北	1937	
	黑龙江	1688	
四	河南	1360	
	湖南	1355	
	辽宁	1280	
	四川	1225	
	重庆	967	
	安徽	931	
	天津	805	
	河北	649	
	广西	632	
	福建	585	
	吉林	537	28.31
	山西	516	
	江西	425	
	甘肃	308	
	贵州	305	
	云南	242	
	新疆	83	
	内蒙古	69	
	海南	34	
	宁夏	27	
	青海	17	
	西藏	9	

（三）前三类省份的技术优势比较

我们以聚类分析划分出的前三个类型省份为横轴、技术分类为纵轴，绘制地域技术优势气泡图来客观地反映不同区域的技术优势存在的差异。如图 2-8 所示，与其他 8 个省份相比，江苏几乎在每个技术领域都具有明显的技术优势，尤其在化学原料和化学制品制造业（C26）、通用设备制造业（C40）、电气机械和器材制造业（C38）这 3 个领域的技术优势更突出。由此可知，江苏的高校的发明专利转让数量在全国位居前列，且在多个技术领域存在突出的优势，故我们选择江苏的高校的发明专利转让数量数据进一步分析该区域政府出台的各项政策及高校制度对高校专利转化的影响。

四、地域政策分析——以江苏省为例

（一）国家及江苏省人民政府在促进高校专利转让方面的作用

近些年来，国家越来越重视专利运营，相继出台了一系列促进专利运营的政策，进一步推动了高校科技成果转化。如表 2-22 所示，我国于 2006 年 2 月颁布了《国家中长期科学和技术发展规划纲要（2006—2020 年）》。该文件的配套政策实施细则涵盖了科研项目专项资金管理、税收激励、科技创新与平台建设等多个领域，是政府首次介入知识产权运营领域[24]。

表 2-22   国家及地方政府政策文件

时间	发文主体	法律法规政策
2006 年 2 月	国务院	《国家中长期科学和技术发展规划纲要（2006—2020 年）》
2008 年 6 月	国务院	《国家知识产权战略纲要》
2009 年 1 月	江苏省知识产权局	《江苏省知识产权战略纲要》
2016 年 7 月	国务院	《"十三五"国家科技创新规划的通知》
2016 年 7 月	国务院	《〈国务院关于新形势下加快知识产权强国建设的若干意见〉重点任务分工方案》
2017 年 4 月	江苏省人民政府	《关于知识产权强省建设若干政策措施的通知》
2020 年 2 月	教育部、国家知识产权局、科技部	《关于提升高等学校专利质量促进转化运用的若干意见》

2008 年 6 月出台的《国家知识产权战略纲要》是我国运用知识产权制度促进经济社会全面发展的国家战略，其中明确指出"鼓励知识产权转化运用，促进高等学校、科研院所的创新成果向企业转移[89]。为了更好地落实《知识产权战略纲要》的精神，江苏省知识产权局在 2009 年 1 月颁布了《江苏省知识产权战略纲要》。该文件指出"鼓励高校、科研机构向企业转移知识产权，将知识产权转移情况纳入科研绩效评价、考核内容"[26]。一系列文件的出台说明，国家及江苏省人民政府开始重视高校的科技成果转化。在此之后，国家还陆续出台了《国家科技重大专项知识产权管理暂行办法》。该规定的第五章为"知识产权的转移与运用"。其中有很多鼓励性质的规定。这说明，国家对于知识产权运营已由重视转向大力鼓励[90]。

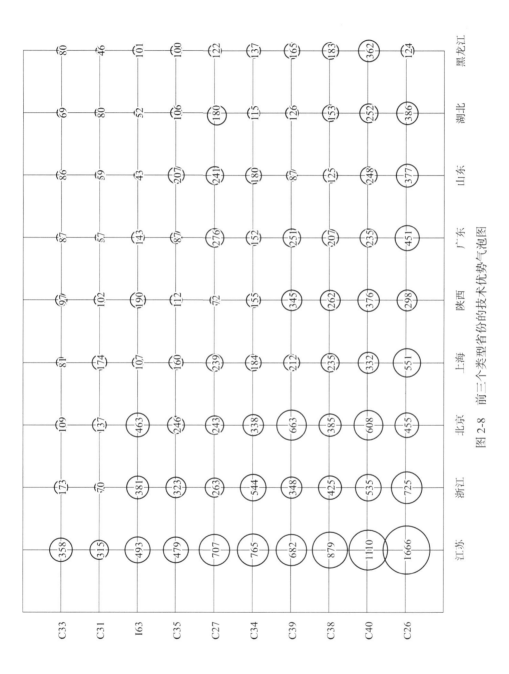

图 2-8 前三个类型省份的技术优势气泡图

2016 年，国务院陆续颁布了《"十三五"国家科技创新规划的通知》及《〈国务院关于新形势下加快知识产权强国建设的若干意见〉重点任务分工方案》。《"十三五"国家科技创新规划的通知》中首次提出要完善科技成果转移转化机制，深化科技成果权益管理改革，落实高等学校、科研院所对其持有的科技成果可以自主决定转让、许可或者作价投资的权利，除涉及国家机密、国家安全外，不需要审批或备案，并且明确了高等院校及科研机构科技转化的激励措施。这些规定使得高校具有了自主决定专利转让的权利，进一步地促进了高校专利运营的良好发展[28]；《〈国务院关于新形势下加快知识产权强国建设的若干意见〉重点任务分工方案》中明确地提出了要加强知识产权交易平台建设，推动高等院校、科研院所建立健全的知识产权转移转化机构[91]。江苏省人民政府为了贯彻落实《国务院关于新形势下加快知识产权强国建设的若干意见》，结合江苏省知识产权发展实际，提出了《关于知识产权强省建设若干政策措施的通知》。该文件提出要促进高效益的知识产权运营，并且说明高校、科研院所将知识产权转化、许可他人实施、作价投资或自行实施的，按照国家和江苏省的有关规定，对相关人员给予奖励和支付报酬。这些文件提出了更加具体、明确的鼓励高校科技成果转化的措施，鼓励有条件的学校组建专业化、特色化的知识产权运营机构，加快知识产权成果转化[30]。2020 年 2 月发布的《关于提升高等学校专利质量促进转化运用的若干意见》中更清晰地对高校专利运营提出了指导意见[92]。

通过对相关政策的梳理可以发现，我国对于知识产权运营的相关政策经历了重视、鼓励、促进实施 3 个阶段，对知识产权运营、专利运营方面的规定逐渐具体；江苏省结合本省知识产权发展实际及国家相关纲领性政策，提出了符合本省实际的更加细致的知识产权运营政策，积极推动高校的知识产权转化应用。

（二）高校政策在促进专利转让中的作用

IncoPat 中检索的数据显示，江苏省高校的专利转让数量居全国第一位。其中，东南大学、江南大学、江苏大学、苏州大学的专利转让数量都超过 500 件，居江苏省的前四位。东南大学、江南大学、江苏大学、苏州大学的相关政策文件如表 2-23 所示。由于各个学校官网的设置不同且会对发布的文件进行定期更新或删除，故江南大学及江苏大学只能检索到部分关于专利转让的政策文件。

表 2-23 东南大学、江南大学、江苏大学、苏州大学的相关政策文件

学校	时间	政策
东南大学	2014 年 11 月	《关于进一步推进科技成果转化的若干实施意见》
	2015 年 6 月	《东南大学科技成果转移转化管理实施细则（暂行）》
	2016 年 6 月	《东南大学专利转让、许可管理暂行办法》
	2017 年 1 月	《东南大学促进科技成果转移转化实施方案》
	2019 年 4 月	《东南大学促进科技成果转移转化管理办法（暂行）》
江南大学	2019 年 2 月	《江南大学科技成果评估备案实施细则》
	2020 年 1 月	《江南大学专利技术转化管理办法（2020 年修订）》
江苏大学	2012 年 5 月	《江苏大学专利基金管理办法》
	2019 年 3 月	《江苏大学科技成果转化管理办法》
	2019 年 3 月	《江苏大学技术转移中心有限公司管理办法》
	2019 年 3 月	《江苏大学技术转移中心管理办法》
苏州大学	2011 年 3 月	《苏州大学知识产权保护和管理实施细则》
	2016 年 7 月	《苏州大学科技成果转化管理办法（试行）》
	2020 年 7 月	《苏州大学知识产权保护和管理办法（2020 年修订）》
	2020 年 7 月	《苏州大学科技成果转化管理办法（2020 年修订）》

如表 2-23 所示，四所高校都出台了相关政策，对科技成果转化的行为进行了规范。东南大学在 2016 年出台的《东南大学专利转让、许可管理暂行办法》中对专利转让、许可的定价方式、协议的签订及收益的分配进行了明确的规定，并且建立了科技成果转化年度报告制度，对本校科技成果转化的数量、投资情况、合同的签订等进行全方位的监督与指导[32]。江南大学也出台了专门针对专利转让的文件，对专利转让的实施方式及利益分配进行了明确的规定。江苏大学出台的专利基金管理办法中明确指出了专利基金的用途及资助对象，对于申请资助的条件、资助标准也有明确的说明。江苏大学还成立了江苏大学技术转移中心有限公司与科技处一同处理本校的技术转移等工作。苏州大学出台的一系列促进科技转化的政策文件中对于专利转让的定价方式、实施过程及收益的分配等都进行了十分详尽的规定。

通过对四所高校政策的梳理可以看出，高校在贯彻落实国家及省人民政府的相关文件政策的同时，不仅制定政策促进科技成果转化，而且对专利转让的全过程进行了规范，明确了专利转让的利益分配及资助条件。与国家及省人民政府制定的宏观性政策不同，高校制定的政策更加具体，更具有可实施性；对于专利转让过程中可能出现的问题进行了详细的规定；通过制定明确的资助、奖励及利益分配政策，促进高校积极地开展专利转让工作。

五、结论与启示

（一）主要结论

通过对我国各省份的高校发明专利转让数量进行描述性统计后发现，各省份的数据波动范围较大，不同省份的高校的发明专利转让数量存在较大差异。对其进行系统聚类分析后，将我国各省份的高校的发明专利转让划分为4个类别。其中，江苏为第一类，仅江苏一省的高校发明专利转让数量占比就已达到21.09%；浙江、北京为一类；上海、陕西、广东、山东、湖北、黑龙江为一类；剩下的22个省份为一类。前三类地区的高校发明专利转让数量占比累计已经超过80%，故绘制气泡图对前三类的地区的技术优势进行分析。分析发现，江苏不仅在不同的技术领域具有明显优势，而且在化学原料和化学制品制造业（C26）、通用设备制造业（C40）、电气机械和器材制造业（C38）这三个领域的技术优势更明显。

（二）政策启示

1.政府政策在促进高校专利转让中的作用

近年来，国家出台多项政策，促进高校科技成果转化。2006年2月出台的《国家中长期科学和技术发展规划纲要（2006—2020年）》，是政府首次就知识产权运营工作制定的系统、全面的政策文件。自此，国务院、江苏省及相关机构陆续出台多项政策，鼓励高校、科研机构向企业转移知识产权，完善科技成果转移转化机制，加强知识产权交易平台建设等。我国对于知识产权运营的相关政策经历了重视、鼓励、促进实施3个阶段，国务院等相关部门出台的政策文件主要是从宏观层面对各地区的专利运营给出指导性意见；江苏省则在落实中央文件的同时结合了江苏省知识产权发展的实际，出台了更符合本省的知识产权运营政策。

2.高校政策在促进专利转让中的作用

通过对江苏的4所高校政策的梳理可以看出，高校在贯彻落实国家及省政府的相关文件政策的同时，不仅制定政策促进了科技成果转化，而且对专利转让的全过程进行了规范，明确了专利转让的利益分配及资助条件。高校制定的政策更加具体和具有可实施性；对于专利转让过程中可能出现的问题进行了详细的规定；通过制定明确的资助、奖励及利益分配政策，促进高校积极地开展专利转让工作。

第五节 新产品开发视角下高技术产业专利运营效率研究

一、背景与意义

"十四五"期间，我国将进入新发展阶段，经济社会发展的内外环境将发生深刻复杂的变化。作为国民经济的重要组成部分，高技术产业是维护国家安全、增强国际竞争力的重要力量[1]。技术和创新是高技术产业发展的动力源泉。作为创新成果的主要表现形式，专利产出成为推动高技术产业迅速发展的重要力量[2]。将专利及时地进行转化运用而形成生产力是促进高技术产业创新发展的重要手段。但现阶段我国的专利转化效率还需要进一步提高，全国专利能成功产业化的整体概率未达 40%，高技术产业的专利转化率更低[3]。高技术产业的自主创新能力及专利运营水平影响着我国创新战略的实施成效，探究高技术产业专利运营效率、了解其专利运营现状及问题，对优化资源配置、促进高技术产业的专利转化、加速创新驱动产业发展具有重要意义。

当前，不少学者都致力于研究高技术产业技术创新能力[4]及创新机制，对高技术产业创新效率进行测算。结果表明，不同高技术产业的创新效率存在一定的差异，且行业的效率水平都偏低[5]，高技术产业的创新效率存在区域异质性和阶段异质性。产业集聚[6]、政府补贴[7]、政府支持[6]、创新环境[9]等因素会对高技术产业创新效率及发展产生影响。其中，政府补贴对高技术产业创新效率呈现倒 U 形影响，政府创新干预不利于高技术产业创新效率提升[10]。在现有研究中，高技术产业专利转化的成果并不多，部分学者采用数据包络分析（data envelopment analysis，DEA）法对工业产业、专利密集型产业及不同创新主体间的知识产权运营效率进行了测算与评价。田家林等使用 DEA 模型比较了我国 38 个工业产业的知识产权运营效率，发现其运营效率不高，产业间差异大[10]，并且专利密集型产业的知识产权运营效率不高且存在区域差异[11]；张月花等通过使用 DEA-SBM 模型对战略性新兴产业专利运营效率进行计算，得出了专利运营效率与地区发展水平之间没有明显的一致性[73]；李甜甜通过 DEA 模型对高校、企业和科研院所三大创新主体的知识产权运营效率进行计算，得出同一地区间三大创新主体的知识产权运营效率相差较大[93]，且三大创新主体的知识产权运营效率区域分布不均衡，与经济发展水平没有必然的联系[15]。

学者们对于知识产权运营效率的研究大多通过 DEA 法或随机前沿（stochastic frontier approach，SFA）法对截面数据进行静态效率分析，对于专利运营效率的动态趋势分析较少，且选取的产出指标大都是技术市场成交额、技术转让额等。该指标虽然可以在一定程度上反映出专利运营状况，但是这并不意味着转让或经过技术市场交易的专利真正地转化为企业生产力。企业进行专利运营的最终目的就是将专利运用在实际的生产过程中或转移到新产品中，以降低成本、提高利润，故本书从新产品开发的角度构建专利运营产出指标，采用规模报酬递减模型（BCC 模型）及 Malmquist 指数对 2013～2017 年 27 个省份的高技术产业专利运营效率进行测算，探究高技术产业专利运营的现状及其地区差异，为促进高技术产业专利转化提供相关的对策与建议。

二、研究方法及数据来源

（一）DEA-Malmquist 模型构建

当前，学者们对于知识产权运营效率的研究大多采用两种前沿面方法——非参数法和参数法。DEA 和 SFA 分别为其代表。相较于 SFA，DEA 是基于生产可能集理论的线性规划方法。DEA 对决策单元（decision making units，DMU）数量的要求相对较少。一般来说，DMU 的数量不应少于投入和产出指标数量的乘积，同时不少于投入和产出指标数量的 3 倍[16]；投入指标与产出指标间的共线性关系并不会导致错误的分析结果，并且在处理多投入、多产出的有效性评价方面具有优势[17]。同时，由于专利运营是一个涉及多环节的复杂过程，而 DEA 可以将整个过程视为"黑盒"，因此只需要关注专利运营过程中的投入和产出即可对效率进行测算，这便在很大程度上简化了专利运营效率的计算。因此，本文选用 DEA 法来对专利运营效率进行分析。

按照对效率的测量方式，DEA 可以分为投入导向、产出导向和非导向。模型导向的选择主要取决于研究目的。若只是为了获得各单位的效率值，上述三种导向均可[18]。对于专利运营而言，投入比产出容易控制，故本书选择投入导向进行效率计算。首先，采用投入导向的 BCC 模型对专利运营的效率进行静态分析，表达式如下：

$$\begin{cases} \min\theta \\ \text{s.t.} \sum_{j=1}^{n} \lambda_j x_{ij} = \theta x_{ik} \\ \sum_{j=1}^{n} \lambda_j y_{rj} = y_{rk} \\ \sum_{j=1}^{n} \lambda_j = 1 \\ \lambda \geqslant 0; i = 1,2,\dots, m; r = 1,2,\dots, q; j = 1,2,\dots, n \end{cases}$$

式中，假设BCC模型有多个DMU。其中，x_{ij}为某个决策单元j的第i个投入量，$x_{ij} \geq 0$；y_{rj}为某个DMU j的第r项输出，$y_{rj} \geq 0$；θ表示模型最优解，取值范围是（0，1]；λ_j表示线性组合数。若$\theta=1$，则DMU为DEA有效；若$\theta < 1$，则DMU为DEA无效。一般通过BCC模型进行效率的静态分析。Malmquist指数与DEA结合，能够实现对效率动态变化的计算[19]，被广泛用来测算生产率变化，其表达式为：

$$M(x^{t+1}, y^{t+1}, x^t, y^t) = \left[\frac{D^t(x^{t+1}, y^{t+1})}{D^t(x^t, y^t)} \cdot \frac{D^{t+1}(x^{t+1}, y^{t+1})}{D^{t+1}(x^t, y^t)} \right]^{\frac{1}{2}}$$

$$\text{Effch} = \frac{D^t(x^{t+1}, y^{t+1})}{D^t(x^t, y^t)}$$

$$\text{Tech} = \left[\frac{D^t(x^{t+1}, y^{t+1})}{D^{t+1}(x^{t+1}, y^{t+1})} \cdot \frac{D^t(x^t, y^t)}{D^{t+1}(x^t, y^t)} \right]^{\frac{1}{2}}$$

$$\text{Tfpch} = \text{Effch} \cdot \text{Tech} = (\text{pech} \times \text{sech}) \cdot \text{Tech}$$

其中，Effch为综合技术效率，综合技术效率又可以进一步分解为纯技术效率（pech）和规模效率（sech）。当综合技术效率大于1时，表示技术效率改善，该决策单元的管理方式和决策是正确的；当其小于1时，反之。Tech为技术进步指数，代表的是生产前沿面从t到$t+1$期的移动，体现的是技术变化的程度；Tfpch为全要素生产率。（x^t, y^t）和（x^{t+1}, y^{t+1}）分别表示t时期和$t+1$时期的投入产出向量。若M指数>1，则表明效率提高；若M指数<1，则表明效率降低。

（二）数据来源

样本的选取要考虑中国政治、经济、文化、知识产权机构设置等综合因素，同时考虑到数据的完整性、可得性和有效性，剔除了西藏、青海、海南及新疆的数据，对2013～2017年我国27个省份的高技术产业的专利运营效率进行测度分析。为保证数据的科学、准确，专利数据、新产品开发数据、研发经费等数据均来源于国家统计局每年发布的《中国科技统计年鉴》及中经网统计数据库等网站。利用DEAP 2.1对2013～2017年我国27个省份的高技术产业的投入产出的面板数据进行专利运营效率分析。

（三）指标选取

确立合适的指标才能客观准确地评价高技术产业专利运营效率。本文在指标体系的设计中，以现有文献为基础，借鉴知识产权运营效率研究成果及本文实证所需，从投入与产出两个角度选取指标，如表2-24所示。

表 2-24　高技术产业专利运营效率评价指标

一级指标	二级指标	指标说明	单位
投入指标	专利申请量	高技术产业研发能力	项
	R&D 人员数	研发中人才资源投入	人
	R&D 资金内部支出	研发中资金投入	万元
产出指标	有效专利数	研发产出能力	项
	新产品开发项目数	成果转化的直接力度	项
	新产品销售收入	成果转化收益及市场接受度	万元
	新产品出口额	成果转化的国际认可度	万元

1. 投入指标

专利的研发是专利运营的第一步，专利运营过程中首先需要投入的就是一定量的专利，故而专利申请量可以作为专利运营的投入指标，反映了高技术产业的研发能力。同时，专利运营的过程中自然需要研发人员与经费的投入，故将选择 R&D 人员数及 R&D 资金内部支出也作为专利运营的投入指标，表明了在研发过程中的人才资源投入和资金投入。

2. 产出指标

企业进行专利运营的根本目的是将专利成果进行转化，促进企业新产品开发，提高市场竞争力。专利运营包括专利转让、专利质押、专利许可等多种形式，过程复杂。但从其结果来看，新产品开发是专利运营过程的终点，高技术产业的专利运营会直接映射在新产品开发上。故本文从新产品开发的角度构建专利运营产出指标，有效专利数可以代表企业专利研发产出能力、新产品开发项目数是专利成果转化的直接力度、新产品销售收入是专利成果转化收益和专利的市场接受度、新产品出口额体现了企业专利成果转化的国际认可度[13]。

三、专利运营效率分析

（一）基于 BCC 模型的专利运营效率静态分析

为了进一步促进科技成果转化为现实生产力，规范科技成果转化活动，加速科技强国的建设，我国在 2015 年对《中华人民共和国促进科技成果转化法》进行了修订，并于 2016 年颁布了《关于促进科技成果转化的若干规定》。故本文首先使用 DEAP 2.1 软件，采用 BCC 模型对科技成果转化法颁布前后的专利运营效率进行整体测算，探究该法修订前后专利运营效率的变化，得到 2013 年及 2017 年专利运营的综合效率、技术效率及规模效率，如表 2-25 所示。其中，综合效率为技术效率与规模效率的乘积，技术效率通常指受到产业管理和技术等因素影响的生产效率，规模效率是指受规模影响的生产效率。

表 2-25　27 省市 2013 年及 2017 年专利运营效率值

2013 年				2017 年			
DMU	综合效率	技术效率	规模效率	规模报酬	DMU	综合效率	技术效率	规模效率	规模报酬
北京	1.000	1.000	1.000	—	北京	1.000	1.000	1.000	—
天津	1.000	1.000	1.000	—	天津	0.940	1.000	0.940	drs
河北	0.748	0.790	0.948	drs	河北	0.696	0.992	0.701	drs
山西	0.470	0.576	0.816	irs	山西	1.000	1.000	1.000	—
内蒙	0.723	1.000	0.723	irs	内蒙	1.000	1.000	1.000	—
辽宁	0.569	0.588	0.967	drs	辽宁	0.957	1.000	0.957	drs
吉林	1.000	1.000	1.000	—	吉林	1.000	1.000	1.000	—
黑龙江	0.448	0.451	0.994	irs	黑龙江	0.748	0.962	0.778	drs
上海	0.578	0.594	0.973	drs	上海	0.768	0.783	0.981	drs
江苏	0.648	1.000	0.648	drs	江苏	0.792	1.000	0.792	drs
浙江	0.545	0.851	0.641	drs	浙江	0.715	1.000	0.715	drs
安徽	0.866	0.871	0.994	drs	安徽	0.890	0.941	0.946	drs
福建	0.566	0.638	0.887	drs	福建	0.490	0.593	0.827	drs
江西	0.489	0.517	0.947	drs	江西	0.946	1.000	0.946	drs
山东	0.479	0.643	0.744	drs	山东	0.605	0.867	0.698	drs
河南	1.000	1.000	1.000	—	河南	1.000	1.000	1.000	—
湖北	0.541	0.640	0.846	drs	湖北	0.531	0.661	0.803	drs
湖南	0.622	0.636	0.978	irs	湖南	0.573	0.646	0.887	drs
广东	1.000	1.000	1.000	—	广东	1.000	1.000	1.000	—
广西	0.686	0.786	0.873	irs	广西	1.000	1.000	1.000	—
重庆	0.607	0.611	0.993	drs	重庆	1.000	1.000	1.000	—
四川	0.638	0.977	0.653	drs	四川	0.723	0.786	0.9201	drs
贵州	0.580	0.590	0.983	drs	贵州	0.731	0.764	0.957	drs
云南	1.000	1.000	1.000	—	云南	1.000	1.000	1.000	—
陕西	0.489	0.576	0.849	drs	陕西	0.676	0.690	0.979	drs
甘肃	0.421	0.748	0.563	irs	甘肃	0.830	1.000	0.830	irs
宁夏	0.493	1.000	0.493	irs	宁夏	0.867	1.000	0.867	irs
均值	0.674	0.781	0.871		均值	0.833	0.914	0.908	

注：在规模报酬列，当生产要素同时增加了一倍时，如果产量的增加量为一倍，则称之为规模报酬不变（—）；如果产量增加多于一倍，则称之为规模报酬递增（irs）；进而如果产量增加少于一倍，就称为规模报酬递减（drs）。

1. 综合效率

整体来看，高技术产业专利运营的综合效率均值在 2013 年和 2017 年均未达到 DEA 有效，综合效率分别为 0.674 与 0.833。与 2013 年相比，2017 年高技术产业专利运营的综合效率有所提高，但仍处于较低范畴。从省际角度来看，不同省份的专利运营效率存在差异。与 2013 年相比，天津、福建、湖北及湖南 3 个省份的高技术产业专利运营综合效率在 2017 年有所下降，其他 24 个省份的高技术产业专利运营综合效率都有所提升。2013 年共有 6 个省份的高技术产业专利运营效率达到生产前沿面，分别为北京、天津、吉林、河南、广东、云南；在 2017 年，山西、内蒙古、广西、重庆的高技术产业的专利运营效率得到提升，达到生产前沿面，而天津的高技术产业由于专利运营规模效率降低而导致综合效率有所下降；在这两个时段里，北京、吉林、河南、广东、云南 5 个省份的高技术产业专利运营效率均有效，表明这 5 个省份的高技术产业的专利得到合理利用和转化。

2. 技术效率

高技术产业专利运营技术效率的均值在 2017 年为 0.914，相比于 2013 年的 0.781 虽未达到 DEA 有效，但有所提高。在 2013 年，高技术产业专利运营的技术效率低于规模效率，说明此时技术效率是限制高技术产业专利运营效率提高的主要因素，高技术产业需要提高管理和技术水平。在 2017 年，技术效率与规模效率都得到一定程度的提高，高技术产业专利运营的规模效率提升速度小于技术效率的提升速度。从地区上来看，相比于 2013 年，只有福建和四川的技术效率有所降低，其他省份的技术效率都得到不同程度的提高。2013 年和 2017 年技术效率有效的省份分别有 9 个和 16 个，说明这些省份的高技术产业的专利运营在管理和技术水平上都较先进，需要进一步改善专利运营的规模来促使综合效率达到生产前沿面。

3. 规模效率

高技术产业专利运营的规模效率可以体现出专利运营是否处于最优规模。总体来说，与 2013 年相比，27 个省份高技术产业专利运营的规模效率均值得到提升，但还未达到生产前沿面，说明高技术产业的专利运营还未达到最优规模。高技术产业的专利运营规模效率仍然存在地区差异，高技术产业专利运营规模效率达到最优的省份数量有所增加，由 2013 年的 6 个省份增加至 2017 年的 9 个省份。同时，上海、江苏、浙江、安徽、福建等地在 2013 年和 2017 年均处于规模报酬递减的状态，需要注意专利运营资金、人才等投入的使用方向，优化资源配置；甘肃、宁夏在 2013 年和 2017 年处于规模报酬递增的状态，表明需要加大专利运营方面的投入。

综上，我国高技术产业专利运营的综合效率、技术效率及规模效率在2015年《中华人民共和国促进科技成果转化法》修订后，确实有所提升。综合效率达到DEA有效的省份数量有所增加，说明部分省份的高技术产业通过提高管理和技术水平，同时扩大专利运营的规模来促使专利运营综合效率的提升。但是，通过本研究未能得出高技术产业专利运营效率影响因素是该法的修订及相关政策颁布，在后续研究中将对其展开进一步的探讨。

（二）基于Malmquist指数的专利运营效率动态分析

Malmquist指数能够动态反映不同地区高技术产业专利运营效率的变化趋势，因此本文运用DEAP 2.1软件对2013～2017年中国27个省份的高技术产业专利运营数据进行分析，进而考察中国高技术产业专利运营在2013～2017年的动态变化。其中，全要素生产率就是技术效率与技术进步的乘积，技术效率通常受到组织管理水平的变动、要素配置等因素的影响；技术进步指数往往受到要素质量、科学技术进展的影响。

1. 整体效率变动分析

如表2-26所示，2013～2017年我国高技术产业专利运营全要素生产率的平均值为1.075，总体呈上升态势，且研究期间每个阶段的全要素生产率都大于1，说明我国高技术产业的专利运营效率得到稳步提升。分解来看，技术效率与技术进步的均值都大于1，但是技术效率的均值总体提升了5.9%，技术进步的均值提高了1.5%，说明高技术产业专利运营的管理水平对全要素生产率的提高起主要作用，科技进步的驱动作用次之。这说明，技术水平还需要进一步提高，通过提高技术水平使得专利运营效率得到进一步提升还有较大空间。分时间段来看，2013（含）～2014年、2015（含）～2016年、2016（含）～2017年这3个时间段的技术效率都大于技术进步，表明这3个时间段中高技术产业的专利运营的管理决策水平对专利运营的全要素生产率的提高起到主要的驱动作用；在2014～2015年，技术效率小于技术进步，说明该时间段的技术进步对高技术产业专利运营效率有主要的推动作用。

表2-26 2013～2017年高技术产业专利运营malmquist指数及其分解

时间段	技术效率	技术进步	纯技术效率	规模效率	全要素生产率
2013～2014年（含）	1.162	0.915	1.152	1.009	1.063
2014～2015年（含）	0.998	1.064	0.998	1.000	1.062

时间段	技术效率	技术进步	纯技术效率	规模效率	全要素生产率
2015～2016年（含）	1.061	1.046	1.003	1.058	1.111
2016～2017年（含）	1.022	1.040	1.035	0.988	1.063
均值	1.059	1.015	1.045	1.014	1.075

2. 各省份效率变动分析

如表2-27所示，2013～2017年，除了天津、吉林、河南、湖南、宁夏5个省份的全要素生产率指数小于1外，其他省份的全要素生产率指数都大于1，说明我国大部分省份的高技术产业专利运营效率在不断提升。其中，虽然吉林、河南的高技术产业的专利运营综合效率在2013年和2017年均为1，达到DEA有效，但是根据Malmquist指数算出的全要素生产率指数小于1。这说明，虽然吉林、河南高技术产业的专利得到有效的转化和利用，但是专利运营效率在2013～2017年并未得到提升，并且技术进步是限制吉林、河南高技术产业专利运营效率提升的主要因素。在增长动因方面，河北、福建、湖北的技术效率值有所下降，高技术产业专利运营效率的提高主要依靠技术进步；黑龙江、浙江、江西、重庆、陕西、甘肃的纯技术效率指数大于1，技术进步指数小于1。这说明，2013年～2017年高技术产业专利运营效率呈稳步提升，且技术效率的提高是专利运营效率提升的主要动因；北京、山西、内蒙古、辽宁、上海、江苏、安徽、山东、广东、广西、四川、贵州、云南的技术效率和技术进步是同步变化的，即技术效率与技术进步协同发挥推动作用。

表2-27　各地区高技术产业专利运营Malmquist指数及其分解

省份	技术效率	技术进步	纯技术效率	规模效率	全要素生产率
北京	1.000	1.108	1.000	1.000	1.108
天津	0.985	1.008	1.000	0.985	0.993
河北	0.982	1.058	1.059	0.927	1.038
山西	1.208	1.026	1.148	1.052	1.239
内蒙	1.084	1.020	1.000	1.084	1.106
辽宁	1.139	1.098	1.142	0.998	1.251
吉林	1.000	0.802	1.000	1.000	0.802
黑龙江	1.137	0.958	1.209	0.940	1.089
上海	1.074	1.113	1.072	1.002	1.195

省份	技术效率	技术进步	纯技术效率	规模效率	全要素生产率
江苏	1.051	1.011	1.000	1.051	1.063
浙江	1.070	0.958	1.041	1.028	1.025
安徽	1.007	1.029	1.019	0.988	1.036
福建	0.965	1.102	0.982	0.983	1.063
江西	1.179	0.943	1.180	1.000	1.112
山东	1.060	1.058	1.077	0.984	1.122
河南	1.000	0.963	1.000	1.000	0.963
湖北	0.995	1.164	1.008	0.987	1.158
湖南	0.980	0.984	1.004	0.976	0.964
广东	1.000	1.188	1.000	1.000	1.188
广西	1.099	1.010	1.062	1.035	1.110
重庆	1.133	0.950	1.131	1.002	1.076
四川	1.032	1.008	0.947	1.090	1.040
贵州	1.060	1.049	1.067	0.993	1.112
云南	1.000	1.059	1.000	1.000	1.059
陕西	1.084	1.136	1.046	1.036	1.232
甘肃	1.185	0.900	1.075	1.102	1.067
宁夏	1.152	0.805	1.000	1.152	0.927
均值	1.059	1.015	1.045	1.014	1.075

四、结论与启示

（一）结论

采用 DEA-BCC 模型对我国 27 个省份在 2013 年和 2017 年高技术产业专利运营效率进行静态分析可知：我国高技术产业专利运营效率在 2015 年《中华人民共和国促进科技成果转化法》修订后，在 2017 年虽未达到 DEA 有效，但相比 2013 年，2017 年的高技术产业专利运营效率有所提高，且达到生产前沿面的省份数量有所增加。从省域的角度来说，不同省份的高技术产业专利运营效率有差异，大部分省份的高技术产业都需要通过提高管理决策水平提高专利运营的技术效率，设计合理的激励制度使得专利运营达到最佳规模；北京、吉林、河南、广东、云南 5 个省份在 2013 年和 2017 年的专利运营效率均达到

DEA 有效，说明这 5 个省份高技术产业的专利得到合理的利用和转化。其中，与 2013 年相比，天津高技术产业在 2017 年由于规模效率减小导致专利运营的综合效率由 DEA 有效转为 DEA 无效且规模报酬递减。这表明，天津高技术产业专利运营可能因为投入未得到合理使用而存在明显的效率损失问题，需要特别注意专利运营投入人力、资金的使用。

采用 Malmquist 指数对高技术产业专利运营效率进行动态分析，得出以下结论：整体来说，2013～2017 年，我国 27 个省份的高技术产业专利运营的全要素生产率呈现上升趋势，我国高技术产业的专利运营效率得到明显提升；高技术产业的专利运营管理水平对专利运营效率的提高起到主驱动作用，科技进步的驱动作用次之，说明我国高技术产业专利运营可以通过提高技术水平得到更大的提升。从地区来看，我国大部分地区高技术产业的专利运营效率都得到提升。值得注意的是，吉林、河南虽然在静态分析中达到 DEA 有效，但是高技术产业专利运营的全要素生产率由于技术进步未与技术效率同步提升阻碍了专利运营效率的进一步提高。从增长动因来看，河北、福建、湖北高技术产业专利运营全要素生产率的提高主要是依靠技术进步，黑龙江、浙江、江西、重庆、陕西、甘肃高技术产业专利运营全要素生产率提升的主要动因是技术效率，其他省份高技术产业的技术效率和技术进步发挥协同作用提高其专利运营效率。

（二）启示

高技术产业需要进一步提高专利运营管理决策水平，并设计合理的激励制度促进专利运营规模的扩大。本文发现，我国高技术产业专利运营综合效率、技术效率、规模效率虽有提高，但是仍处于 DEA 无效状态，说明我国高技术产业专利运营效率仍有提高的空间。首先，高技术产业需要根据自己的技术领域合理地选择科学高效的专利运营模式；其次，不论采取哪种模式或方式进行专利运营，高技术产业需要选择与自身产品经营相关、与自身技术配套的专利进行转化利用[20]；最后，优化企业人力、资金等研发投入的配置，尽量避免效率损失。

不同区域间的高技术产业专利运营效率存在差异，专利运营效率的增长动因也不完全一致，需要根据不同省市高技术产业专利运营效率的限制因素采取相应的举措。河北、福建、湖北的高技术产业专利运营的技术效率并未与技术进步一同提高，故这 3 个省份的高技术产业需要通过提升管理决策水平、优化要素配置促使专利运营效率的进一步提高；黑龙江、浙江、江西、重庆、陕西、甘肃的高技术产业需要提高专利运营过程中投入的要素质量来提升专利运营效率。

本章参考文献

［1］冯晓青. 我国企业知识产权运营战略及其实施研究［J］. 河北法学，2014，（10）：10-21.

［2］李黎明，刘海波. 知识产权运营关键要素分析：基于案例分析视角［J］. 科技进步与对策，2014，（10）：123-130.

［3］陶鑫良. 完善职务发明制度 助推创新驱动发展 [EB/OL]. (2015-05-13). http://ip.people.com.cn/n/2015/0520/c396330-27031612.html[2022-08-11].

［4］陶鑫良. 职务发明性质之约定和职务发明报酬及奖励：我国专利法第四次修订中有关职务发明若干问题的讨论［J］. 知识产权，2016，（3）：3-13.

［5］黄鹏飞. 基于专利运营的知识产权公共服务平台建设的建议［J］. 情报探索，2016，（8）：32-34.

［6］林秀芹，张贤伟. 中国知识产权运营策略［J］. 学术交流，2016，（1）：96-102.

［7］陆介平，林蓉，王宇航. 专利运营：知识产权价值实现的商业形态［J］. 工业技术创新，2015，（2）：248-254.

［8］Mate D, Kun A I, Fenyves V. The impacts of trademarks and patents on labour productivity in the knowledge-intensive business service sectors［J］. Amfiteatru Economic, 2016, 18(41): 104-119.

［9］田家林，顾晓燕. 基于创新主体视角的区域知识产权运营效率提升对策［J］. 科学学与科学技术管理，2014，（12）：62-70.

［10］田家林，顾晓燕. 基于超效率 DEA 的知识产权运营效率产业比较研究［J］. 合作经济与科技，2014，（20）：36-38.

［11］王振宇，於超. 区域工业企业的知识产权运营效率对比研究［J］. 科技管理研究，2016，（20）：164-169.

［12］Maresch D, Fink M, Harms R. When patents matter: The impact of competition and patent age on the performance contribution of intellectual property rights protection［J］. Technovation, 2016, 57-58: 14-20.

［13］冯晓青. 企业知识产权运营及其法律规制研究［J］. 南京社会科学，2013，（6）：86-92.

［14］杨筱，李振，曾立. 国防知识产权市场运营模式研究［J］. 科技进步与对策，2015，（13）：145-150.

［15］Bengoa M, Roman M-S V, Perez P. Do R&D activities matter for productivity?: A regional spatial approach assessing the role of human and social capital［J］. Economic Modelling,

2017, 60: 448-461.

［16］何耀琴. 北京市知识产权运营模式分析［J］. 北京市经济管理干部学院学报，2013,（3）：21-26.

［17］Leute K. Patenting and licensing of university-based genetic inventions: A view from experience at Stanford University's Office of Technology Licensing［J］. Community Genetics, 2005, 8(4): 217-222.

［18］Apple R D. Patenting university research: Steenbock, Harry Steenbock and the Wisconsin Alumni Research Foundation［J］. ISIS, 1989, 80(303): 375-394.

［19］George G. Learning to be capable: Patenting and licensing at the Wisconsin Alumni Research Foundation 1925—2002［J］. Industrial and Corporate Change, 2005, 14(1): 119-151.

［20］Agrawal A, Henderson R. Putting patents in context: Exploring knowledge transfer from MIT［J］. Management Science, 2002, 48(1): 44-60.

［21］Dechenaux E, Goldfarb B, Shane S, et al. Appropriability and commercialization: Evidence from MIT inventions［J］. Management Science, 2008, 54(5): 893-906.

［22］Jain S, George G. Technology transfer offices as institutional entrepreneurs: The case of Wisconsin Alumni Research Foundation and human embryonic stem cells［J］. Industrial and Corporate Change, 2007, 16(4): 535-567.

［23］Swamidass P. University startups as a commercialization alternative: Lessons from three contrasting case studies［J］. Journal of Technology Transfer, 2013, 38(6): 788-808.

［24］栾春娟. 基于 SciVal 中外同类型高校评价指标选择与应用：实证分析大连理工大学与麻省理工学院［J］. 科学与管理，2016，（3）：3-9.

［25］Etzkowitz H. StartX and the 'Paradox of success': Filling the gap in Stanford's entrepreneurial culture［J］. Social Science Information Sur Les Sciences Sociales, 2013, 52(4): 605-627.

［26］周训胜. 我国高校科技成果转化模式研究［J］. 福州大学学报（哲学社会科学版），2011，（1）：104-107.

［27］Aceytuno M T, Caceres F R. Uunversity-industry technology transfer models in Europe［J］. Revista De Economia Mundial, 2012, (32): 215-238.

［28］胡罡，章向宏，刘薇薇，等. 地方研究院：高校科技成果转化模式新探索［J］. 研究与发展管理，2014，（3）：122-128.

［29］Calcagnini G, Favaretto I. Models of university technology transfer: Analyses and policies［J］. Journal of Technology Transfer, 2016, 41(4): 655-660.

［30］李海健. 高校科技成果转化管理制度创新初探［J］. 中国高校科技，2016，（3）：70-72.

［31］Silva L C S, Kovaleski J L, Gaia S, et al. The process of technology transfer in Brazilian public universities through technological innovation centers［J］. Interciencia, 2015, 40(10): 664-669.

［32］李晓慧，贺德方，彭洁.美国促进科技成果转化的政策［J］.科技导报，2016，（23）：137-142.

［33］管丽丽，林玉双，林琛琛.美国哈佛大学科技成果转化收益分配方式解析和借鉴［J］.科技管理研究，2014，（4）：29-32.

［34］王岩.专利的价值及其运营［J］.知识产权，2016，（4）：89-95.

［35］慎金花，何青芳，刘悦如，等.上海地区高校专利运营能力情报分析［J］.图书馆杂志，2015，34（2）：47-52.

［36］崔惠敏.广东省高校专利运营能力情报分析：以专利运营能力前10所高校为例［J］.科技管理研究，2018，38（19）：108-116.

［37］郭倩玲，谢智敏，张杰.高校专利运营能力情报分析：以北京化工大学为例［J］.中国科技信息，2017，（21）：17-19.

［38］Dolan C V. Investigating Spearman's hypothesis by means of multi-group confirmatory factor analysis［J］. Multivariate Behavioral Research, 2000, 35(1): 21-50.

［39］贺宁馨，许可，董哲林.专利诉讼的风险分析及其对企业专利战略的影响研究［J］.科学学与科学技术管理，2018，39（7）：65-73.

［40］许可，贺宁馨，肖冰.基于专利诉讼的中国企业专利决策行为研究［J］.宏观经济研究，2020，（1）：129-140.

［41］武玉英，孙平，何喜军，等.新能源领域专利转让加权网络中主体间技术交易机会预测［J］.数据分析与知识发现，2018，2（11）：73-79.

［42］郑思远，王学昭.专利转让视角下技术转移特征指标体系研究［J］.图书情报工作，2020，64（7）：94-102.

［43］刘俊.关于专利泡沫的研究［J］.中小企业管理与科技（上旬刊），2015，9（25）：138.

［44］陆介平，林蓉，王宇航.专利运营：知识产权价值实现的商业形态［J］.工业技术创新，2015，2（2）：248-254.

［45］刘淑华，韩秀成，谢小勇.专利运营基本问题探析［J］.知识产权，2017，（1）：93-98.

［46］Reitzig M. Strategic management of intellectual property［J］. Mit Sloan Management Review, 2004, 45(3): 35-40.

［47］张冬，李鸿霞.我国专利运营风险认定的基本要素［J］.知识产权，2017，（1）：99-104.

［48］Griliches Z. Patent statistics as economic indicators: A survey［M］//Griliches Z. R&D and

Productivity: The Econometric Evidence. Chicago: University of Chicago Press, 1998: 287-343.

［49］Svensson R. Commercialization of patents and external financing during the R&D phase［J］. Research Policy, 2007, 36(7): 1052-1069.

［50］张武军，韩愉东. 创新驱动下专利运营法律问题研究［J］.科技进步与对策，2016，33（24）：104-108.

［51］Porter M E. Competitive Advantage: Creating and Sustaining Superior Performance: With a New Introduction. New York: Free Press, 1985.

［52］陈欣.国外企业利用专利联盟运作技术标准的实践及其启示［J］.科研管理，2007,（4）：23-29.

［53］詹映，朱雪忠.标准和专利战的主角：专利池解析［J］.研究与发展管理，2007，（1）：92-99.

［54］张武军、魏欣亚、任燕.科技型小微企业知识产权保护研究［J］.科技进步与对策，2014，31（2）：122-124.

［55］国务院.国务院关于印发国家知识产权战略纲要的通知［EB/OL］.（2008-06-11）. http://www.gov.cn/zhengce/content/2008-06/11/content_5559.htm［2022-01-16］.

［56］国务院办公厅.国务院办公厅关于转发知识产权局等单位深入实施国家知识产权战略行动计划（2014—2020 年）的通知 [EB/OL]. (2015-01-04). https://www.gov.cn/zhengce/content/ 2015-01/04/content_ 9375.htm［2022-01-16］.

［57］江西省政府.加快推进知识产权强省建设工作方案（试行）[EB/OL]. (2015-11-18). http://www.scio.gov.cn/ztk/dtzt/2015/33788/33797/Document/1455854/1455854.htm［2022-01-16］.

［58］国家知识产权局.2020 年深入实施国家知识产权战略加快建设知识产权强国推进计划 [EB/OL]. (2020-05-13). http://www.gov.cn/zhengce/zhengceku/2020-05/15/content_ 5511913.htm［2022-01-16］.

［59］朱国军，杨晨.企业专利运营能力的演化轨迹研究［J］.科学学与科学技术管理，2008，（7）：180-183.

［60］冯晓青.我国企业知识产权运营战略及其实施研究［J］.河北法学，2014，32（10）：10-21.

［61］李黎明，刘海波.知识产权运营关键要素分析：基于案例分析视角［J］.科技进步与对策，2014，31（10）：123-130.

［62］王振宇，刘秋红.中国中东部地区高技术产业知识产权运营效率比较：基于三阶段 DEA 模型［J］.科技管理研究，2018，38（14）：173-179.

［63］孙传良，孙立冰，王凡.新形势下行业特色高校专利运营实践探索：以中国药科大学为例［J］.科教导刊（中旬刊），2018，（10）：6-7.

［64］刘红光，孙惠娟，刘桂锋，等.国外专利运营模式的实证研究［J］.图书情报研究，2014，7（2）：39-44，49.

［65］袁晓东，孟奇勋.揭秘高智发明的商业运营之道［J］.电子知识产权，2011，（6）：19-25.

［66］冯薇，李天柱，马佳.生物技术企业接力创新中的专利运营模式：一个多案例研究［J］.科学学与科学技术管理，2015，36（3）：132-142.

［67］张亚峰，刘海波，吕旭宁.专利运营的基本规律：多案例研究［J］.研究与发展管理，2016，28（6）：126-134.

［68］唐恒，赫英淇.基于价值网络的高校专利运营模式分析：犹他大学案例研究［J］.科研管理，2020，41（7）：239-247.

［69］栾春娟，宋河发，谢彩霞.基于技术交易网络的专利运营模式研究［J］.科学学与科学技术管理，2019，40（9）：3-17.

［70］陈伟，康鑫，冯志军.区域高技术产业知识产权运营效率研究：基于 DEA 和 TOPSIS模型的实证分析［J］.科学学与科学技术管理，2011，32（11）：125-130.

［71］罗旭，柳春岩.基于 categorical variables-DEA 计算的我国区域知识产权效率变化研究［J］.生产力研究，2015，（11）：36-39.

［72］张慧颖，许小真.区域知识产权效率研究：基于 Almon 滞后模型的分析［J］.天津大学学报（社会科学版），2019，21（5）：418-425.

［73］张月花，李艳，薛平智.战略性新兴产业专利运营效率评价［J］.中国科技论坛，2020，（3）：34-43，53.

［74］赵阿敏，曹桂全.政务微博影响力评价与比较实证研究：基于因子分析和聚类分析［J］.情报杂志，2014，33（3）：107-112.

［75］陈茜，田治威.林业上市企业财务风险评价研究：基于因子分析法和聚类分析法［J］.财经理论与实践，2017，38（1）：103-108.

［76］王元地，陈禹.区域"双创"能力评价指标体系研究：基于因子分析和聚类分析［J］.科技进步与对策，2016，33（20）：115-121.

［77］中国知识产权资讯网.解码"江苏经验"释放创新活力 [EB/OL]. (2019-05-24). http://www.cnipa.gov.cn/mtsd/1139437.html［2022-01-20］.

［78］中国江苏网.全国地级市首只知识产权运营引导基金在苏运行 [EB/OL]. (2020-01-02). http://www.iprchn.com/cipnews/news_content.aspx?newsId=120496［2022-01-16］.

［79］央广网.贵州启动发明专利运营试点工作 [EB/OL]. (2018-01-03). http://gz.cnr.cn/jr/

20180103/t20180103_524085557.shtml［2022-01-16］.

［80］Dangayach G S, Deshmukh S G. Manufacturing strategy: Literature review and some issues［J］. International Journal of Operations & Production Management, 2001, 21(7): 884-932.

［81］Jaffe A B, Lerner J. Reinventing public R&D: Patent policy and the commercialization of national laboratory technologies［J］. Rand Journal of Economics, 2001, 32(1): 167-198.

［82］Audretsch D B, Stephan P E. Company-scientist locational links: The case of biotechnology［J］. American Economic Review, 1996, 86(3): 641-652.

［83］唐恒，朱伟伟. 高校专利运营模式的构建：基于客户价值的视角［J］. 研究与发展管理，2013，25（1）：88-93.

［84］Graf H, Henning T. Public research in regional networks of innovators: A comparative study of four east German regions［J］. Regional Studies, 2009, 43(10): 1349-1368.

［85］Hicks D, Breitzman T, Olivastro D et al. The changing composition of innovative activity in the US: A portrait based on patent analysis［J］. Research Policy, 2001, 30(4): 681-703.

［86］徐庆富，康旭东，杨中楷，等. 基于专利权转让的我国省际技术转移特征研究［J］. 情报杂志，2017，36（7）：66-72.

［87］谢祥，高新宇，李志鹏，等. 区域间专利转让的网络结构研究［J］. 科技管理研究，2019，39（7）：170-176.

［88］李志鹏，谢祥，肖尤丹. 基于专利转让的"双一流"大学知识转化能力研究［J］. 数字图书馆论坛，2018，（8）：53-59.

［89］国务院. 国务院关于印发国家知识产权战略纲要的通知 [EB/OL]. (2008-06-10). https://www.gov.cn/zwgk/2008-06/10/content_1012269.htm[2020-08-19].

［90］科技部，发展改革委，财政部，等. 关于印发《国家科技重大专项知识产权管理暂行规定》的通知 [EB/OL]. (2009-07-01). https://www.gov.cn/govweb/gongbao/content/2010/content_1754120.htm [2020-08-19].

［91］国务院. 国务院关于新形势下加快知识产权强国建设的若干意见 [EB/OL]. (2015-12-22). https://www.gov.cn/zhengce/content/ 2015-12/22/content_10468.htm [2020-08-19].

［92］教育部，国家知识产权局，科技部. 关于提升高等学校专利质量 促进转化运用的若干意见 [EB/OL]. (2020-02-03). http://www.moe.gov.cn/srcsite/A16/s7062/202002/t20200221_422861.html[2020-08-19].

［93］李甜甜. 创新主体视角下中国知识产权运营效率比较分析［D］. 苏州：江苏大学硕士学位论文，2018.

第三章 专利价值与专利运营网络研究

第一节 我国发明专利代理量与价值度的关系
——基于 VAR 的实证分析

一、意义与国内外研究现状

近年来，我国专利申请量和授权量呈现井喷式增长，发明专利申请量连年居全球第一。然而，在数量庞大的发明专利中，高质量发明专利的占比并不多，高申请量和授权量并没有带来预期的经济价值和科技价值[1]，专利数量的增加已经脱离了我国创新能力的实际情况，出现了大量的"专利泡沫"。在此背景下，仅用专利数量来衡量自主创新能力显然是不合理的，还需要考虑专利的价值因素。

国内外学者通过对专利质量评价体系进行大量的研究得出结论：高质量专利不仅应该具有较高的技术价值，而且应该具有高稳定性及较大的保护范围和市场价值[1,2]。优质的专利代理服务不仅是对原有技术方案的拓展与升华，而且能帮助发明人获得与其技术创新相匹配的专利权保护范围[3]。专利代理作为专利工作体系的重要一环，对提高专利工作的专业化水平、提升专利质量、促进专利制度建设起到至关重要的作用[4]。

对于专利代理与专利价值的联系，国内外学者普遍认为专利代理工作有利于专利价值的提高[5]。原因在于，专利代理机构能够有效地完成各种技术要求高、法律性强的专利文件，专利机构良好的文本撰写能力和专利文件的改善能力对专利价值的提高起到促进作用。Schuett、Burke、朱雪忠、秦开宗、宋河发等认为专利质量分为内在质量和外在质量，内在质量是指发明创造本身的技术价值，外在质量则指专利文件的质量，二者共同决定专利的质量[6-10]。Kauffeld-Monz、阎慰椿、徐棣枫、吴红等认为专利代理机构会为委托人确定合理的权利保护范围，在保证权利要求保护的范围不包含公知技术和现有技术的前提下，使竞争对手难以规避，从而实现对专利价值的保护[9,11-13]。韩福桂等认为，打造高价值专利需要发明人、专利代理人和审查部门的共同努力[14]。

刘洋等认为，专利申请阶段的专利代理能力是影响专利价值的重要因素[3]。

纵观国内外已有研究发现，学者们普遍认同专利代理对专利价值的正向影响，但现有研究大多从定性的角度分析专利代理和专利价值的关联性，缺少定量的数据支持。因此，本文选取1997～2018年我国发明专利代理量及发明专利价值度数据，建立向量自回归模型（VAR模型），通过实证分析专利代理与专利价值之间的相互作用。

二、模型构建与数据来源

（一）模型构建

本文主要利用VAR模型分析发明专利代理量和发明专利价值度的关系。VAR模型由Sims于1980年在一篇论文中首次提出[15]。VAR模型是指系统内的每个方程在等号右侧都具有相同的变量，而这些变量由所有内生变量的滞后值构成，即每个变量都用于预测其他变量。

VAR模型的表达式见式（3-1）。

$$y_i = A_1 y_{i-1} + \cdots + A_p y_{i-p} + B x_i + \varepsilon_i \qquad (i=1,2,K,T) \qquad （3-1）$$

式中，y_i是内生变量列向量；x_i是外生变量向量；p是滞后阶数；T是样本个数；A_1，…，A_p和B是待估的系数矩阵；ε_i是误差向量。

VAR模型使用时可以不区分内生变量和外生变量，易于估计，模型的拟合程度较高，应用灵活，具有较强的实用性[16]。对于具有相互关联的时间序列变量的系统，将VAR模型作为预测模型是十分有效的。VAR模型也常被用在分析不同类型的随机扰动项对系统内生变量的动态影响。

（二）数据来源

1.实证研究样本

本文的实证研究样本为1997～2018年我国的发明专利代理量数据和发明专利价值度数据。其中，我国各省份发明专利价值度矩阵如表3-1所示。发明专利代理量数据来源于年度《国家知识产权局统计年报》，该年报可提供专利申请、代理、有效、执法状况等数据信息，选取各年度《国家知识产权局统计年报》中的全国总计发明专利代理数量排列于表3-2，并将其对数化，本文中发明专利代理量用PA（patent agency）表示。本文涉及的发明专利价值度数据源于科技创新服务平台IncoPat。由于专利价值的模糊性、时效性和不确定性[17]，发明专利价值度的评估始终是一个复杂的过程，IncoPat利用数据挖掘、迭代优化的方法创建了一套客观的价值度评价体系，用1～10十个数值对发明专利价值度进行度量，为用户提供更直观的专利价值信息。本文利用在 IncoPat 中获得的授权年 / 专利价值度矩阵计算年度全国发明专利平均价制度，文中年度平均发明专利价值度用 PV（patent value）表示。

表 3-1　2018 年我国各省份发明专利价值度矩阵

发明专利价值度	授权年份				
	1997	1998	1999	……	2018
1	0	0	0	……	0
2	39	34	26	……	710
3	249	295	355	……	789
……	……	……	……	……	……
9	716	1 131	1 744	……	138 284
10	150	211	335	……	35 238

表 3-2　专利代理量与专利价值度数据

年份	指标			
	PA	LnPA	PV	LnPV
1997	7 848	8.968	5.296	1.667
1998	8 307	9.025	5.412	1.693
1999	9 395	9.148	5.568	1.717
2000	14 484	9.581	5.536	1.711
2001	18 887	9.846	5.567	1.717
2002	27 002	10.204	5.712	1.743
2003	40 293	10.604	5.934	1.781
2004	46 878	10.755	6.127	1.813
2005	65 593	11.091	6.557	1.881
2006	82 820	11.324	6.600	1.887
2007	103 983	11.552	6.901	1.932
2008	128 549	11.764	7.032	1.951
2009	158 382	11.973	7.288	1.986
2010	198 095	12.197	7.343	1.994
2011	276 494	12.530	7.452	2.009
2012	360 879	12.796	7.667	2.037
2013	465 550	13.051	7.746	2.047
2014	527 189	13.175	7.594	2.027
2015	635 678	13.362	7.573	2.025

年份	指标			
	PA	**LnPA**	**PV**	**LnPV**
2016	825 154	13.623	7.747	2.047
2017	877 744	13.685	7.940	2.072
2018	1 046 870	13.861	7.907	2.068

2. 专利价制度计算

使用 IncoPat 的高级检索模式，选择中国发明授权专利，将公开（公告）日设置为 1997 年 1 月 1 日～2018 年 12 月 31 日，即检索公开（公告）日在 22 年间的所有中国发明授权专利。通过 IncoPat 自定义分析对检索的数据进行"时间-价值度"二维度统计分析，得到"$\dfrac{授权年}{专利价值度矩阵}$"。

表 3-1 列出的是各授权年不同专利价值度星级对应的专利数量，利用 Excel 的加权平均数计算功能即可计算每年全国的专利价值度平均值。以 2018 年平均专利价值度的计算为例，Excel 计算公式见式（3-2）。

$$\overline{PV} = \frac{\text{SUMPRODUCT}\left(\{1;2;3;\cdots;10\},\{n_1;n_2;n_3;\cdots;n_{10}\}\right)}{n} \quad （3-2）$$

式中，$\overline{PV}$ 表示 2018 年全国的平均发明专利价值度；$\{1;2;3;\cdots;10\}$ 是发明专利价值度列表；n_i（i=1,2,3,$\cdots$,10）是 2018 年价值度为 i 的发明专利的数量；n 全年发明授权专利的总和。表 3-1 列出了 1997～2018 年在不同发明专利价值度下的发明专利数量。

换为其他年份重复以上计算，即可得到我国 1997～2018 年每年的发明专利价值度的平均值，为消除异方差的影响，将各数据对数化处理列于表 3-2。

从表 3-2 的数据可以看出，随着科技的进步及专利代理行业的持续稳定发展，我国发明专利代理数量迅猛增长。1997～2018 年，我国发明专利代理量增长 100 多倍，2018 年的发明专利代理量突破 100 万件。在此期间，我国发明专利的价值不断增长，由 1997 年的 5.296 逐渐增至 2018 年的 7.907。

图 3-1 和图 3-2 分别是发明专利价值度和发明专利代理量取对数后的时序图。由图可知，发明专利价值度和发明专利代理量的对数值呈逐年递增的趋势，发明专利价值度曲线出现轻微波动，发明专利代理量曲线较平缓。

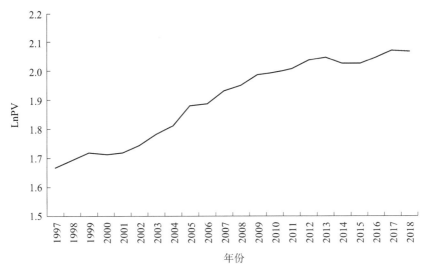

图 3-1 1997～2018 年我国发明专利价值发展趋势

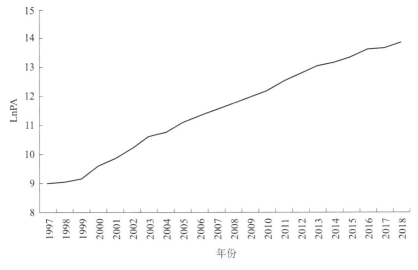

图 3-2 1997～2018 年我国发明专利代理量发展趋势

三、实证分析

（一）平稳性检验

时间序列的数据包含较长的时间跨度，往往很难保持平稳。对不平稳的时间序列进行回归，会出现"伪回归"现象，在这种情况下建立的模型是不准确的。因此在进行回归建模前，对时间序列进行平稳性检验是十分必要的[18]。本文采用单位根检验（augmented dickey-fuller tested，ADF）来判断时序数据的平稳性，分别对变量发明专利代理量对数值（LnPA）、年度发明专利价值度对数值（LnPV）及它们的一阶差分变量进行单位根检验，检验结果见表3-3。

表3-3 ADF单位根检验结果

变量	差分阶数	ADF值	10%临界值	5%临界值	1%临界值	Prob.	检验结果
LnPA	0阶	−1.136	−2.646	−3.012	−3.788	0.681	一阶单整
	1阶	−4.230	−2.650	−3.021	−3.809	0.004	
LnPV	0阶	−1.452	−2.646	−3.012	−3.788	0.538	一阶单整
	1阶	−3.579	−2.650	−3.021	−3.809	0.016	

从表3-3中可以得出，LnPA存在单位根的概率为0.681，不能拒绝原假设，LnPA非平稳序列。LnPV存在单位根的概率为0.538，同样非平稳。在一阶差分后，LnPA存在单位根的概率为0.004，拒绝原假设，LnPA在1%的显著水平下平稳，LnPV存在单位根的概率为0.016，在5%的显著水平下平稳。因此可以得出结论，LnPA和LnPV同为一阶单整序列，可以构建VAR模型。

（二）VAR模型构建

本文建立在VAR模型的基础上，LnPA、LnPV选定为内生变量，外生变量在常量C的基础上增加年份变量t。按施瓦茨信息准则（Schwarz criterion，SC）、赤池信息准则（Akaike information criterion，AIC）及变量显著性准则确定VAR的最优滞后期[19]，结果见表3-4，VAR的最优滞后期选1。

表3-4 VAR模型滞后期

Lag	LogL	LR	FPE	AIC	SC	HQ
0	55.230	NA	8.29×10^{-6}	−6.027	−5.831	−6.008
1	70.719	23.688*	2.18×10^{-6}*	−7.379	−6.987*	−7.340*
2	72.910	2.836	2.82×10^{-6}	−7.166	−6.578	−7.107
3	74.135	1.297	4.31×10^{-6}	−6.839	−6.055	−6.761
4	83.071	7.359	2.91×10^{-6}	−7.420	−6.440	−7.323
5	87.178	2.416	4.05×10^{-6}	−7.433*	−6.256	−7.316

注：LR代表似然比检验，FPE代表最终预报误差准则，HQ代表hannan-quinn准则，NA代表缺失值，* 表示信息准则推荐的滞后阶数。

如果VAR模型中存在m个内生变量，并且模型的滞后期为n，则模型含有$m \cdot n$个特征根[20]。依照AIC、SC、HQ三个参数大小进行模型的选择，其中 AIC 倾向于较为"丰满"的模型，HQ 模型相对精简。依据参数特点，本文选择 HQ 模型。本模型含有两个内生变量 LnPA 和 LnPV，滞后期为 1，因此有 2×1=2 个特征根。图 3-3 中的点是各特征根倒数的模，特征方程根倒数的模均小于 1，在单位圆内，表明 VAR(1) 模型稳定。

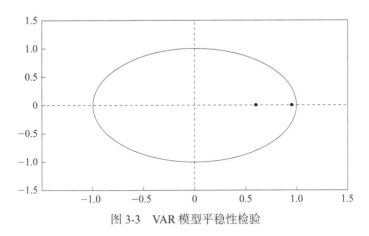

图 3-3 VAR 模型平稳性检验

VAR(1) 模型见式（3-3）和式（3-4）。

$$LnPA = 0.816\,400\,798\,884 \cdot LNPA(-1) + 0.334\,582\,205\,536$$
$$\cdot LNPV(-1) - 68.397\,035\,276\,6 + 0.034\,909\,103\,472\,6 \cdot T \qquad （3\text{-}3）$$
$$LnPV = 0.087\,467\,684\,389\,1 \cdot LNPA(-1) + 0.743\,836\,845\,369$$
$$\cdot LNPV(-1) + 34.184\,863\,113\,2 - 0.017\,271\,799\,755\,9 \cdot T \qquad （3\text{-}4）$$

该 VAR 模型结果表明，$t-1$ 期的发明专利代理量会影响专利价值，且为正向影响，但系数较小。当 $t-1$ 期的发明专利代理量增加 1% 而其余不变时，我国发明专利价值度增长 0.087 5%。

（三）格兰杰因果关系检验

格兰杰因果关系检验就是分析两个变量是否存在因果关系及这种关系的影响方向。本书通过格兰杰检验对发明专利价值度及发明专利代理量的因果关系进行判断。由于本书的格兰杰因果检验是在 VAR 模型基础上做出的，因此选择与 VAR 相同的滞后期，均为 1，检验结果见表 3-5。

表 3-5 格兰杰因果检验结果

原假设	Chi-sq	df	P 值
LnPV 不是 LnPA 的格兰杰因	0.160 025	1	0.689 1
LnPA 不是 LnPV 的格兰杰因	6.159 525	1	0.013 1

由表 3-5 可以得出，滞后阶数为 1 时，在 5% 的显著水平下，可以拒绝第 2 个假设，但不能拒绝第一个假设，即发明专利代理量和发明专利价值度之间存在单向因果关系，可以认为发明专利代理量是引起发明专利价值变化的格兰杰原因。

（四）脉冲响应

脉冲响应函数衡量内生变量对误差变化的反应。它刻画的是在随机误差上加一个标准差大小的冲击对内生变量当期值和未来值产生的影响[21]。利用 Eviews 软件可以得到发明专利代理量和发明专利价值度的脉冲响应，分析结果见图 3-4。图中横坐标代表冲击的响应期数，纵坐标指因变量对扰动项一个标准差冲击的响应。实线是因变量脉冲响应的函数值，虚线之间是两倍标准差的置信区间[19]。

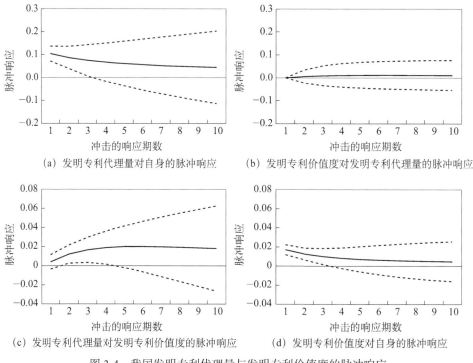

（a）发明专利代理量对自身的脉冲响应　（b）发明专利价值度对发明专利代理量的脉冲响应

（c）发明专利代理量对发明专利价值度的脉冲响应　（d）发明专利价值度对自身的脉冲响应

图 3-4　我国发明专利代理量与发明专利价值度的脉冲响应

图 3-4 显示，对 LnPV 给出一个标准差的扰动后，LnPA 从第 1 期的 0 上涨至 0.01 并在之后的各期保持稳定。在第 1 期响应为 0，说明发明专利价值度对发明专利代理量的影响存在滞后。各期响应值均为正值，表明发明专利价值度对发明专利代理量具有正向影响。对 LnPA 施加一个标准差的冲击后，LnPV 从第 1 期的 0.004 逐渐上升至第 5 期的峰值 0.02，说明此阶段发明专利代理量

对发明专利价值度的正向影响不断加强。第 5 期之后直至第 8 期，响应值保持不变，在之后的第 8～第 10 期有小幅度下滑，第 10 期响应值为 0.018，可以认为响应值达到第 5 期的峰值后基本保持在 0.2 的平稳状态。由图 3-4 中各数据可以得出，LnPA 对 LnPV 的冲击作用要大于后者对前者的冲击。

（五）方差分解

方差分解可以用来衡量一个变量解释另一个变量变化的程度。对 LnPA 和 LnPV 的方差分解结果见表 3-6 和表 3-7。

表 3-6 LnPA 序列的方差分解结果

预测期	LnPA 序列的方差分解		
	标准差	LnPA	LnPV
1	0.104%	100%	0
2	0.136%	99.825%	0.175%
3	0.155%	99.540%	0.460%
4	0.169%	99.224%	0.776%
5	0.180%	98.919%	1.081%
6	0.189%	98.642%	1.358%
7	0.196%	98.399%	1.601%
8	0.203%	98.190%	1.810%
9	0.208%	98.010%	1.990%
10	0.213%	97.857%	2.143%

表 3-7 LnPV 序列的方差分解结果

预测期	LnPV 序列的方差分解		
	标准差	LnPA	LnPV
1	0.017%	4.817%	95.183%
2	0.025%	26.083%	73.917%
3	0.031%	44.047%	55.953%
4	0.037%	56.122%	43.878%
5	0.043%	64.000%	36.000%
6	0.048%	69.270%	30.730%
7	0.052%	72.926%	27.074%
8	0.056%	75.555%	24.445%
9	0.059%	77.506%	22.494%
10	0.062%	78.995%	21.005%

从 LnPA 的方差分解结果来看，在全部预测期中，LnPA 对自身变动的解释能力都很强，虽然解释程度从第 1 期开始便不断下降，但下降幅度极小，至第 10 期仍然具有 97.857% 的解释程度。LnPV 对 LnPA 变动的解释程度从第 1 期的 0 缓慢增长至第 10 期的 2.143%，专利价值度对专利代理量的解释程度较微弱。

从 LnPV 序列的方差分解结果来看，发明专利价值度在前期对自身的解释能力较强，在第 2 期以后出现大幅度下降，由第 1 期的 95.183% 下降至第 10 期的 21.005%。在第 1 期中，发明专利代理量对发明专利价值度的影响较小，对发明专利价值度变化的解释程度仅有 4.817%，但在第 2 期迅速增至 26.083%，随后各期的解释程度的增长幅度虽然不如第 2 期显著，但其数值一直在持续稳定地增长，至第 10 期达到 78.995%。从第 4 期开始，发明专利代理量就对发明专利价值度的变化起主要的解释作用，说明发明专利代理量的增长有利于发明专利价值度的提高。

四、结论与建议

本文探索了我国发明专利代理量和发明专利价值度的关系。选取 1997～2018 年我国发明专利代理量和发明专利价值度的年度数据，运用单位根检验、VAR 模型、格兰杰因果检验、脉冲响应和方差分解等，定量分析了我国发明专利代理量和发明专利价值度的关系，得出以下结论：根据 VAR 模型可知，$t-1$ 期的发明专利代理量会正向影响发明专利价值度，但系数较小；在 VAR 模型下，发明专利代理量和发明专利价值度之间存在单向因果关系，发明专利代理量是引起发明专利价值度变化的格兰杰原因；脉冲响应说明，发明专利价值度对发明专利代理量的影响存在滞后，发明专利代理量对发明专利价值度的正向影响不断加强并趋于稳定；方差分解说明，发明专利代理量对发明专利价值度的影响随着时间的推移而逐渐增加，第 10 期达到 78.99%，发明专利价值度对发明专利代理量的解释程度较弱，发明专利代理量对自身的解释比例较高，各期均大于 97%。

综上，本文通过实证从宏观层面证实了发明专利代理量对发明专利价值度的积极影响。然而我国专利代理人的扩充速度落后于发明专利申请量的增长，严重影响了我国专利代理的比例和质量[22]，专利代理率长期保持在 60%～70%，与发达国家 95% 的专利代理率仍有很大差距。我国仍有部分申请人或发明人自己撰写专利申请书。专利文件由于法律性和高技术要求，非专业人士很难撰写出符合审查要求、保护范围得当的专利申请，因而导致专利质量下降。另外，我国的专利代理机构存在业务范围狭窄、服务意识不强、缺少专业人才、撰写质量差等问题，制约了我国知识产权事业的发展。本文认为，提高专利代理率的关键在于专利代理机构加强自身的服务质量和专利文件撰写质量，提高专利代理授权率，使客户意识到通过专利代理可以更好地保护自己的合法权益，获得更大的经济收益。要解决我国专利代理业人才匮乏的问题，需要加强专利代理人的培训与培养，积极开展专利代理人的业务培训和考前培训，提高从业人员的业务能力和资格考试的通过率。

第二节　中美专利质量比较研究

一、科学背景与意义

21 世纪以来，世界进入知识经济时代，各种新知识层出不穷，科学技术迅猛发展。专利作为反映技术创新的重要文献载体，也是科技强国的重要指标之一[23]。1985 年《中华人民共和国专利法》的实施，标志着专利制度在我国正式建立。此后，经过数次修改，我国专利制度逐渐趋于完善，专利事业也取得了突飞猛进的发展[24]。据统计，2018 年，中国国家知识产权局受理来自国内外申请授权专利的总数为 245 万件，其中发明专利有 43 万件，实用新型专利有 148 万件，外观设计专利有 54 万件①。如此庞大的专利数量体现出我国专利制度初见成效。但与此同时，我国专利"多而不强，大而不优"的问题也逐渐显现出来。"垃圾专利""问题专利"的不断产生，既浪费了大量科研资源，又阻碍了科学技术的发展。基于这一现象，近年来社会各界的关注焦点由"专利数量"转变为"专利质量"，发展目标也转变为数量和质量平衡发展[25]。我国本土专利主要来源于企业研发部门和学术机构。与多数企业相比，学术机构在人才培养、资源获取和政策支持方面存在一定的优势，那么由学术机构创造申请的专利质量是不是就更高呢？现阶段，科学评价中国学术机构专利质量，分析近年来专利质量的发展趋势，对于加快专利质量提升工程、促进我国知识产权强国战略的实施具有非常重要的理论意义和现实意义。

二、国内外研究现状

（一）专利质量的定义

目前国内外有关专利质量的定义并没有统一的观点。总体来看，学者们主要从专利审查者和专利使用者两个角度对专利质量进行了定义。对于专利审查

---

① 数据来源：国家知识产权局网站"国家知识产权局公布2018年主要工作统计数据"[2019-01-12]. http://www.gov.cn/xinwen/2019-01/13/content_5357464.htm.

者而言，他们所关注的专利质量指的是专利申请文件质量、专利审查质量和得到授权的专利质量。例如，Guellec 等认为获得授权且具有法律效力的专利就是有质量的专利[5]；Burke 等从专利局视角出发，提出专利质量指的是专利评估质量，即专利局根据能产生可持续财产权利的与技术质量维度一致的专利分类[7]；Wagner 认为，专利质量是用来衡量授权专利是否满足可专利性的标准，尤其是符合创新性、新颖性和实用性的充分描述[16]；宋河发等认为，高质量专利应当是专利技术水平高，撰写较好，能够经得起审查、无效和诉讼程序的具有较大市场价值的专利[17]；Chamber 认为，高质量专利是指专利已经达到或超过了法定授权标准，并且具有能够商业化或转化为促进社会进步的合理前景[18]；de Saint Georges 等通过判断专利局以透明的方式授予的专利符合可专利性条件的程度来定义专利质量[19]；还有一部分学者从专利使用者的角度对专利质量进行定义。Schankerman 等很早就从专利维持率的角度对专利质量进行了研究[20]；Thomas 从由技术经济质量和法定质量两个维度对专利质量进行研究[21]；Philipp 认为，专利质量可根据专利权人以外的其他人能够以不侵权的方式靠近受保护专利的距离来判断[22]；Suzanne 根据被授权专利满足法律规定的新颖性、创造性、实用性及专利信息披露等授权条件的程度来评价专利质量的高低[26]。受国外研究的影响，国内学者也开始从各个维度对专利质量进行解释。程良友等从专利所具有的新颖性、创造性和实用性角度对专利质量进行定义研究，通过比较获得专利权的发明创造性和实用性来衡量专利质量[27]；黄微提出，专利质量是指专利独占属性满足要求的程度，由专利寿命、覆盖宽度和专利进步性三个要素构成[28]；朱雪忠等从竞争视角对专利质量进行了定义，将专利质量界定为"专利技术对使用者形成竞争力的重要程度"。[8]

（二）专利质量的评价指标

在专利质量定义研究的基础上，学者们尝试寻找合适的指标对其进行评价。Carpenter 等提出将专利的引文数量作为专利价值的评价指标，后有学者利用该指标对专利质量进行评价[29]；Albert 等采用即时影响指数、技术强度、科学关联度、技术循环周期等指标对专利质量进行系统分析[30]；Ernst 提出将专利授权率、有效专利率、美国专利份额、专利被引证率作为专利质量评价指标[31]；Hirschey 等将引用指数、非专利文献和技术生命周期作为专利质量评价指标[1]；Merges 认为，专利质量中最主要的是技术质量，并将申请人数量、发明人数量、非专利文献引用数量、引用专利数量及是否为 PCT 申请等作为技术质量评价指标[32]；Hicks 等采用综合技术实力、专利数量、当前影响指数、科学联系、技术生命周期等指标测度专利质量[33]；赖朝安等将专利的权利项个数、是否属于战略性新兴产业的相关领域、涉及范围、说明书长度、初步审查时长和专利剩余寿命作为专利质量测度指标[34]；张黎等选用技术创新度、技术成熟度、技术应用范围、可替代性、技术防御力、技术独立性、专利族规模、法律地位稳固程度、许可实施状况、市场需求度、技术转化能力、专利技术利润率、政策适用性和剩余经济寿命等指标，采用直觉模糊层次分析法和模糊评价法建立专利质量评估模型[35]；施晴等基于高校生物医药专利转化的角度进行专利质量评价模型检验与验证，发现被引次数、简单同族专利数、权利要求项数、首项权利要求字数、专利文献页数和是否委托专利代理机构 6 项指标与高校生物医药专利质量具有显著的相关性[4]；伍绍青等选取存活期、权利项数、同族专利数、引证数和被引证数等指标，采用德尔菲法、层次分析法和均方差决策法相结合的主客观赋权法确定指标权重，从而构建专利质量评价体系[36]。

综合前人研究我们发现，学术界更倾向从专利使用者的角度对专利质量进行定义，对于专利质量的评价也已由单指标评价发展为多指标综合评价。在前人研究的基础上，本文将专利技术从发明到专利权失效的整个过程分为专利创造、专利申请和专利维持转化三个阶段，选取非专利引用文献数量、引用专利数量、5 年内被引频次、代理申请率、合作申请率、有效持有率和市场转化率7 个指标，将中国学术机构、中国企业和美国学术机构的专利质量进行对比分析，科学合理地评价中国学术机构专利质量，从而为推进我国从"专利大国"向"专利强国"的转变提供指导与建议。

三、数据来源与研究设计

（一）数据来源

本文数据来源于智慧芽（patsnap），它收录了全球专利数据库，覆盖全球 116 个国家和地区，包含专利申请号、公开（公告）号、标题、申请日、公开（公告）日、申请（专利权）人等基本信息和非专利文献引用数量、引用专利数量、国际专利分类号（IPC 号）、5 年内被引用次数、权利要求和法律状态等与专利质量相关的信息。文中所用的中国学术机构和中国企业专利数据及相关信息来源于中国数据库，美国学术机构专利数据及相关信息来源于美国数据库。

（二）研究设计

1. 研究主体的选择

本文的主要研究对象是中国学术机构，将中国学术机构和美国学术机构的专利质量进行对比，可以反映不同制度背景下专利质量的发展状况；将中国学术机构和中国企业的专利质量进行对比，可以反映相同制度背景下不同主体和不同研发导向所带来的专利质量的差异。基于此，选择中国学术机构、中国企业和美国学术机构三个研究主体进行对比分析。

2. 研究时段的选择

因为部分中国企业从 2000 年开始才有专利记录，所以研究时段统一限定在 2000 年 1 月 1 日到 2018 年 12 月 31 日。为方便研究，将整个时段划分为 5 个阶段。第一阶段为 2000～2003 年，记为 T_1；第二阶段为 2004～2007 年，记为 T_2；第三阶段为 2008～2011 年，记为 T_3；第四阶段为 2012～2015 年，记为 T_4；第五阶段为 2016～2018 年，记为 T_5。

3. 研究样本的选择

我国《专利法》将专利分为发明专利、实用新型专利和外观设计专利。学术界普遍认为，发明专利的质量较高且更具研究价值，因此本文选取发明授权专利作为研究对象。本着研究样本应具备代表性和客观性原则，以及减少冗余数据过多所带来的误差，三种主体均选取申请（专利权）人排名前十位的专利作为研究样本。具体操作如下：首先在中国数据库中搜索申请（专利权）人字段中包含"大学""学院""研究院"和"研究所"的专利，选取专利数量排名前十位的申请（专利权）人对应专利作为样本数据，最终得到中国学术机构专利数据 116 889 条；然后改变申请人字段，搜索包含"公司""企业""集团"和"厂"的专利，选取专利数量排名前十位的申请（专利权）人对应专利作为样本数据，得到中国企业专利数据 160 665 条；最后选用美国专利数据库，检索包含 college、university、institute、academy 和 school 的专利，选取专利数量排名前十位的申请（专利权）人对应专利作为样本数据，得到美国学术机构专利数据 26 722 条。

4. 专利质量评价指标的选取

本文将专利技术从发明到专利权失效的整个过程分为专利创造、专利申请和专利的维持与市场化三个阶段。专利创造阶段采用非专利引用文献数量、引用专利数量和 5 年内被引频次三个指标进行评价。非专利引用文献数量越多，说明该专利与科技前沿的关联程度越高；引用专利数量越多，表明该专利拥有更全面的技术支撑[37]。它们都可以在一定程度上体现出专利的新颖性和创造性；被引频次反映了后续专利发明人对该专利的认可程度，由专利创造阶段所决定，可以体现出该专利的质量和影响力[38]；专利申请阶段采用代理申请率和合作申请率进行评价。相关研究指出，代理专利的专利质量整体优于非代理专利[39]。但产学合作对专利质量的提升具有显著的正向作用[40]。专利的维持转化阶段采用有效专利持有率和专利市场化比例进行评价。专利只有维持有效状态才能发挥其作用，而专利市场化包含了专利转让、许可和质押三种类型，这都是专利实现其商业价值的过程[41]。相关的数据计算整理均借助 SPSS 23 的描述统计功能进行。

四、分析结果

（一）专利创造阶段

专利创造阶段采用非专利引用文献数量、引用专利数量和 5 年内被引频次三个指标进行评价。

1. 非专利引用文献数量

就中国学术机构而言，非专利引用文献数量为 0 的专利有 72 773 件，占总样本数量的比例为 62.3%，非专利引用文献数量多于 2 的专利有 12 908 件，占总样本数量的比例为 11%；就中国企业而言，非专利引用文献数量为 0 的专利有 131 131 件，占总样本数量的比例为 81.6%，非专利引用文献数量多于 2 的专利有 6 243 件，占总样本数量的比例为 3.9%；就美国学术机构而言，非专利引用文献数量为 0 的专利有 2 846 件，占总样本数量的比例为 10.7%，非专利引用文献数量多于 2 的专利有 21 249 件，占总样本数量的比例为 79.5%。中国学术机构、中国企业和美国学术机构各时段非专利引用文献数量的平均值和中位数如表 3-8 所示。

表 3-8　三类主体非专利引用文献数量的平均值和中位数

时段	中国学术机构		中国企业		美国学术机构	
	均值	中位数	均值	中位数	均值	中位数
T_1	0.09	0	0.17	0	25.81	11
T_2	0.93	0	0.38	0	35.97	13
T_3	0.67	0	0.32	0	44.08	14
T_4	0.99	0	0.40	0	42.31	14
T_5	0.76	0	0.26	0	50.85	16

图 3-5 反映了三类主体非专利引用文献数量的变化趋势。从图中可以直观看出中国学术机构和中国企业的非专利引用文献数量变化趋势较平缓，美国学术机构的非专利引用文献数量呈现逐渐上升的趋势。就曲线所处位置来说，中国学术机构和中国企业的非专利引用文献数量同处于低水平状态，而美国学术机构的非专利引用文献数量一直处于高水平状态，且与前两者的差距在不断增大。

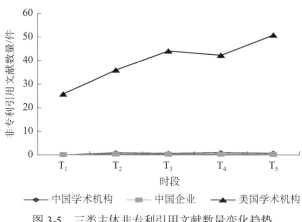

图 3-5　三类主体非专利引用文献数量变化趋势

2.引用专利数量

在整个研究时段，中国学术机构引用专利数量为 0 的专利有 31 359 件，占总样本数量的比例为 26.9%，引用专利数量多于 3 的专利有 51 874 件，占总样本数量的比例为 44.4%；中国企业引用专利数量为 0 的专利有 28 083 件，占总样本数量的比例为 17.5%，引用专利数量多于 3 的专利有 90 863 件，占总样本数量的比例为 56.6%；美国学术机构引用专利数量为 0 的专利有 810 件，占总样本数量的比例为 3.1%，引用专利数量多于 3 的专利有 22 734 件，占总样本数量的比例为 85%。表 3-9 记录了中国学术机构、中国企业和美国学术机构各时段引用专利数量的平均值和中位数。

表 3-9　三类主体引用专利数量的平均值和中位数

时段	中国学术机构		中国企业		美国学术机构	
	均值	中位数	均值	中位数	均值	中位数
T_1	0.82	0	2.33	2	19.09	10
T_2	3.13	3	3.08	3	29.67	12
T_3	1.36	0	2.88	3	33.76	13
T_4	4.28	4	4.91	5	37.19	13
T_5	3.88	4	4.47	5	42.45	13

由图 3-6 可知，三类主体引用专利数量整体呈现上升趋势，其中中国学术机构和中国企业的引用专利数量上升较缓慢，美国学术机构的引用专利数量上升较迅速。就曲线所处位置而言，中国学术机构和中国企业的引用专利数量处于较低水平，其中中国学术机构的引用专利数量处于最低，而美国学术机构的引用专利数量处于较高水平，且与前两者的差距还在不断增加。

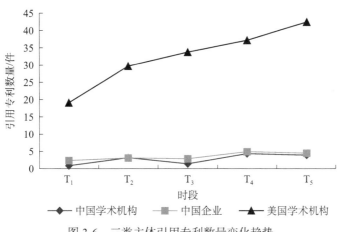

图 3-6　三类主体引用专利数量变化趋势

3. 5 年内被引频次

样本中，2016～2018 年的专利数据距今不够 5 年，因此对于该项指标的研究需要剔除 2016～2018 年的专利数据。统计剩余时段数据发现，中国学术机构 5 年内被引频次为 0 的专利数量为 85 521 件，占总样本数量的比例为 92.1%，5 年内被引频次大于 3 的专利数量为 602 件，占总样本数量的比例为 0.6%；中国企业 5 年内被引频次为 0 的专利数量为 136 712 件，占总样本数量的比例为 96.2%，5 年内被引频次多于 3 的专利数量为 511 件，占总样本数量的比例为 0.4%；美国学术机构 5 年内被引频次为 0 的专利数量为 13 073 件，占总样本数量的比例为 48.9%，5 年内被引频次多于 3 的专利数量为 8081 件，占总样本数量的比例为 30.2%。中国学术机构、中国企业和美国学术机构各时段专利数据对应 5 年内被引频次的平均值和中位数如表 3-10 所示。

表 3-10　三类主体专利 5 年内被引频次的平均值和中位数

时段	中国学术机构		中国企业		美国学术机构	
	均值	中位数	均值	中位数	均值	中位数
T_1	0.25	0	0.26	0	18.44	8
T_2	0.25	0	0.14	0	9.03	3
T_3	0.2	0	0.1	0	4.77	1
T_4	0.09	0	0.03	0	1.94	0
T_5	0.01	0	0.01	0	0.11	0

由图 3-7 可知，中国学术机构、中国企业和美国学术机构专利数据 5 年内被引频次基本处于下降趋势，其中中国学术机构和中国企业的专利数据 5 年内

被引频次始终处于低水平；美国学术机构的专利数据 5 年内被引频次刚开始处于较高的水平，但下降趋势也较明显，其与中国学术机构和中国企业的专利数据 5 年内被引频次的差距在逐渐减小。

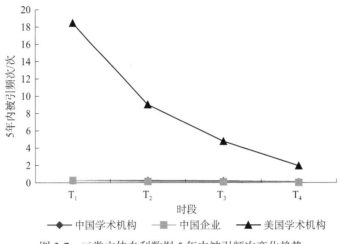

图 3-7　三类主体专利数据 5 年内被引频次变化趋势

综合分析专利创造阶段的三个指标可以发现，就非专利引用文献和引用专利数量而言，美国学术机构与中国学术机构和企业的专利数据 5 年内被引频次的差距在不断增大，而 5 年内被引频次的差距却在逐渐减小。为了解释这一现象，我们分别绘制了 5 年内被引频次为 0 的专利数量占比的变化趋势图（图 3-8）和 5 年内被引频次超过 3 的专利数量所占比例的变化趋势图（图 3-9）。

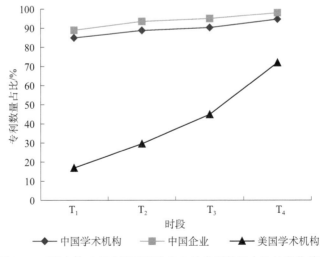

图 3-8　三类主体 5 年内被引频次为 0 的专利数量占比的变化趋势

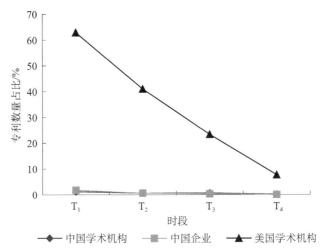

图 3-9 三类主体 5 年内被引频次大于 3 的专利数量占比的变化趋势

结合图 3-8 和图 3-9 可知，三类主体 5 年内被引频次为 0 的专利数量占比整体呈现上升趋势，而 5 年内被引频次超过 3 的专利数量占比整体呈现下降趋势，由此推断三类主体的专利质量都呈现"退化趋势"，即高被引专利数量越来越少，低被引甚至零被引专利数量越来越多。美国学术机构的"退化趋势"最明显。

（二）专利申请阶段

专利申请阶段采用代理申请率和合作申请率两个指标进行评价。

1. 代理申请率

在中国学术机构的专利数据中，委托代理机构申请的专利数量为 109 793 件，占总体专利数量的比例为 94.1%；中国企业委托代理机构申请的专利数量为 142 505 件，占总体专利数量的比例为 88.7%；美国学术机构委托代理机构申请的专利数量为 25 531 件，占总体专利数量的比例为 95.5%。

由图 3-10 可知，中国学术机构和中国企业的专利代理申请数量占比均呈现逐步上升的趋势，美国学术机构专利代理申请数量占比随时间推移略有所降低。三类主体专利代理申请率均维持在较高的水平。由此说明，中国学术机构和企业一直拥有较强的代理申请意识。近年来，专利的申请已接近完全由代理机构进行，这对于我国专利申请文件的撰写质量和专利技术描述准确度均有一定的促进作用。

2. 合作申请率

中国学术机构中合作申请的专利数量为 13 156 件，占整体数量比例为

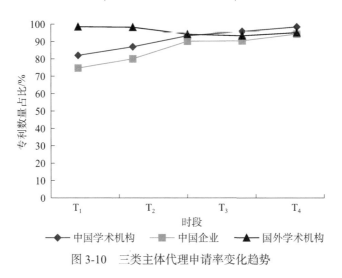

图 3-10 三类主体代理申请率变化趋势

11.3%；中国企业中合作申请的专利数量为 55 974 件，占整体数量比例为 34.8%；美国学术机构中合作申请的专利数量为 10 778 件，占整体数量比例为 40.3%。

由图 3-11 可知，美国学术机构专利的合作申请比例呈现下降趋势，中国企业专利的合作申请比例呈现先短暂下降后持续上升的趋势，现已突破 60%；中国学术机构专利的合作申请比例基本处于稳定的趋势，一直在 10% 左右波动。以此推断，在我国以往的产学研合作中，大多是企业占据主导地位，而学术机构的主动性并没有得到完全发挥。

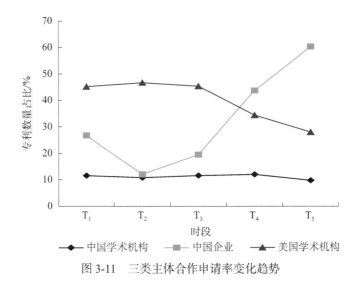

图 3-11 三类主体合作申请率变化趋势

（三）专利维持转化阶段

专利维持转化阶段采用有效专利持有率、发生许可、质押和转让给企业的专利所占比例进行评价。考虑到企业申请专利通常是为了自身发展，出现转让、许可或质押的情况较少，因此市场化阶段只对中国学术机构和美国学术机构的专利进行比较分析。

1. 有效专利持有率

三类主体中，中国学术机构持有的有效专利数量为 78 460 件，占总体数量的比例为 67.1%，中国企业持有有效专利数量为 144 089 件，占总体数量的比例为 89.7%，美国学术机构持有有效专利数量为 29 942 件，占总体数量的比例为 78.4%。

由图 3-12 可知，三类主体的有效专利持有率随时间的推移都呈现上升趋势，因专利维持每年都需要缴纳一定的费用，所以申请时间距离现在越近，专利有效的可能性越大，这一现象符合基本事实。在三类主体中，中国企业的专利有效持有率处于最高层次，美国学术机构次之，中国学术机构的专利持有率所处层次最低。

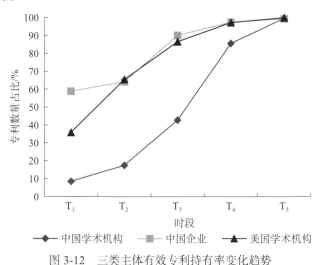

图 3-12 三类主体有效专利持有率变化趋势

为了进一步分析三类主体的有效专利持有情况，我们各选取每种类型排名前三的申请人进行比较，最终结果如图 3-13 所示。

由图 3-13 可知，中国企业排名前三的申请人有效专利持有率高于其他所有申请人，持有专利基本接近于完全有效状态；中国学术机构虽然整体有效专利持有率偏低，但也有个别申请人表现较好。例如，天津大学的有效专利持有率为 83.1%，高于排在第二梯队的美国约翰·霍普金斯大学。

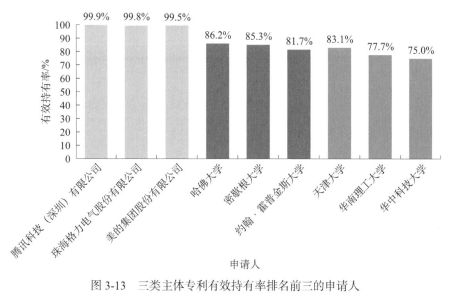

图 3-13 三类主体专利有效持有率排名前三的申请人

2. 专利市场化比例

中国学术机构发生许可、质押或转让给企业的专利数量为 4 555 件，占整体数量的 3.9%；美国学术机构发生许可、质押或转让给企业的专利数量为11 906 件，占整体数量的比例为 44.6%。

由图 3-14 可知，中美学术机构的专利市场化均呈现先上升后下降的趋势，但美国学术机构始终处于较高水平，中国学术机构始终处于较低的水平；中美学术机构之间一直存在较大的差距。

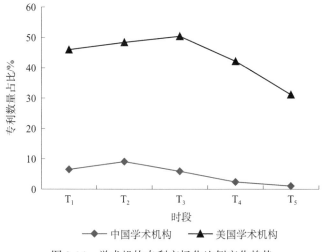

图 3-14 学术机构专利市场化比例变化趋势

图 3-15 列出了中美学术机构专利市场化占比的前三名。美国学术机构中，加州理工大学、哈佛大学和密歇根大学专利市场化比例均超过了 45%，而中国的学术机构专利市场化比例均未超过 10%。由此说明，在学术机构专利市场化进程中，中国距离国际先进水平还有较大的差距。

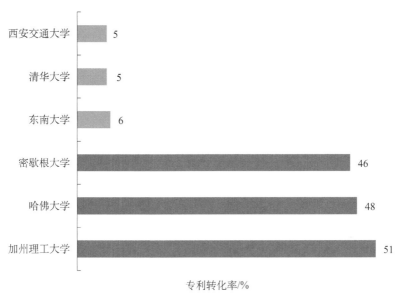

专利转化率/%

图 3-15 学术机构专利转化率排名前三的申请人

五、结论与讨论

（一）结论

在整个研究阶段，中国学术机构的非专利引用文献数量、引用专利数量、5 年内被引频次和合作申请率都无明显变化，专利市场化比例呈现下降趋势，代理申请率和有效专利持有率呈现上升趋势。由此说明，中国学术机构多年来只专注于专利数量的增加，忽视了对于专利质量的监督与提升。

与其他两类主体相比，中国学术机构的非专利引用文献数量、引用专利数量、5 年内被引频次、合作申请率和专利市场化比例都处于最低层次，尤其是反映专利技术价值的引用数量和反映专利经济价值的专利市场化比例等指标，与美国学术机构间还存在很大差距。由此说明，中国学术机构的专利质量较低，甚至拉低了国家整体的专利质量。但就专利代理申请率和有效持有率来说，中国学术机构与另外两类主体已处于同一层次，说明中国学术机构的专利质量问题主要还是出现在专利创造阶段，与专利技术本身相关的新颖性和创新性还有待提升。

在整个研究阶段，中国企业合作申请率呈现上升趋势，而中国学术机构合作申请率始终维持在较低的水平。由此推断，目前的产学研合作主要还是以企业为主导，学术机构在合作过程中缺乏主动性，这在一定程度上限制了学术机构研发能力和技术创新能力的发挥。

（二）讨论

前人在对中国学术机构专利质量进行研究的过程中，往往会把焦点放在专利成果的转移上，似乎默认专利进入市场的比例低主要是由于学术机构与市场间缺乏联系。但从本文的分析结果来看，中国学术机构专利自身的新颖性和创新性与美国学术机构之间也存在很大差距。因此，中国学术机构应该把注意力更多地放在专利创造阶段，只有创造出有价值的专利，才能有更多的机会实现市场化。

在产学研合作过程中，学术机构不能只是被动地等待企业与自己建立联系，而应该充分发挥自己的研发能力和技术创新能力，将主动性更多地掌握在自己手中。

政府和学术机构需要进一步完善学科评估、职称评定和相关的激励制度，在宏观政策和制度的调控中将原有的专利数量条款逐渐向专利质量转变，从而更好地配合我国专利质量提升工程和知识产权强国战略的实施。

第三节　国家电网公司专利运营模式研究

一、背景与意义

国有企业是由政府投资或参与控制的企业，主要目标是实现国有资产的保值和增值，以及在特定的时期帮助政府调节国民经济，从而促进国家整体经济的发展。在我国，国有企业为我国的经济建设做出了重要贡献[42]。然而，我国国有企业数量众多，种类繁杂，许多国有企业长期依赖政府，缺乏自主创新能力，不仅不能为我国的现代化建设增砖添瓦，反而阻碍了国家的发展。因此，选择合适的方法对国有企业进行改革，帮助国有企业发挥其应有的作用，就变得尤为重要。

目前有关我国国企改革的研究，主要集中于公司治理机制[43,44]和产权改革[45,46]，近年来也有学者开始考虑国企改革的伦理性问题，试图从企业社会责任的角度进行探索[47-49]。此外还有一些研究面向国企改革中的政策问题和反腐败问题[49, 50]。学界对于国企改革的方向和方法的探索一直在进行，但目前尚未发现从技术革新和知识产权运营角度助推国企改革的成果。我国的经济已经发展到一个新的阶段，越来越多的高新技术企业凭借自己雄厚的研发创新实力走在了市场的前列。传统国企要想不被淘汰，必须顺应时代发展潮流培养自己的技术创新和运营能力。因此，选取有代表性的传统国企，通过探索其技术创新运营实践来总结技术创新运营模式，为其他国企的知识产权改革提供参考是非常有必要的。

早在 100 多年前，熊彼特就在《经济发展理论》中提出"技术创新"的概念，它刚开始被视为一种新的生产函数的建立，后来又衍生出"线性范式"和"网络范式"，以及"区域创新"和"集群创新"等概念，发展至今已经形成新古典学派、新熊彼特学派、制度创新学派和国家创新系统学派四大学派[51-55]。此后，伯恩斯提出技术创新管理理论，然后又经过后人的不断发展，最终形成基于战略分析、能力分析和资源分析的技术创新管理三种模式[56-58]。这些理论为学界日后进行技术创新的研究提供了坚实的基础。

国内外关于专利运营模式的研究，多以理论探索和案例分析的形式为主，研究的角度有企业[59]、高校[60, 61]、行业[62]、军民融合[63]和非专利实施主体[64]等，研究思路多是以专利运营较成熟的组织为范例进行分析，从而为自己的研究对象提供借鉴[65]，研究结果多集中于理论、制度和政策等方面。

通过上述分析发现，现有关于专利技术创新运营的研究，多是以定性方法进行的，研究角度也趋于固定化，难有新意。需要注意的是，国有企业作为我国的特色企业，无论在资源能力还是制度政策的参与方面都具有传统组织无法具备的优势。从国企改革视角所凝练的专利创新运营模式，不同于传统分类中完全市场化的企业专利创新运营模式，而加入了政府调控的色彩，使得这种发展方式更具中国特色，更符合中国国情。此外，采用定量分析的方法，以大量专利数据作为支撑，可以使研究成果更具信服力和借鉴价值。

二、数据来源与研究方案

（一）数据来源

本文的数据来源于北京合享智慧科技有限公司开发的科技创新服务平台 IncoPat。

本文选择国家电网公司作为研究对象。国家电网公司是我国顺应全球电力市场化改革，按照《电力体制改革方案》对国有电力资产进行重组的产物，成立伊始就承担起保障国家能源安全和引领电力产业发展的重要使命。在多年的发展中，国家电网公司始终将自主创新作为主要发展战略和核心价值观，有意识地构建自己的专利创新运营体系。研究国家电网公司专利创新与运营网络，对于探索公司创新运营模式、提升产业整体发展水平、促进其他国企的改革和专利创新运营体系的建设具有非常重要的意义。

在"专利权人"这个检索字段中输入"国家电网公司"，时间选择所有年份的授权公告日期，检索得到专利权人中包含有国家电网公司的、全部授权专利 144 207 条。数据检索与下载的日期为 2019 年 4 月 30 日。专利数量随时间变化的趋势如图 3-16 所示。

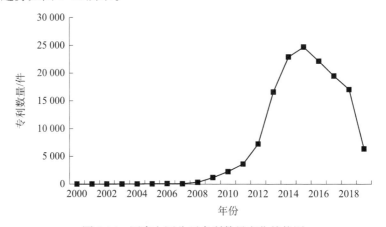

图 3-16 国家电网公司专利数量变化趋势图

图 3-16 显示，国家电网公司专利数量变化可以分为三个阶段：第一阶段（2000～2007 年）为缓慢发展阶段；第二阶段（2008～2015 年）为快速发展阶段；第三阶段（2016～2019 年）为回落阶段。在第一阶段，国家电网公司刚刚成立，科研开发体系尚不完善，专利数量增长缓慢；此后，随着公司组织架构的完善及国家整体科技水平的提升，专利数量进入快速发展阶段，且在 2015 年达到峰值（授权专利 24 709 件）；2015 年之后，国网基础设施和核心技术布局基本完成，公司研发转向以技术的改进提升为主，因此专利授权数量有所回落。

在专利检索的过程中，因申请人名称不统一，产生了申请人和专利重复对应的情况，这对数据整理和分析造成了一定的阻碍。因此，借助 Incopat 平台的标准化申请人分类功能对国家电网公司所有专利数据进行整理，尽可能消除专利重复统计带来的影响，并将它们按照申请专利数量由多到少的顺序进行排列。表 3-11 列出了国家电网公司专利数量排在前十位的标准化申请人。

表 3-11　国家电网公司专利数量排名前 10 机构及其比例

标准化申请人	专利数量	比例
国家电网-C	136 815	93.35%
许继电气-C	2 292	1.56%
华北电大-E	1 038	0.71%
华电集团-C	690	0.47%
清华大学-E	562	0.38%
江苏电力-C	539	0.37%
许继集团-C	538	0.37%
东南大学-E	430	0.29%
国电南瑞-C	388	0.26%
河海大学-E	281	0.19%

注：标准化申请人全称见附表 1，C 代表公司，E 代表大学。

表 3-11 显示，专利数量排名前 10 位的申请人中有 6 家企业、4 所大学，产学均有涉及。由此说明，企业和高校在国家电网公司的专利创新运营体系中都发挥着重要作用，且两者之间必然存在千丝万缕的联系；专利数量排在第一位的机构是国家电网，申请专利 136 815 件，占国家电网公司全部专利数量的 93.35%；许继电气和华北电大的专利数量都超过 1 000 件，占据了较大的比例。由此推断，它们与国家电网公司之间存在较多的联系，是国家电网公司的重要合作机构，将在后面的专利创新运营网络中重点进行观察与分析。

（二）研究方案

在探索国家电网公司专利技术创新运营模式的过程中，需要重点关注以下几个问题：企业的技术创新活动是否只围绕自身展开？不同企业、不同组织之间是否存在网状的专利合作申请模式？企业发展所需的专利技术不可能全部由自己的企业解决，那么这部分专利技术的获取是如何进行的？是企业在市场上大海捞针般地寻找，还是企业事先就针对日后发展所需的专利技术有了自己的布局？

为解决这些问题，本文采用专利计量和社会网络分析的方法。社会网络分析法是社会学中常用的一种研究方法，它将研究对象首先构建成网络模型，然后通过分析网络中各个要素的关系来探讨网络的结构及属性特征，包括网络中的个体属性及网络整体属性，网络个体属性分析包括点度中心度、中介中心度等；网络的整体属性分析包括小世界效应、小团体研究、凝聚子群等[66]。由此可以进一步凝练网络中暗含的规律与模式。

近年来，社会网络分析法被广泛地应用到基于大数据的实证研究中，包括情报领域[67, 68]、社会学与科学学领域[69, 70]及技术管理和知识管理领域[71-73]。因其综合了数学归纳和可视化分析的特点，非常适合本次的研究。在具体操作的过程中，首先借助 Incopat 平台将国家电网公司的专利数据构建成申请人-申请人矩阵和受让人-转让人矩阵，然后使用 Ucinet 对上述矩阵进行可视化处理。Ucinet 是一款社会网络分析的常用软件，它由 Lin Freeman、Martin Everett 和 Steve Borgatti 开发，配备了 NetDraw 网络可视化工具，可以进行一维和二维数据分析[74]。将基于申请人-申请人矩阵绘制的网络作为国家电网公司专利创新网络，将受让人-转让人关系网络作为国家电网公司专利运营网络，然后利用 Ucinet 对它们进行详细的社会网络分析，最后结合实际发展历程提炼出国家电网公司专利创新和运营模式。

三、分析结果

（一）专利技术创新网络

前面将国家电网公司的全部专利数据按照标准化申请人对应专利数量由多到少的顺序进行了排列。为了保证网络清晰，这里取排名前 50 位的标准化申请人的专利数据进行研究。我们以这些专利数据为基础，基于 IncoPat 多维检索平台，同时选择第一检索维度和第二检索维度都为申请人，构建申请人-申请人矩阵，如表 3-12 所示。然后，将矩阵导入 Ucinet 软件中进行可视化处理，得到国家电网公司专利技术创新网络图（图 3-17）。节点越大，说明该节点代表的机构在网络图中的位置越重要。节点间的连线表示节点代表的机构之间的关系，连线越粗，表示关系越密切。

表 3-12　国家电网公司专利数据前 50 标准化申请人矩阵（部分）

	国家电网-C	许继电气-C	华北电大-E	华电集团-C	清华大学-E	江苏电力-C	许继集团-C
国家电网-C	138 531	2 266	1 013	602	542	510	535
许继电气-C	2 269	2 324	2	2	0	0	284
华北电大-E	1 009	2	1 044	2	2	3	1
华电集团-C	601	2	693	6	17		
清华大学-E	534	0	2	6	562	0	0
江苏电力-C	503	0	3	17	0	540	0
许继集团-C	524	283	1	0	0	0	542

注：C 代表公司，E 代表大学。

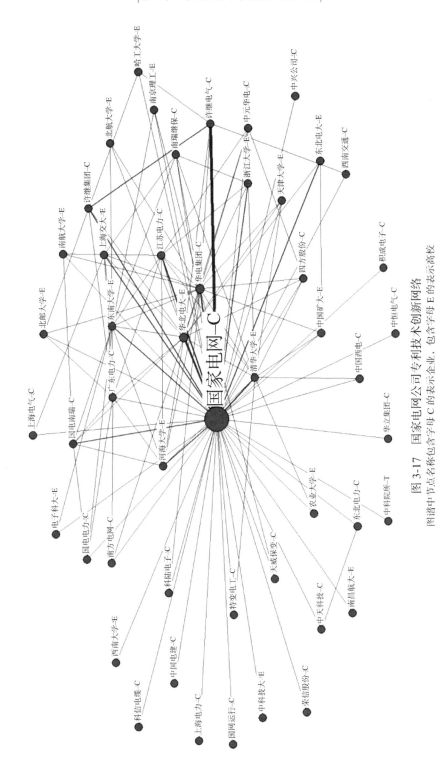

图 3-17　国家电网公司专利技术创新网络

图谱中节点名称包含字母 C 的表示企业，包含字母 E 的表示高校

图 3-17 显示，国家电网公司专利技术创新网络是一个典型的产学研合作网络，而且大学的数量非常多，有 22 所大学参与其中。国家电网对应的节点最大，与其他节点的连线最多。部分企业和高校（如许继电气、华电集团、华北电大和清华大学）也都形成了各自的子网络。企业与企业、企业与高校及高校与高校之间均存在连线。这说明，专利申请过程中，不同机构间存在较频繁的合作现象。国家电网-许继电气和国家电网-华北电大之间的连线最粗，说明这两组机构内部的联系最紧密。

为了更准确地分析网络中的节点和连线，可以利用 Ucinet 软件的中心度分析功能，计算国家电网公司专利标准化申请人度中心性（degree centrality）和中介中心性（betweenness centrality）。度中心性是在社会网络分析中刻画节点中心性（centrality）的最直接度量指标。节点度越大，表示这个节点的度中心性越高，该节点在网络中越重要。中介中心性（betweenness centrality）是以经过某个节点的最短路径数目来刻画节点重要性的指标，中介中心度越大，表示该节点对网络资源的控制程度越高[75]。表 3-13 分别列出了标准化中心度和标准化中介度排名前 10 位的标准化申请人。

表 3-13　标准化申请人中心度指标

标准化申请人	标准化中心度	标准化申请人	标准化中介度
国家电网-C	7.795	国家电网-C	79.360
许继电气-C	2.301	华电集团-C	4.357
华北电大-E	0.93	华北电大-E	1.307
许继集团-C	0.738	清华大学-E	0.937
华电集团-C	0.622	东南大学-E	0.662
江苏电力-C	0.541	江苏电力-C	0.410
清华大学-E	0.504	许继电气-C	0.149
东南大学-E	0.454	河海大学-E	0.118
国电南瑞-C	0.355	国电南瑞-C	0.077
河海大学-E	0.292	许继集团-C	0.057

注：C 代表公司，E 代表大学。

表 3-13 显示，在国家电网公司专利创新网络中，国家电网的标准化中心度最大，为 7.795，说明国家电网公司与网络中其他机构建立了最多的联系；许继电气与华北电大也具有较大的标准化中心度，说明它们又分别以自身为中心建立了子网络，从而为与国家电网公司间的合作提供了更多的支撑，这也印证了前面从直观上观察网络图所得到的结果；标准化中介度排在第一位的机构是国家电网公司，达到 79.36，华电集团、华北电力大学和清华大学紧随其后，说明它们在国家电网公司专利创新的过程中承担了重要的"桥梁作用"，有效促进了国家电网公司与其他机构的联系与合作。

为了更深入地了解合作关系的实际建立过程，我们结合其发展历程对两组机构进行了分析。首先是国家电网公司和许继电气。许继电气是许继集团的控股子公司，以电力相关领域为主营业务。早期受国外电工装备制造企业的挤压，许继集团面临重大的经营困境。2010 年，国家电网公司进行了产业链整合，对许继集团和平高集团进行整合重组。这一举措大大激发了许继集团的创新活力，不仅使许继集团重新焕发出强大的生机，而且帮助国家电网公司攻克了包括特高压直流和大型水电在内的重要技术难关，真正取得了"1+1＞2"的效果；其次是国家电网公司和华北电力大学。华北电力大学的前身是北京电力学院，在 2003 年划转教育部管理，现在由包括国家电网公司在内的 12 家特大型电力集团和中国电力企业联合会组成的理事会和教育部共建。长期以来，华北电力大学一直专注于帮助国家电网公司进行技术攻坚和提供专业人才，而国家电网公司则对其进行各种资源方面的回馈。两者形成的产学合作链条，将持续不断地赋予双方前进的动力，从而也推动整个创新网络的发展。

（二）专利技术运营网络

在检索到的国家电网公司专利数据的基础上，借助 IncoPat 多维检索平台，构建前 50 受让人-转让人矩阵（表 3-14）。将矩阵导入 Ucinet 软件中，绘制成国家电网公司专利技术运营网络图（图 3-18）。在图 3-18 中，方框节点对应专利受让机构，圆圈节点对应专利转让机构，节点越大，表示该机构在网络中的位置越重要。节点间的连线代表机构间的联系，连线越粗，表示联系越紧密。连线箭头代表专利转让方向。

表 3-14　国家电网公司专利技术前 50 受让人–转让人矩阵（部分）

受让人 转让人	国家电网 公司	中国电力 科学研究院	江苏省 电力公司	上海市 电力公司	国网福建省 电力有限公司	山东电力 研究院	国网河北省 电力公司
国家电网公司	3 169	356	83	12	115	0	88
中国电力科学研究院	1 641	1 654	25	1	0	0	0
上海市电力公司	639	0	0	639	0	0	0
山东电力研究院	398	0	0	0	0	397	0
北京市电力公司	359	12	0	0	0	0	0
天津市电力公司	242	16	0	0	0	0	0
河北省电力研究院	233	0	0	0	0	0	0
南京南瑞集团公司	213	1	6	0	1	0	1
国网电力科学研究院	206	5	1	1	0	0	0

　　图 3-18 揭示了国家电网公司与其系统内的诸多公司及科研院所之间联合技术转让与技术受让的专利运营模式。网络图中存在着多个聚合节点，其中国家电网公司无论在转让方还是受让方，以它为中心的连线都是最多的。这说明，它既是转让专利最多的机构，也是受让专利最多的机构。从受让方国家电网公司节点的角度进行观察，易发现中国电力科学研究院、上海市电力公司、北京市电力公司及国电南瑞科技股份有限公司和它之间存在较强的联合技术受让关系；从转让方国家电网公司节点的角度观察，可发现中国电力科学研究院、华北电力科学研究院有限责任公司与它之间存在较强的联合技术转让关系。

　　无论是转让方还是受让方，国家电网公司与中国电力科学研究院都有最粗的连线，由此推断国家电网公司与中国电力科学研究院之间存在最强的联合技术转让和技术受让的关系。回顾国家电网公司改革历程发现，中国电力科学研究院是 2006 年形成的国家电网公司五家直属科研单位之一，之后又经历了数次的科研资源重组整合，一直作为国家电网公司的坚实后盾，在国家电网公司的专利运营过程中始终承担着重要的作用。

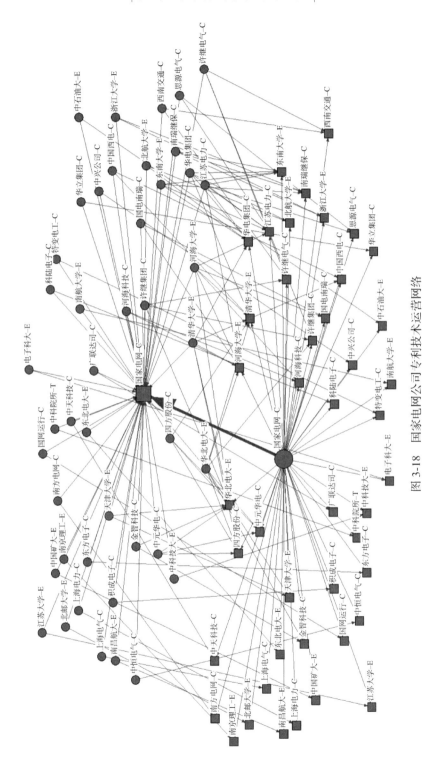

图 3-18 国家电网公司专利技术运营网络

四、主要结论与讨论

（一）主要结论

本文检索了国家电网公司的全部专利数据，将它们进行标准化处理后构建了专利数量前 50 申请人-申请人矩阵和前 50 受让人-转让人矩阵，并以此为基础，借助社会网络分析软件 Ucinet，绘制出国家电网公司专利创新网络和专利运营网络。分析结果显示：

国家电网公司专利创新网络是一个典型的产学研合作网络，国家电网公司位于整个网络的中心，网络中其他机构都与它存在着联系。其中，国家电网-许继电气和国家电网-华北电大之间的连线最粗，说明这两组机构内部的联系最紧密。此外，网络中的部分企业和高校（如许继电气、华电集团、华北电大和清华大学）也都形成了各自的子网络。它们作为整体网络的连接节点，为网络中其他机构与国家电网公司间的合作提供了更多的支撑。

在专利运营网络中，通过观察网络中节点属性和箭头指向，明确了中国电力科学研究院、上海市电力公司、北京市电力公司和国电南瑞科技股份有限公司与国家电网公司间存在较强的联合技术受让关系；中国电力科学研究院、华北电力科学研究院有限责任公司与国家电网公司间存在较强的联合技术转让关系，并推断出国家电网公司和中国电力科学研究院之间存在最强的联合技术转让和技术受让关系，从而提炼出具有产学研合作特色的国家电网公司专利运营模式。

（二）讨论

本书的创新点在于，首先基于国企改革的新视角提出凝练专利创新运营模式的方法，从理论层面进行了拓展；其次利用专利计量和社会网络分析方法提炼出国家电网公司产学研合作性质的技术创新模式和产学研联合转让、联合受让的专利运营模式；最后结合企业的实际发展历程进行了阐述，明确政府调控在资本利用和资源分配中的重要作用，使得这种模式的推广和实施有了更大的可操作性。

本书也有一定的不足之处，如只选取了一家国有企业作为研究对象，在受众行业和技术领域方面有一定的局限性；受文章篇幅的限制，研究对于专利技术创新运营过程中政府发挥的作用也只进行了简单的描述，缺乏深入的剖析与探索；日本、韩国与法国均具有类似的政府参与的专利运营[76-78]，它们与我国专利创新运营方面的区别也需要进一步研究。期待以后能基于更多数据凝练出具备中国特色的专利技术创新运营模式，为我国国企改革与知识产权运营的发展提供借鉴。

第四节　转让专利申请、公开时间特征研究

一、意义与国内外研究现状

探究转让专利的申请、公开时间特征，对提高专利转让的成功率和时效、加快科技成果转化、促进社会经济的发展具有重要的理论意义和现实意义。专利在申请之后即可转让，转让既可以发生在专利公开之前，也可以发生在专利公开之后。在公开之前，专利未获得授权，转让的是专利的申请权，在公开之后，按授权日划分为两个阶段，只有在专利获得授权后才能转让专利权。本文检索的转让专利既包括专利权发生转让的专利，也包括专利申请权发生转让的专利。

专利权的转让是指转让方将自己拥有的专利权或持有权通过市场交易有偿或无偿地转移给受让方。专利作为极重要的科技成果，经常被当作技术转移的主要载体。专利转让的核心是专利权人的更换。国内外学者对于转让专利进行了大量的研究。任龙等利用中国国家知识产权局公布的专利权转移数据构建中国技术流动网络，深入分析网络的演化路径，发现发达地区间的技术流动较密集，发达地区与欠发达地区之间也会出现频繁的技术流动，而欠发达地区之间技术流动的频率则较低[1]。徐庆富等基于 2011~2015 年发明专利转让数据，利用社会网络分析方法和统计分析方法，从整体和个体两个方面出发研究我国跨省技术转移特征。结果表明，省际技术转移现象逐渐频繁，但技术转移的强度仍不高[2]。对于高校科技成果转化的研究，Rao 等对政府在大学-企业专利转让中的作用进行研究，发现政府在我国三重螺旋模式下的技术转让活动中占据主导地位，为政府、企业和大学相关政策的制定提供了参考[3]。李志鹏构建"双一流"高校的专利转让网络并以此为基础评价"双一流"高校的知识成果转化能力。研究表明，"双一流"高校的专利质量相对较高，但科技成果转化率不高，且多数为省内转化[4]。梅华斌通过对无锡市高职院校的专利转让情况进行分析，得出企业需求、专利价值、运营能力、政策制度是四个制约专利转化的主要因素[5]。申轶男从现有的高校专利转化的路径及模式出发，发现高校专利转化存在专利质量低、转化动力不足、转让意识薄弱、与中介机构联系不

够紧密等问题，并对促进高校专利转化提出建议意见[6]。

在经济学上，专利的价值指的是对于其所有者和使用者，专利预期带来的未来利益在现实市场条件下的表现[7]。对于企业来说，市场价值是专利价值的重要体现，高价值专利可以为企业提升行业竞争力，并带来经济效益[8]。专利价值通常从经济、技术和法律三个方面来衡量。对于专利价值的量化，国内的很多数据商都推出了专利价值评估工具，可为专利价值打分与估值。目前国内常见的专利价值评估工具有以下几种：北京合享智慧科技有限公司开发的Incopat 全球技术运营平台、保定市大为计算机软件开发有限公司开发的 DPI 大为专利指数、北京东鹏资产评估事务所开发的"鹏之翼"专利评估系统、北京中金浩资产评估有限责任公司开发的中知云评估系统、中译语通科技股份有限公司开发的 JoveEye、北京京港柏鉴资产评估有限公司开发的收入分成模型、杭州慧拾贝科技有限公司开发的专利价值评价系统及智慧芽信息科技（苏州）有限公司开发的智慧芽专利价值评估系统等。

以往对于专利转让的研究大多集中在转让网络、转让模式、转让效率等方面的研究，很少有学者将专利的转让时间与申请时间、公开时间联系起来，探究专利数量和价值度变化规律。本文以申请年在 2019 年之前企业和学术机构发生转让的 474 893 件发明授权专利为样本，分析企业与学术机构的转让专利在不同的申请-转让间隔年限、公开-转让间隔年限下专利的数量和价值度的变化特征。

二、数据来源与研究方案

（一）数据来源

本文的数据来自专利信息服务平台 IncoPat，使用了 IncoPat 的高级检索模式，将申请日设置为 2018 年 12 月 31 日之前，选择中国发明授权专利，共检索出 3 630 289 个结果。对法律事件及申请人类型进行设置，文中筛选出企业转让专利 422 882 件，学术机构转让专利 63 696 件。

（二）研究方法

1. 时间间隔与专利数量

以公开年-转让年的间隔年限为例，利用 IncoPat 对检索到的企业或学术机构的转让专利进行加工处理。选定某一转让年，筛选出该年的全部转让专利，在自定义分析模块下选择时间公开年分析，即可获得该年转让的专利的公开年份及数量。选择不同的转让年重复此项操作，可获得转让专利的公开年-转让年矩阵，具体形式见表 3-15。

表 3-15　学术机构公开年-转让年矩阵

公开年 ＼ 转让年	2001 年	2002 年	2003 年	……	2017 年	2018 年
1989 年	0	0	0	……	0	0
1990 年	0	0	1	……	0	0
1991 年	0	1	1	……	0	0
……	……	……	……	……	……	……
2018 年	0	0	0	……	677	2 023
2019 年	0	0	0	……	330	449
2020 年	0	0	0	……	13	11

专利的公开-转让间隔年限（即利用转让年份减去公开年份得到的数值）如果出现负值，则表示专利在公开之前转让；如果是正值，则表示转让发生在专利公开之后。将专利的公开年-转让年矩阵进行运算统计，整理出公开年-间隔年限矩阵，见表 3-16。对相同间隔年限的专利数量进行加和，可得到某一公开-转让间隔年限的专利数量。对于专利的申请年-转让年数据也用相同方法处理。

表 3-16　学术机构公开年-间隔年限矩阵

公开年 ＼ 间隔年限	2001 年	2002 年	2003 年	……	2016 年	2017 年	2018 年	合计
−5	0	1	5	……	0	0	0	62
−4	2	4	5	……	6	0	0	193
……	……	……	……	……	……	……	……	……
0	7	11	34	……	1 998	2 150	2 023	11 286
1	13	21	19	……	1 275	2 102	1 861	9 944
2	28	15	20	……	1 876	2 670	0	11 148
……	……	……	……	……	……	……	……	……
12	0	0	1	……	14	13	28	76
13	0	0	1	……	6	8	12	40

2. 时间间隔与专利价值度

以申请年-转让年的间隔年限为例，对检索到的企业或学术机构的转让专利进行加工处理。选定某一申请年，筛选出该申请年的全部转让专利，在自定义分析模块下选择转让年-价值度二维度分析，可以得到某年申请专利的转让年-价值度矩阵，形式见表 3-17。表中数据表示企业在 2006 年申请的转让专利在不同的转让年和价值度下对应的专利数量。

表 3-17 企业 2006 年申请专利的转让年-价值度矩阵

价值度 ＼ 转让年	2006 年	2007 年	……	2018 年	2019 年
4	2	8	……	0	0
5	4	21	……	5	0
6	0	5	……	7	1
7	7	23	……	4	0
8	16	105	……	19	3
9	16	110	……	177	113
10	22	322	……	1 164	1 107

利用相同的检索分析方法，获得其他申请年转让专利的转让年-价值度矩阵，根据转让年、申请年信息重新整合数据获得不同间隔年限的申请年-价值度矩阵，如表 3-18 所示。同时整理出的有申请转让间隔年限为 0 年、1 年、2 年……20 年的 21 个申请年-价值度矩阵。

表 3-18 企业申请转让间隔年限为 1 年的申请年-价值度矩阵

价值度 ＼ 申请年	1999 年	2000 年	2001 年	……	2016 年	2017 年	2018 年	合计
1	0	0	0	……	0	0	0	0
2	0	0	0	……	0	0	0	0
3	0	0	0	……	112	28	0	140
4	0	2	2	……	12	4	0	20
5	0	3	0	……	36	4	0	43
6	0	5	0	……	33	7	0	53
7	0	19	29	……	101	182	82	413
8	0	41	37	……	3 453	4 772	5 034	13 337
9	0	42	43	……	2 112	1 747	891	4 835
10	0	24	18	……	290	124	13	469

表 3-18 最后一列为该间隔年限下各专利价值度对应的专利数量，利用 Excel 的加权平均数计算功能即可计算某一间隔年限下转让专利价值度平均值。Excel 计算公式如下：

$$\bar{a}_i = \frac{\text{SUMPRODUCT}(\{1, 2, 3, \cdots, 10\}, \{n_{i1}, n_{i2}, n_{i3}, \cdots, n_{i10}\})}{n_i} \quad （3\text{-}3）$$

式中 i 表示不同的间隔年限（$i=0,1,\cdots,20$）；$\bar{a}_i$ 表示该间隔年限下的平均专利价值度；n_i 表示该间隔年限下的转让专利的总数量；$\{n_{i1}, n_{i2}, n_{i3}, \cdots, n_{i10}\}$ 是某一间隔年限不同价值度下的专利数量列表。利用相同方法重复计算，得到不同申请-转让间隔年限下的平均专利价值。

对于转让专利公开-转让时间间隔下专利价值度的计算，所用的方法与申请-转让相同，区别在于间隔年限 i 会出现负值，表明转让发生在专利公开之前。

三、转让专利的基本情况

（一）转让专利数量分析

表 3-19 中列出了企业和学术机构从 2001 年开始转让专利数量和转让率的变化，其中每年的转让率 = 当年转让的专利数量 / 当年公开的专利数量。在 2001 年之前，无论是企业还是学术机构几乎没有转让专利。2001 年是"十五"计划的第一年，"十五"计划是我国社会主义市场经济体制初步建立后的第一个五年计划。同年，我国正式加入世界贸易组织（World Trade Organization，WTO），逐渐走上全球经济一体化的道路，知识产权政策和保护力度都得到快速发展[10]。因此，从 2001 年开始，转让专利呈现持续稳定增长。

表 3-19　转让专利数量及转让率变化趋势

年份	学术机构			企业		
	转让专利数量 / 件	专利公开数量 / 件	转让率 /%	转让专利数量 / 件	专利公开数量 / 件	转让率 /%
2001	81	1 823	4.443	1 176	11 473	10.250
2002	166	1 676	9.905	1 661	15 710	10.573
2003	220	3 592	6.125	3 121	27 279	11.441
2004	180	6 282	2.865	2 917	36 558	7.979
2005	236	7 150	3.301	3 215	38 091	8.440
2006	399	9 530	4.187	4 806	41 637	11.543
2007	544	11 473	4.742	8 183	46 845	17.468

年份	学术机构			企业		
	转让专利数量 / 件	专利公开数量 / 件	转让率 /%	转让专利数量 / 件	专利公开数量 / 件	转让率 /%
2008	904	14 471	6.247	9 142	65 952	13.862
2009	1 129	20 463	5.517	10 591	95 651	11.073
2010	1 461	24 591	5.941	13 708	92 481	14.823
2011	3 170	35 298	8.981	16 630	113 962	14.593
2012	3 326	48 480	6.861	24 498	152 388	16.076
2013	5 422	51 355	10.558	25 629	152 432	16.813
2014	4 987	55 646	8.962	29 728	160 066	18.572
2015	5 371	76 598	7.012	44 966	236 051	19.049
2016	7 418	90 879	8.163	54 917	303 875	18.072
2017	10 139	104 713	9.683	71 104	295 264	24.081

图 3-19 为企业和学术机构转让专利的数量变化折线图。整体来看，从 2001 年开始，企业和学术机构的转让专利数量都呈现持续稳定增长；2014 年之后，企业增速加快，转让专利数量出现大幅度增长。企业转让专利始终多于学术机构，且随着时间的推移，差距越来越大。至 2017 年，学术机构转让专利数量刚过 1 万件，而企业转让专利数量已超过 7 万件。

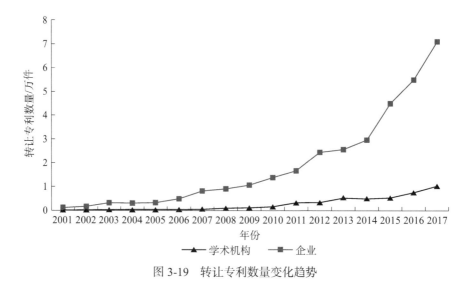

图 3-19 转让专利数量变化趋势

专利转让数量受到专利申请授权数量的影响。申请授权的专利数量增加，转让的专利数量自然也会增加。为消除专利授权量的影响，利用当年转让专利数量 / 当年公开专利数量，得到每年的专利转让率，转让率数据更能体现申请人技术转化能力的变化。

图 3-20 为企业和学术机构的专利转让率折线图，与专利数量趋势图有很大区别，转让率并不是平稳上升的。对于企业来说，转让率是在波动中上升的。2007 年，企业转让率出现一次较大波动，突然上升至 17.5%，随后 2 年出现下降，在 2009～2017 年，企业转让率虽有小幅波动，但仍保持上升趋势，从 2009 年的 11% 涨至 2017 年的 24%。对于学术机构，转让率变化曲线同样不平稳，出现了 3 次较大波动，学术机构的转让率的增长趋势不明显，且转让率不高，仅在 2013 年超过 10%。

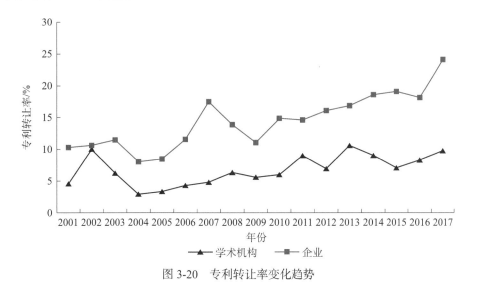

图 3-20　专利转让率变化趋势

由图 3-20 可知，学术机构的转让专利数量和转让率都始终低于企业的，转让率最高时也仅在 10% 左右。学术机构专利低转化率的原因可能是：专利质量不高[9,11]、创新成果脱离实际应用、技术转移渠道不畅通[11,12]、市场需求不确定[13]等。

（二）转让专利技术领域分析

表 3-20 列出了 2015～2019 年企业学术机构转让专利数量排名前 10 位的 IPC 小类。分析转让专利的技术领域、比较不同技术领域的专利数量，可以帮助我们了解当前的市场需求，对于提高专利转让的成功率具有积极意义。

表 3-20　2015～2019 年转让专利数量排名前 10 位的 IPC 小类

学术机构		企业	
IPC 小类	专利数量 / 件	IPC 小类	专利数量 / 件
A61K	2 360	G06F	19 209
G01N	2 052	H04L	14 619
A61P	2 045	H01L	11 012
G06F	1 626	A61K	9 591
C12N	1 424	H04N	9 131
C02F	1 312	H04W	7 761
B01J	1 280	A61P	7 730
H04L	1 279	C08L	6 455
C08L	1 089	G01N	5 660
C07D	1 045	H01M	5 556

2015～2019 年，学术机构转让的 A61K 小类的专利数量最多，达到 2360 件，其次是 G01N 和 A61P，转让数量均超过 2000 件。企业 2015～2019 年转让最多的专利类别是 G06F，达到 19 209 件，在数量上遥遥领先，超出第二名近 5000 件，排在第 2 位、第 3 位的分别是 H04L 和 H01L，这两类转让专利的数量均过万。

由表 3-20 可知，学术机构和企业转让专利排在前 10 位的 IPC 小类中有 6 项重合，分别是电数字数据处理（G06F），数字信息的传输（H04L），医用、牙科用或梳妆用的配制品（A61K），化合物或药物制剂的特定治疗活性（A61P），高分子化合物的组合物（C08L），借助于测定材料的化学或物理性质来测试或分析材料（G01N）。由此可以说明，产业界对这 6 类专利的兴趣更大，这 6 类专利成功转让实现产业化的概率更高。

四、转让专利的申请时间特征

（一）间隔年限与专利数量

将申请日在 2018 年 12 月 31 日之前的已授权的企业和学术机构的发明转让专利信息进行统计整理得到图 3-21。图 3-21 中用柱形图的形式表示出不同的申请-转让间隔年限下专利数量的变化特征。

由图 3-21 可知，在不同的申请-转让间隔年限下，专利数量先增长后下降，在专利申请后的 2～3 年达到高峰，随后逐年降低。我国发明专利从申请至授

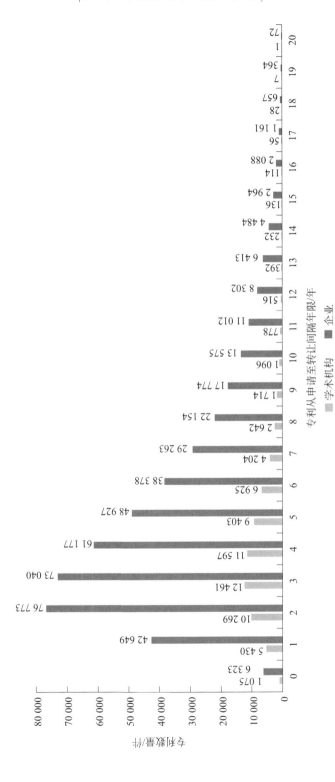

图 3-21　不同申请-转让间隔年限的专利数量变化特征

权一般需要 2~3 年时间，而在转计专利中也恰好是在申请后 2~3 年发生转让的数量最多，可见专利转让有很大一部分是发生在专利授权前后。我国发明专利的法律保护期是从申请日算起 20 年。申请-转让间隔年限越长，则表明专利转让后剩余的保护期越短，受让人更倾向于选择剩余保护期长的专利，因此转让专利中随着申请-转让间隔年限增多，所对应的专利数量越来越少。值得注意的是，对于企业来说，转让专利中在申请后 2 年发生转让的数量最多，而学术机构的最大值则出现在申请后的第 3 年，比企业滞后 1 年，由此也可以看出学术机构的技术转化渠道不如企业畅通，学术机构-企业的联系不如企业-企业之间的联系紧密。

（二）间隔年限与专利价值度

将转让专利按申请-转让间隔年限分类，在图 3-22 中用折线图的形式展示出不同的申请-转让间隔年限下专利价值度的变化特征。

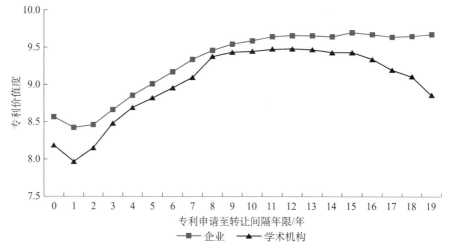

图 3-22 不同申请-转让间隔年限的专利价值度变化特征

如图 3-22 所示，企业和学术机构均是在申请后 1 年转让的专利价值度最低，随后随着间隔年限的增加，专利价值度不断增加，企业在间隔年限达到 11 后开始保持平稳，学术机构在申请后 8~15 年转让的专利保持较高的价值度，随后间隔年限越长，专利价值度越低，而企业在保护期最后几年转让的专利仍能保持较高的价值度。图 3-22 中也可以看出企业的转让专利在不同的间隔年限价值度始终高于学术机构，因此专利质量低是学术机构低转让率的原因之一并非空穴来风。

五、转让专利的公开时间特征

我国的专利制度规定，发明专利自申请日起 18 个月予以公布，即专利的法定公开，但也允许申请人早于 18 个月公开其专利申请，即专利的提前公开。由于专利在公开前不受专利法保护，提前公开会加快审批流程，使申请人更早获得专利授权，从而延长实际的专利保护期限[14]。专利公开即披露了专利的技术信息，研究转让专利的公开-转让间隔年限特征可以反映出信息公开对专利转让的影响。

（一）间隔年限与专利数量

图 3-23 中用折线图的形式展示出不同的公开-转让间隔年限下专利数量的变化特征。与专利申请不同，转让既可以发生在专利公开之前，也可以发生在专利公开之后。专利的法定公开是在申请日之后 18 个月，可以申请提前公开，因此在正常情况下，专利转让不会早于专利公开超过 2 年，而实际上存在转让早于公开超过 2 年的发明专利最多达到 10 年。这一部分发明专利极有可能是我国的国防专利。《国防专利条例》第 2 条规定："国防专利是指涉及国防利益及对国防建设具有潜在作用需要保密的发明专利"，这一类专利只有在保密期届满之后才能予以公开，在保密期内，如果可以确保国家机密不被泄露、国防军队建设不受影响，因国防武器装备建设需进行转让的国防专利，在经国防专

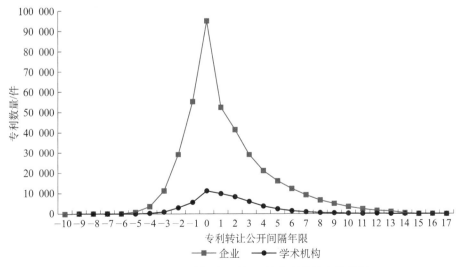

图 3-23　不同公开-转让间隔年限的专利数量变化特征

利局批准后方可向国内单位和个人进行转计[15]。因此，实际会存在转让年早于公开年超过 2 年的发明专利。

图 3-23 显示，随着发明专利公开-转让间隔年限增加，转让专利数量先增长至最大值后逐渐降低，企业和学术机构转让数量的峰值均出现在间隔年限为 0 时。也就是说，在企业和学术机构的转让专利中，在公开年同年发生转让的专利最多。在转让专利中，在公开前 1 年、公开同年、公开 1 年后、公开 2 年后转让的专利占绝大部分，即专利在公开前 1 年、公开同年、1 年、2 年后发生转让的概率更大。对于有意向转让专利的申请人，在了解专利的公开-转让时间特征后，还需要对市场需求进行深入探究，再决定专利是否提前公开，从而实现利益最大化。

为了消除专利数量的影响，更清晰地比较不同间隔年限下企业和学术机构转让专利的数量特征，作出了专利数量百分比变化折线图，如图 3-24 所示。图 3-24 显示，企业在专利公开同年及公开以前发生转让的专利百分比始终高于学术机构的，由此推测企业获得技术信息的渠道比学术机构更多，有更多的受让人在专利技术披露之前获得技术信息实施专利转让。

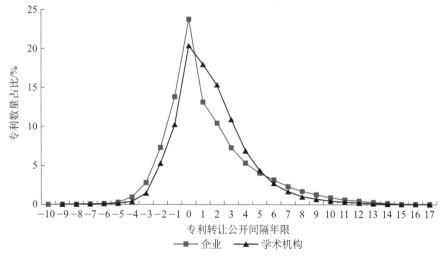

图 3-24　不同公开-转让间隔年限的专利数量百分比变化特征

（二）间隔年限与专利价值度

图 3-25 中呈现的是不同的公开-转让间隔年限下专利价值度的变化特征。企业和学术机构的转让专利价值度随着间隔年限增加先下降后增长，在间隔年限为 0 时达到最小值。不同的是，企业转让专利价值度在间隔年限超过 7 年后

就会上升至 9.5 左右，随后保持相对平稳，而学术机构的转让专利中，在公开
超过 10 年后转让的专利价值度会出现明显下降。

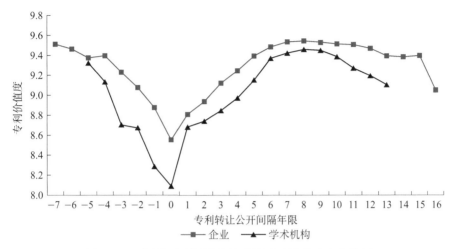

图 3-25　不同公开-转让间隔年限的专利价值度变化特征

图 3-25 中显示，随着间隔年限由负数逐渐增长，转让专利的价值度先下降
后增长。转让与公开相距时间较长的转让专利价值度相对更高，无论是企业还
是学术机构在公开年同年转让的专利价值度最低，即专利的技术信息刚刚披露
就发生转让的专利，并没有得到有效的开发转化为现实效益。对于专利的受让
方来说，要想实现利益最大化，在引进专利技术之前，不仅需要对新技术有全
面的认识并考量新技术对自身的意义，而且需要对市场需求、市场行情进行详
细的调查、分析和预测。这些工作并非一朝一夕就能完成，在没有完成对自身
和市场透彻了解的情况下盲目引进新技术，很有可能会遇到无效益发明，浪费
自身资源。

六、主要结论

本文的创新之处在于，利用 IncoPat 专利信息平台检索到申请年在 2019 年
之前企业和学术机构发生转让的 474 893 条发明授权专利，借助该平台专利价
值度计算功能，分析企业与学术机构的转让专利在不同的申请-转让间隔年限、
公开-转让间隔年限下专利的数量和价值度的变化特征。文中的发现对提高专
利转让的成功率和时效、加快科技成果转化、促进社会经济的发展，具有重要
的理论意义和现实意义。

研究结果发现，企业专利的转让数量及价值度均高于学术机构；企业和学

术机构发生转让的专利技术领域有很大重叠；在统计的转让专利中企业专利在申请后第 2 年及公开同年发生转让的数量最多，学术机构在申请后第 3 年及公开后 1 年转让的专利最多；企业和学术机构转让与公开同年的专利价值度最低。鉴于研究发现，建议有意向转让专利的申请人根据市场行情把握最佳的专利申请及公开时机，从而使效益最大化。专利受让方应该结合自身技术转化能力及对市场前景的预期，在对专利技术有了较为全面的认识后，再决定是否引进新技术，避免无效益发明浪费资源。

第五节　美国在华专利转让网络研究

一、背景与意义

当今世界，全球化日益加剧，国际合作越来越密切，知识产权在国际市场竞争中发挥着越来越重要的作用。知识产权作为抢占市场、获取竞争优势的战略技术资源，决定了各国在全球的分工。随着中国知识产权保护制度的建立与不断完善，中国营商环境的不断优化发展，域外企业在华申请专利的活动也越来越活跃。外国在华专利申请的逐年增长既有消极的一面，又有积极的一面：消极的一面是，不仅会对我国知识产权制度的发展带来压力，而且会使国内企业在技术密集型产品市场上面临更严峻的挑战；积极的一面是，专利文件的公开，克服了中国企业获取国外技术信息的语言障碍和地理距离的限制，技术外溢效应对提高国内企业的生产效率、促进国内企业技术创新与进步具有积极的作用。

域外申请人在华专利申请行为近年来引起了学者们的广泛关注。刘霞等[79]通过分析 2001~2018 年域外在华专利申请数据，总结出外商在华专利申请趋势，发现外国在华专利主要分布在电学、化学、冶金等领域，专利权人主要集中在少数发达国家。段晓影、蔡中华等、刘小青等、唐晓云等、梁正等多位学者探讨了外国在华专利申请的驱动因素[80-84]，基于市场占领[2,85]和竞争威胁理论[86,87]，认为域外申请人在华申请专利一方面是为了占领中国市场，追求经贸投资的直接效应[86,88]，另一方面也是为了限制国际上其他竞争对手，达到间接效应的目的[81,89]。但刘小青通过引入出口额这一变量，利用负二项回归模型证明了外国在华申请专利的首要目的是避免本国市场受到中国企业出口的损害，其次才是保护该产品的中国市场。张瑜等、简南红、宋河发等学者深入研究了外国在华的专利战略，认为发达国家通过制定行业标准、设置专利壁垒使专利成为获取垄断利润的新手段，通过设置专利陷阱、诉讼侵权等手段获取不正当收益，中国还需调整政策和制度积极应对外国的专利战略[20,90-92]。

已有的关于域外在华专利活动的研究成果更多的是关注了域外在华的专利申请行为及其驱动因素，关于在华专利的转让的研究却较少。从专利转让数据分析，外国公司一般不会向我国转让其核心先进技术，这可能出于两个方面原因。首先，基于交易的内部化理论。如果在企业内部进行交易，行政调配代替市场发挥作用，不仅可以降低交易成本，而且可以提高交易效率。相比中国企业，域外公司更倾向将专利技术转让给它的分支公司或子公司。这样一方面可以克服中间市场不完全对其利益的损害，另一方面保证了其核心技术的垄断地位。其次，专利战略联盟的出现也是阻碍技术向我国转移的重要因素。域外公司之间通过技术合作、专利相互许可联合在一起，形成专利战略联盟，技术交流使联盟各成员的研发能力和竞争力日益加强，共同占据大部分市场，而发展中国家却经常被排除在外，专利联盟的形成抑制了发展中国家的技术发展，使其遭受巨大的经济损失。

本文拟基于美国在华"数字通信"产业技术领域专利转让数据，即国民经济行业分类 I63 大类——电信、广播电视和卫星传输服务（简称"数字通信"领域），探索域外在华专利申请获得授权之后，是否发生了转让行为？若发生了转让行为，域外申请人是否将其专利主要转让给了中国的公司？转让网络在不同发展阶段是如何演进的？网络主体与网络结构呈现出哪些特征？转让行为具有怎样的时间特征，即从申请年到转让年的间隔年数是如何分布的？研究结果对我们正确把握域外在华专利申请的后续活动、客观评价域外在华专利申请对中国技术创新发挥的作用，具有重要的决策支撑作用。

二、研究设计

（一）研究思路与方法

本文关注的是域外在华专利申请获得授权之后的转让行为。首先，我们利用社会网络分析方法，通过绘制不同发展阶段的专利转让网络，比较网络演进过程中主要网络指标的变化，揭示网络的演进趋势和特征。进一步地，文中结合网络中的主要节点，揭示域外专利转让的主体国别特征、主体集聚度和网络中的关键主体；通过计算在华专利申请年到转让年的间隔年数，揭示其转让行为的时间特征。

我们选择中介中心度指标（betweeness centrality），识别网络中的关键主体。依据 Freeman 于 1979 年提出的中介中心性理论[93, 94]，如果网络中的一个行动者是其他很多行动者之间发生联系的桥梁，则该行动者对其他行动者之间的沟通和交流发挥着重要的中介作用和纽带作用；缺少了该行动者，整个网络可能断开，不再相互连接。在专利转让网络中，中介度较高的行动者，在整个网络中发挥的就是这种桥梁和纽带作用，成为网络中的关键主体，对其他主体间的专利转让活动发挥着促进和推动作用。由于专利转让网络中的主体分为转让人和受让人两种类型，因此中介度较高的关键主体可能是转让人，也可能是受让人。

（二）研究样本的选择

本文的样本数据为美国在华"数字通信"领域的专利转让数据。我们采取以下步骤获取该样本数据。首先，选择中国发明授权，即专利受理局为中国国家知识产权局，专利类型为发明授权。第二，在日期检索项目下，选择授权日具体为 2019 年 12 月 31 日之前授权的专利；美国在该期间在华获得的授权专利累计数量如图 3-26 所示。第三，在申请人国别检索项目下，选择美国；至此，即获得了美国在华发明授权专利数量。第四，在法律事件检索项目下，选择转让；我们选择 2019 年 12 月 31 日前已经完成转让法律行为登记的数据。第五，国民经济行业分类选择 I63 大类——（电信、广播电视和卫星传输服务）。于是，我们获得了美国在华"数字通信"领域的全部专利转让数据，共 6876 件专利，共计转让了 8979 件次。转让次数多于专利数是由于有的专利会被转让两次以上。这些转让专利累计数量的分布如图 3-27 所示。数据检索于科技创新情报专利信息平台 IncoPat，数据检索时间为 2020 年 2 月 6～16 日。

图 3-26 显示，美国在华"数字通信"领域获得授权专利数据整体呈现出明显的上升发展势头。1988 年，美国获得了 6 项在华专利授权，专利权人分别为国际标准电气公司、RCA 公司、亚特兰大科研公司、美国无线电公司和摩托罗拉公司。其中，国际标准电气公司获得了两项专利授权，其他公司分别获得一项专利授权。在 2001 年之前，美国每年获得的在华专利授权数量都比较少；2002 年开始增长较快；之后逐渐呈现出快速、稳步的增长发展势头；2019 年，美国获得在华授权专利累计数量已经超过 33 000 项。

虽然我们把检索条件设置为授权日在 2019 年 12 月 31 日前，但实际上得到的美国在华"数字通信"领域的转让专利数据分布于 2001～2019 年。图 3-27 显示，2001～2009 年的年度专利转让数据相对较少，我们将其划分为第一阶段；2010～2019 年为第二阶段。第一阶段共有 557 件专利；第二阶段共有 6 319 件专利。2019 年 12 月 31 之前，美国共获得在华"数字通信"领域授权专利 33 186 件，其中发生转让的专利数量为 6 876 件，转让率为 20.72%。

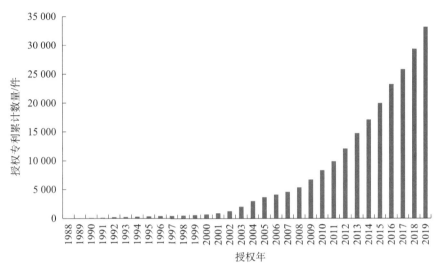

图 3-26 美国在华"数字通信"领域获得授权专利累计数

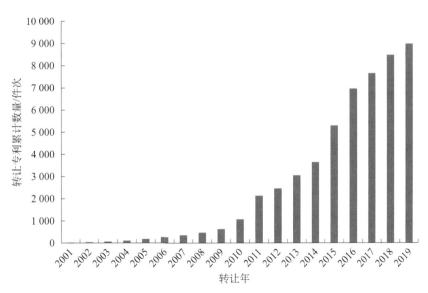

图 3-27 美国在华"数字通信"领域的专利转让累计数

三、美国在华专利转让网络演进

（一）第一阶段（2001～2009 年）网络

在获取 2001～2009 年美国在华"数字通信"领域的转让专利数据的基础上，我们进一步获取了转让人-受让人矩阵数据。由于专利转让涉及的转让方与受让方主体众多，为揭示主要的转让关系和转让活动中的主体，同时避免计算过程的数据溢出[95]，保证得到比较清晰的网络可视化效果，我们选择了前 100 位转让人与前 100 位受让人的有向网络矩阵数据，运用社会网络分析软件 Ucinet 及其网络绘制工具 Netdraw，绘制了如图 3-28 所示的第一阶段（2001～2009 年）美国在华"数字通信"领域的专利转让网络。在构建转让网络的过程中，文中保留与两个以上其他主体存在关系的节点（K-core＞2），节点的大小依据中介度的大小绘制[96]。在此基础之上，文中去掉了网络中的几个孤点和节点很少的几个子网络，保留了网络中的最大的两个子网络。在网络中，圆形的节点代表转让人，方形的节点代表受让人；箭头由转让人指向受让人；箭头的大小与连线的粗细成正比关系；连线越粗，箭头越大，表明其连接的两个主体之间的转让次数越多。

图 3-28 显示，在 2001～2009 年美国在华"数字通信"领域的专利转让网络中，不仅中介度较高的关键节点代表的都是国外的公司，且以美国的公司居多；而且网络中其他的全部节点都是国外公司。高通股份有限公司作为受让人，在最大的子网络中居于核心地位，对该阶段美国在华专利转让发挥了重要的中介和促进作用。国际商业机器公司与美国博通公司是该阶段重要的转让人。安华高科技通用 IP（新加坡）公司（受让人）、LSI 逻辑公司（转让人）、诺基亚公司（转让人）、思科技术公司（受让人）和英特尔公司（转让人）等，也在第一阶段的网络中占据重要的位置。苹果公司（受让人）在第一阶段的网络中还没有占据显要地位。

（二）第二阶段（2010～2019 年）网络

在第二阶段，美国在华"数字通信"领域的转让专利数据共计 6319 件，几乎是第一阶段转让数量的 11 倍。同样方法，我们在选取了该阶段前 100 个转让人与前 100 个受让人的有向网络矩阵数据后，绘制了如图 3-29 所示的第二阶段美国在华"数字通信"领域的专利转让网络，图示效果选择了中介度。我们去掉了网络中的几个孤点，保留了网络中的最大子网络。

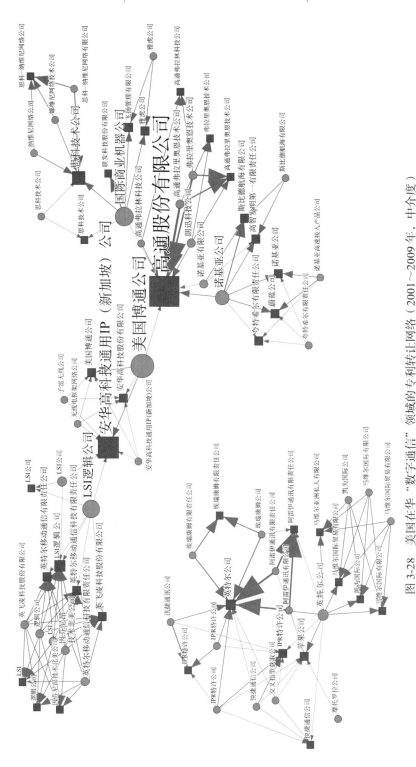

图 3-28 美国在华"数字通信"领域的专利转让网络（2001~2009 年，中介度）

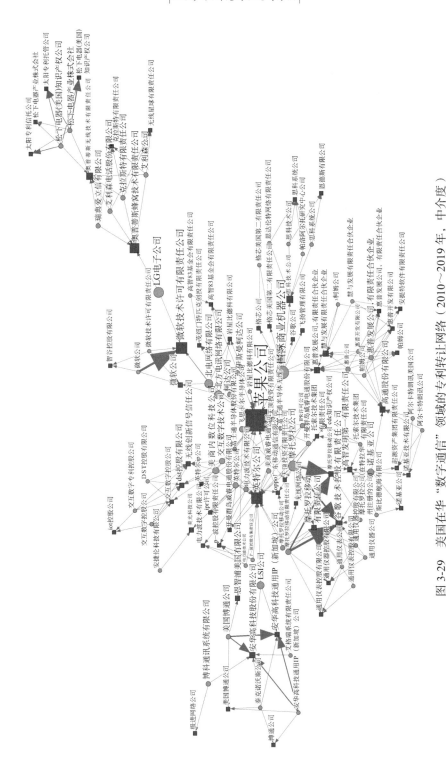

图 3-29 美国在华"数字通信"领域的专利转让网络（2010～2019 年，中介度）

图 3-29 显示，2010～2019 年的美国在华"数字通信"领域的专利转让网络整体上比第一阶段更加复杂与密集了。苹果公司作为受让人，位于网络的核心位置，在主要转让人和受让人的专利转让活动中发挥了重要的中介和纽带作用。国际商业机器公司（转让人）、英特尔公司（受让人）、微软技术许可有限责任公司（受让人）、LG 电子公司（转让人）、摩托罗拉公司（转让人）、奥普蒂斯蜂窝技术有限责任公司（受让人）和北方电讯网络有限公司（转让人）等，也都在网络中占据着重要的地位，是该阶段专利转让活动中的重要主体。

（三）网络中的关键主体

我们选择中介度指标来识别网络中的关键主体，以确定美国在华"数字通信"领域专利转让的关键主体。表 3-21 列出了图 3-28 和图 3-29 中中介度较高的节点及其中介度。

表 3-21　两个阶段网络中中介度较高的节点

第一阶段（2001～2009 年）		第二阶段（2010～2019 年）	
公司名称	中介度	公司名称	中介度
高通股份有限公司（受让人）	0.070	苹果公司（受让人）	0.301
国际商业机器公司（转让人）	0.044	国际商业机器公司（转让人）	0.166
美国博通公司（转让人）	0.043	英特尔公司（受让人）	0.117
安华高科技通用 IP（新加坡）公司（受让人）	0.037	微软技术许可有限责任公司（受让人）	0.116
LSI 逻辑公司（转让人）	0.026	LG 电子公司（转让人）	0.099
诺基亚公司（转让人）	0.021	摩托罗拉公司（转让人）	0.095
思科技术公司（受让人）	0.013	奥普蒂斯蜂窝技术有限责任公司（受让人）	0.093
LSI 逻辑公司（受让人）	0.009	北方电讯网络有限公司（转让人）	0.068
英特尔公司（转让人）	0.009	北电网络有限公司（转让人）	0.068
英特尔公司（受让人）	0.008	LSI 逻辑公司（转让人）	0.058
苹果公司（受让人）	0.006	奥普蒂斯无线技术有限责任公司（受让人）	0.053

表 3-21 显示，整体来看，第一阶段网络的关键主体的中介度远远低于第二阶段。第一阶段中介度最高的高通股份有限公司，没有出现在第二阶段具有较高中介度的关键主体中。第二阶段中介度最高的是苹果公司，是以受让人身份获得了最高的中介度。国际商业机器公司在两个阶段都是以转让人，占据了排名第二位的关键主体位置。

（四）两个阶段其他主要网络指标比较

为了更准确地把握两个阶段的美国在华"数字通信"领域的专利转让网络的演进特征，我们进一步分析了两个阶段网络的主要指标。主要指标的含义及其在两个阶段的数值如表 3-22 所示。

表 3-22　两阶段主要网络指标比较

指标	指标含义	第一阶段	第二阶段
点中心度（node degree）	与某点直接相连点的个数	0.075	0.084
出度中心度（out degree）	出度就是从某节点出发而到达的受让方个数	0.074	0.083
入度中心度（in degree）	入度就是指向某节点的转让方个数	0.095	0.154
密度（density）	网络中节点间相互连边的密集程度	0.027	0.029
碎片化（fragmentation）	网络完整性程度	0.069	0.135
平均距离（distance）	网络中两点互联所要走过的最少边的数量	4.453	4.167
依赖性（dependency）	网络中节点的相互依赖程度	31843	27107
互惠性（reciprocity）	有向图中双向连接的边占所有边的比例	0.03	0.042

表 3-22 显示，除了平均距离与依赖性两个指标外，其他指标的数值在第二阶段都比在第一阶段高。这说明，网络中节点之间的联系越来越紧密、专利转让方和受让方越来越多元化、网络密度越来越高、网络的发展趋向于更具完整性和互惠性。平均距离的指标表明了随着网络的演进，网络中节点的距离变短了。依赖性指标表明随着网络转让方和受让方更加多元化地发展，网络节点的依赖性变弱了，节点有更多元的选择技术交易机会。

四、主体与时间特征分析

（一）受让方国别

为了更准确地把握美国在华"数字通信"领域专利转让的去向，回答美国获得的在华授权专利是否转让给了中国本土的公司，我们详细查看了全部转让数据中的"受让人"信息。得到的结果是，美国在华"数字通信"领域获得的授权专利，在发生转让的时基本上都转让给了外国的公司，且主要是美国的公司。我们只发现表 3-23 中所列的三件专利转让给了中方的受让人华为技术有限公司。

表 3-23　美国在华"数字通信"领域专利转让中的三例"中国受让人"相关信息

专利公开号	发明名称	执行日	转让人	受让人
CN101729118B	发送控制方法	2013 年 7 月 30 日	夏普株式会社	华为技术有限公司
CN101286763B	一种有效的回波抑制器	2013 年 1 月 21 日	高扬	华为技术有限公司
CN1298122C	使用可变长度数据包的单点对多点无源光网络	2009 年 8 月 7 日	艾劳普提克公司	华为技术有限公司

（二）主体集聚度

为了把握美国在华"数字通信"领域专利转让两个阶段的主体集聚度变化情况，我们分别选取两个阶段的前 10 位转让人、受让人及其相应的转让 / 受让专利数量和占比，并汇总前 10 位转让人和受让人专利交易数量与占比，得到的结果如表 3-24 和表 3-25 所示。

表 3-24　第一阶段主体集聚度与主要主体

序号	转让人	专利数量 / 件	占比 /%	序号	受让人	专利数量 / 件	占比 /%
1	国际商业机器公司	45	8.08	1	高通股份有限公司	60	10.77
2	摩托罗拉公司	32	5.75	2	英特尔公司	54	9.69
3	高通弗拉里奥恩技术公司	32	5.75	3	阿雷伊通讯有限责任公司	25	4.49
4	阿雷伊通讯有限责任公司	25	4.49	4	赛德娜专利服务有限责任公司	19	3.41
5	阿雷伊通讯有限公司	24	4.31	5	思科技术公司	18	3.23
6	弗拉里奥恩技术公司	22	3.95	6	高通弗拉里奥恩技术公司	16	2.87
7	诺基亚公司	22	3.95	7	斯比德航海有限公司	15	2.69
8	发现通讯公司	17	3.05	8	联发科技股份有限公司	12	2.15
9	思科-纳维尼网络有限公司	13	2.33	9	自由度半导体公司	12	2.15
10	英特尔公司	12	2.15	10	飞塔公司	12	2.15
	总计	244	43.81		总计	243	43.63

表 3-24 显示，第一阶段前 10 位转让人转让的专利数量之和占全部转让数量的 43.81%。其中，单个转让人转让数量占比超过 5% 的有三位转让人：国际商业机器公司、摩托罗拉公司和高通弗拉里奥恩技术公司。第一阶段前 10 位受让人转让的专利数量之和占全部受让数量的 43.63%。其中，单个受让人受让数量占比超过 5% 的有两位受让人：高通股份有限公司和英特尔公司。高通股份有限公司同时兼具排名第一的受让人和转让人，对第一阶段的技术交易发

挥了重要的作用。

表 3-25　第二阶段主体集聚度与主要主体

序号	转让人	数量/件	占比/%	序号	受让人	数量/件	占比/%
1	微软公司	1169	18.50	1	微软技术许可有限责任公司	1164	18.42
2	摩托罗拉移动有限责任公司	1145	18.12	2	谷歌技术控股有限责任公司	1143	18.09
3	摩托罗拉公司	1063	16.82	3	摩托罗拉移动公司	1103	17.46
4	美国博通公司	511	8.09	4	安华高科技通用 IP（新加坡）公司	523	8.28
5	安华高科技通用 IP（新加坡）公司	418	6.61	5	安华高科技股份有限公司	430	6.80
6	松下电器产业株式会社	378	5.98	6	松下电器（美国）知识产权公司	348	5.51
7	松下电器（美国）知识产权公司	309	4.89	7	苹果公司	239	3.78
8	国际商业机器公司	189	2.99	8	太阳专利托管公司	181	2.86
9	联合视频制品公司	106	1.68	9	英特尔公司	178	2.82
10	UV 公司	105	1.66	10	慧与发展有限责任合伙企业	154	2.44
	总计	5393	85.35		总计	5463	86.45

表 3-25 显示，第二阶段前 10 位转让人转让的专利数量之和占全部转让数量的 85.35%。其中，单个转让人转让数量占比超过 10% 的有三位转让人：微软公司、摩托罗拉移动有限责任公司和摩托罗拉公司。另外，还有转让数量占比超过 5% 的有三位转让人：美国博通公司、安华高科技通用 IP（新加坡）公司和松下电器产业株式会社。第二阶段前 10 位受让人受让的专利数量之和占全部受让数量的 86.45%。其中，单个受让人受让数量占比超过 10% 的有三位受让人：微软技术许可有限责任公司、谷歌技术控股有限责任公司和摩托罗拉移动公司。还有受让数量占比超过 5% 的有三位受让人：安华高科技通用 IP（新加坡）公司、安华高科技股份有限公司和松下电器（美国）知识产权公司。

（三）转让的时间特征

为了更好地理解美国在华专利战略，时间维度的分析是一项重要内容，它会帮助我们把握美国在华专利转让的时间特征与趋势，进而对未来一段时间内美国在华专利的转让情况进行预测。本文中美国在华专利转让的时间特征，是指从美国申请人向我国提交专利申请到其专利转让的时间间隔，我们以申请年到转让年的间隔年数来计算。图 3-25 揭示了美国在华"数字通信"领域专利转让的时间与数量特征：申请年到转让年的间隔年数与专利转让数量之间的关系。

图 3-30 显示，当申请年到转让年的间隔年数为 5～10 年左右时，转让专利的数量非常多；当间隔年数在 10～15 年左右时，也有大量的专利发生转让。我们计算得到的从申请年到转让年的平均间隔年数是 10.14 年。为了更准确地把握美国在华"数字通信"领域的专利转让时间特征，我们划分了几个时间段：2.5～5 年、6～10 年、11～15 年和 16 年及以上。每个时间段转让的专利占全部转让专利的比例如表 3-26 所示。

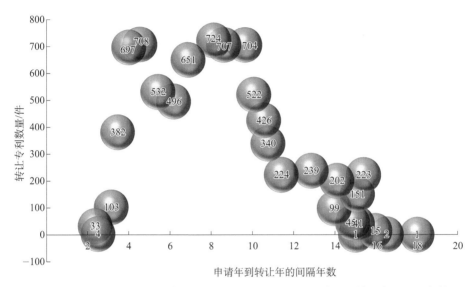

图 3-30 美国在华"数字通信"领域的专利转让时间：申请年到转让年的间隔年数

表 3-26 转让的时间间隔与对应的转让专利数量占比

申请-转让时间间隔	转让专利数量占比 /%
2.5～5 年	27.39
6～10 年	58.77
11～15 年	13.81
16 年及以上	0.04

表 3-26 显示，接近 60% 的专利转让行为发生于在华申请之后的 6～10 年；27% 左右的专利转让行为发生于在华申请之后的 2.5～5 年；14% 左右的专利转让行为发生于在华申请之后的 11～15 年；另外还有很小一部分的专利转让行为发生于在华申请的 16 年及之后。

五、结论与启示

域外在华专利申请受到学者们的广泛关注。本文的创新之处在于，我们深度分析了域外在华专利申请获得授权之后的后续转让行为的特征与趋势。利用美国"数字通信"领域专利在华专利转让数据，构建了不同发展阶段的专利转让网络，揭示了专利转让网络的演进特征。第二阶段（2010～2019 年）的专利转让网络相比于第一阶段（2001～2009 年）的转让网络，节点的联系越来越紧密、转让方和受让方越来越多元化、网络密度越来越高、网络的发展趋向于更具完整性和互惠性、平均距离变短、网络节点的依赖性变弱。受让方国别特征分析结果揭示了美国在华专利申请获得授权之后的转让特点，即基本上没有转让给中国的公司，而是转让给了外国公司，尤其是美国公司。转让主体集聚度分析结果显示，第二阶段专利转让主体的集聚度大大提高了：无论是转让方还是受让方，前 10 位所涉及的专利数量占该阶段总数的 85% 左右，而在第一阶段前 10 位所涉及的专利数量占该阶段总数的比例大约为 43%。转让的时间特征分析显示，从申请年到转让年的平均间隔年数是 10.14 年，其中接近 60% 的专利的转让行为发生于在华申请之后的 6～10 年。美国在华专利战略部署的时间一般比较长，按照从申请年到转让年的平均间隔年数是 10 年计算的话，美国在华获得的授权专利的显著增长必定会带来下一步越来越多的在华专利转让行为的发生。

如今，数字通信已经成为人们的主要通信方式，在教育、军事、农业、制造业等领域均发挥着重要作用。随着 5G 技术的发展与普及，数字通信将会成为更多高新技术的基础[97]。转让数据显示，美国已将数字通信领域的专利与垄断联系起来，用以限制竞争、占领市场，轻易不会将专利转让给中国企业。基于市场占领和专利保护的地域性理论，美国"数字通信"领域专利在华专利行为充分揭示了美国利用其数字通信技术领先优势抢占中国市场的动机和目的。基于竞争威胁理论，美国"数字通信"领域在华专利转让行为则揭示了美国对其拥有知识产权的重要领域的专利技术的严格掌控，以使其自己拥有垄断地位，防止他国赶超。随着时间的推移，美国的大型跨国越来越集中地控制了美国在华专利的技术交易。

通过对域外在华专利转让网络中的转让人、受让人进行研究，可以看出中国在数字通信领域很难获得外部的技术资源，域外企业已经形成专利战略联盟来抢占中国市场，以实现技术垄断，中国企业将面临更严峻的挑战和更复杂的专利纠纷。我国相关部门应该调整政策制度，增进与美国政府和企业的交流，尽量避免不必要的纠纷，加强中美两国技术交流合作实现共赢。

本章参考文献

［1］Hirschey M, Richardson V J. Are scientific indicators of patent quality useful to investors?［J］. Journal of Empirical Finance, 2004, 11(1): 91-107.

［2］Grimaldi M, Cricelli L, Di Giovanni M, et al. The patent portfolio value analysis: A new framework to leverage patent information for strategic technology planning［J］. Technological Forecasting and Social Change, 2015, 94: 286-302.

［3］孟庆华，刘洋，孟昱嘉 . 高质量专利的代理费用模型设计与分析——基于专利权利要求项的数量及布局［J］. 河南科技 . 2021，40（27）：130-134.

［4］施晴，王芸，徐宏，等 . 基于专利转化的高校生物医药专利质量评价研究［J］. 科技管理研究，2019，39（11）：139-145.

［5］梅华斌 . 提高高职院校专利成果转化的建议［J］. 宏观经济管理，2017，（S1）：361-362.

［6］申轶男 . 基于转移转化的高校科技成果价值评估研究［J］. 科技管理研究，2018，38（19）：96-100.

［7］Burke P F, Reitzig M J R P. Measuring patent assessment quality: Analyzing the degree and kind of (in) consistency in patent offices' decision making［J］. Research Policy, 2007, 36(9): 1404-1430.

［8］朱雪忠，万小丽 . 竞争力视角下的专利质量界定［J］. 知识产权，2009，19（4）：7-14.

［9］阎慰椿 . 专利代理人胜任特征模型及应用研究［D］. 大连：大连理工大学硕士学位论文，2015.

［10］宋河发，穆荣平，陈芳 . 专利质量及其测度方法与测度指标体系研究［J］. 科学学与科学技术管理，2010，31（4）：21-27.

［11］Fritsch M, Kauffeld-Monz M. The impact of network structure on knowledge transfer: An application of social network analysis in the context of regional innovation networks［J］. The Annals of Regional Science, 2010, 44: 21-38.

［12］徐棣枫，张迩瀚 . 论我国专利确权制度的改革路径：从"行政一元制"到"行政与司法二元制"［J］. 重庆大学学报（社会科学版），2022，28（2）：183-194.

［13］吴红，付秀颖，董坤 . 专利公信力影响因素实证分析与建议［J］. 图书情报工作，2013，57（14）：87-91.

［14］韩福桂，佟振霞 . 高质量专利的成长之路：源于发明人、专利代理人和审查部门的多方合力［J］. 中国发明与专利，2016，（3）：59-62.

［15］Sims C A. Macroeconomics and reality［J］. Econometrica: Journal of the Econometric Society, 1980, 48(1): 1-48.

［16］Wagner R P. Understanding patent-quality mechanisms［J］. University of Pennsylvania Law Review, 2009, 157(6): 2135-2173.

［17］宋河发. 全球最大 500 家跨国公司在华专利战略的特点、问题与对策［J］. 中国科技论坛, 2005, (6): 71-75, 27.

［18］Prud'homme D. Dulling the Cutting Edge: How Patent-Related Policies and Practices Hamper Innovation in China［M］. Beijing: European Chamber, 2012.

［19］de Saint-Georges M, de la Potterie B P. A quality index for patent systems［J］. Research Policy, 2013, 42(3): 704-719.

［20］Schankerman M, Pakes A. Estimates of the value of patent rights in European countries during the post-1950 period［J］. The Economic Journal, 1986, 96(384): 1052-1076.

［21］Thomas J R. The responsibility of the rulemaker: Comparative approaches to patent administration reform［J］. Berkeley Tech, 2002, 17: 727-761.

［22］Philipp M. Patent filing and searching: Is deflation in quality the inevitable consequence of hyperinflation in quantity?［J］. World Patent Information, 2006, 28(2): 117-121.

［23］靳军宝, 曲建升. 我国与主要科技强国专利产出发展态势分析［J］. 科技管理研究, 2019, 39 (19): 7-15.

［24］詹卓. 我国高校专利质量综合评价研究［D］. 武汉: 华中师范大学硕士学位论文, 2014.

［25］毛昊. 中国专利质量提升之路: 时代挑战与制度思考［J］. 知识产权, 2018, (3): 61-71.

［26］Scotchmer S. Patent quality, patent design, and patent politics［J］. Remarks before the European Patent Office as a member of the Advisory Group, European Patent Office, Munich, 2004, 10: 56-64.

［27］程良友, 汤珊芬. 我国专利质量现状, 成因及对策探讨［J］. 科技与经济, 2006, (6): 37-40.

［28］黄微. 基于专利质量测度的企业专利产出效率研究［D］. 长春: 吉林大学博士学位论文, 2008.

［29］Carpenter M P, Narin F, Woolf P. Citation rates to technologically important patents［J］. World Patent Information, 1981, 3(4): 160-163.

［30］Albert M B, Avery D, Narin F, et al. Direct validation of citation counts as indicators of industrially important patents［J］. Research Policy, 1991, 20(3): 251-259.

［31］Ernst H. Patent information for strategic technology management［J］. World Patent Information, 2003, 25(3): 233-242.

［32］Merges R P. Commercial success and patent standards: Economic perspectives on innovation ［J］. California Law Review, 1988, 76(4): 803-876.

［33］Hicks D, Breitzman T, Olivastro D, et al. The changing composition of innovative activity in the US: A portrait based on patent analysis［J］. Research Policy, 2001, 30(4): 681-703.

［34］赖朝安，徐翠璐. 一种基于专利分析的技术成熟度评估算法［J］. 科研管理，2017, 38（S1）：237-243.

［35］张黎，李倩. 基于直觉模糊层次分析法的专利质量模糊综合评价［J］. 科技管理研究，2019，39（7）：85-92.

［36］伍绍青，桂科，刘江南. 支持规避设计的海量专利质量评价模型［J］. 工业工程，2019，22（3）：86-92，109.

［37］王磊. 面向科技创新能力评估的高校专利质量评价研究［D］. 天津：天津大学硕士学位论文，2012.

［38］乔永忠，王卓琳. 不同类型专利权人获得中国专利金奖的发明专利质量研究［J］. 情报杂志，2018，37（10）：120-125.

［39］马翔，张春博，杨阳，等. 专利代理机构对专利质量的影响研究：基于对1997年发明专利整个保护期的追踪［J］. 情报杂志，2019，38（2）：84-90，171.

［40］王萧萧，朱桂龙. 产学合作提升专利质量了吗？［J］. 科学学研究，2019，37（8）：1461-1470，1516.

［41］乔永忠，邓思铭. 创新主体类型对中国专利奖获奖专利运用能力影响研究：以不同地区为视角［J］. 情报学报，2019，38（5）：473-481.

［42］刘新华. 浅议国有企业党校强化党性教育的三个重点［J］. 石油化工管理干部学院学报，2017，19（6）：15-18.

［43］Ping Z, Yuan L. On the Reform of State-Owned Enterprises Through Ownership Diversification and Personalization［M］. Beijing: China Aviation Industry Press, 2002.

［44］Xu L, Zhu T, Lin Y M. Politician control, agency problems and ownership reform: Evidence from China［J］. Economics of Transition, 2005, 13(1): 1-24.

［45］Fan M Y. Theory and practice of property right system reform of state-owned enterprises[C]. //Lee G, ed. 2014 4th International Conference on Education and Education Management. Newark: Information Engineering Research Inst, USA, 2014:219-222.

［46］Yuan L S. Study of Incentive Mechanism of State-owned Enterprises' Operators Which Based on Property Rights of Human Capital［M］. Marrickville: Aussino Acad Publ House, 2008.

［47］Bai C E, Li D D, Tao Z, et al. A multitask theory of state enterprise reform［J］. Journal of Comparative Economics, 2000, 28(4): 716-738.

［48］Gu E X. Beyond the property rights approach: Welfare policy and the reform of state-owned enterprises in China［J］. Development and Change, 2001, 32(1): 129-150.

［49］Enderle G. Integrating the ethical dimension into the analytical framework for the reform of state-owned enterprises in China's socialist market economy: A proposal［J］. Journal of Business Ethics, 2001, 30(3): 261-275.

［50］Lin Z P. Bureaucratic Behavior and State-owned Enterprise Reform in the Early 21st Century［M］. Wuhan: Wuhan University Technology Press, 2006.

［51］Schumpeter J A. Theory of Economic Development［M］. London: Routledge, 2017.

［52］Solow R M. Technical change and the aggregate production function［J］. The Review of Economics and Statistics, 1957, 39(3): 312-320.

［53］Davis L E, North D C, Smorodin C. Institutional Change and American Economic Growth［M］. Cambridge: CUP Archive, 1971.

［54］Freeman C. The challenge of new technologies［J］. Interdependence and Cooperation in Tomorrow's World, 1987: 123-156.

［55］张凤海，侯铁珊. 技术创新理论述评［J］. 东北大学学报：社会科学版，2008，10（2）：5.

［56］Bruns T, Stalker G M. The management of innovation［J］. London, UK: Tavistock,（pp. 120-122)1961.

［57］von Hippel E. The dominant role of users in the scientific instrument innovation process［J］. Research Policy, 1976, 5(3): 212-239.

［58］姚庆国，郝俊英. 国内外技术创新管理研究述评［J］. 中小企业管理与科技（下旬刊），2017，（2）：34-35.

［59］周衍平，左弈. 企业专利运营绩效评价体系建构研究［J］. 山东社会科学，2019，（1）：147-153.

［60］Yuan D C, Wang M. The Management Mode of University Patent Operation Based on the Competitive Advantage Theory［M］. Wuhan: Wuhan University Technology Press, 2017.

［61］崔惠敏. 广东省高校专利运营能力情报分析：以专利运营能力前10所高校为例［J］. 科技管理研究，2018，38（19）：108-116.

［62］牛青波，叶军. 轴承行业专利运营工作的实践与思考［J］. 轴承，2019，（4）：66-69.

［63］梅术文，朱南茜. 基于军民融合的专利运营研究［J］. 科学学研究，2018，36（6）：984-990.

［64］刘政，罗如意，钱种明，等. 非专利实施主体的发展及其对我国专利运营模式的启示［J］. 科技管理研究，2018，38（7）：200-205.

［65］张亚峰，刘海波，吕旭宁．专利运营的基本规律：多案例研究［J］．研究与发展管理，2016，28（6）：126-134.

［66］魏瑞斌．社会网络分析在关键词网络分析中的实证研究［J］．情报杂志，2009，28（9）：46-49.

［67］张琳，梁立明，刘则渊，等．基于期刊聚类与SOOI分类体系的科学结构研究［J］．科学学研究，2012，30（9）：1292-1300.

［68］Lu M, Qu Z, Wang M, et al. Recommending authors and papers based on ACTTM community and bilayer citation network［J］．中国通信，2018, 15(7): 111-130.

［69］Volpi F, Clark J A. Activism in the Middle East and North Africa in times of upheaval: Social networks' actions and interactions［J］．Social Movement Studies, 2019, 18(1): 1-16.

［70］Gui Q, Liu C, Du D. Does network position foster knowledge production? Evidence from international scientific collaboration network［J］．Growth and Change, 2018, 49(4): 594-611.

［71］Balaman Ş Y, Wright D G, Scott J, et al. Network design and technology management for waste to energy production: An integrated optimization framework under the principles of circular economy［J］．Energy, 2018, 143: 911-933.

［72］Hirai A H, Sappenfield W M, Ghandour R M, et al. The collaborative improvement and innovation network (CoIIN) to reduce infant mortality: An outcome evaluation from the US South, 2011 to 2014［J］．American Journal of Public Health, 2018, 108(6): 815-821.

［73］Barão A, de Vasconcelos J B, Rocha Á, et al. A knowledge management approach to capture organizational learning networks［J］．International Journal of Information Management, 2017, 37(6): 735-740.

［74］Borgatti S P, Everett M G, Freeman L C. Ucinet for windows: Software for social network analysis［J］．Analytic Technologies, 2002, 6: 12-15.

［75］汪小帆，李翔，陈关荣．网络科学导论［M］．北京：高等教育出版社，2012.

［76］袁晓东，孟奇勋．开放式创新条件下的专利集中战略研究［J］．科研管理，2010，31（5）：157-163.

［77］常利民．我国专利运营对策研究［J］．电子知识产权，2014，（8）：70-73.

［78］袁慧，马建霞，王媛哲．专利运营模式发展研究及其在国内外运用的对比分析［J］．科技管理研究，2017，37（24）：159-164.

［79］刘霞，曲如晓．外商在华专利发展趋势及启示［J］．国际经济合作，2020，（3）：139-152.

［80］段晓影．外国在华申请专利的动机分析［D］．上海：华东政法大学硕士学位论文，2016.

［81］蔡中华，陈鸿，马欢．"弱保护"下的外国在华专利申请驱动因素研究：理论与实证

［J］.科学学与科学技术管理，2019，40（9）：35-47.

［82］刘小青，陈向东.外国权利人在华专利申请动机研究［J］.北京航空航天大学学报（社会科学版），2010，23（6）：65-68，76.

［83］唐晓云，赵桂芹.外国在华专利激增：市场占有还是绸缪竞争？［J］.世界经济研究，2017，（3）：97-108，136.

［84］梁正，罗猷韬.世界500强企业在华专利申请行为研究［J］.科技进步与对策，2016，33（13）：84-89.

［85］Yuan F. Market Cover, Vertical Product Differentiation and Choice Substitution of Logistics Service Quality［M］. Hangzhou: Zhejiang Gongshang University Press, 2008.

［86］Hu A G. Propensity to patent, competition and China's foreign patenting surge［J］. Research Policy, 2010, 39(7): 985-993.

［87］Grimaldi M, Cricelli L, Rogo F. Valuating and analyzing the patent portfolio: The patent portfolio value index［J］. European Journal Of Innovation Management, 2018, 21(2): 174-205.

［88］Zhang J J, Rogers J D. The technological innovation performance of Chinese firms: The role of industrial and academic R&D, FDI and the markets in firm patenting［J］. International Journal of Technology Management, 2009, 48(4): 518-543.

［89］Yang D. Arm's length and captive transactions: Patent-based view of control in internationalization［J］. International Business Review, 2012, 21(4): 575-587.

［90］张瑜，蒙大斌.外国在华专利战略的变化及应对［J］.经济纵横，2015，（2）：95-99.

［91］简南红.全球十大航空企业在华专利战略的特点及对策［J］.中国科技论坛，2016，（3）：93-99.

［92］Jiang Q L, Luan C J. Diffusion, convergence and influence of pharmaceutical innovations: A comparative study of Chinese and US patents［J］. Globalization and Health, 2018, 14: 9.

［93］Dekker H, Donada C, Mothe C, et al. Boundary spanner relational behavior and inter-organizational control in supply chain relationships［J］. Industrial Marketing Management, 2019, 77: 143-154.

［94］Freeman L C. Centrality in social networks: conceptual clarification［J］. Social Networks, 1979, (1): 215-239.

［95］张米尔，国伟，李海鹏.专利诉讼的网络分析及主体类型研究［J］.科研管理，2016，37（6）：127-133.

［96］Juliano R L. Pharmaceutical innovation and public policy: The case for a new strategy for drug discovery and development［J］. Science And Public Policy, 2013, 40(3): 393-405.

［97］侯彦军.数字通信的内容及应用发展［J］.数字通信世界，2020，（4）：166.

第四章　技术演进与技术预测研究

第一节　全球太阳能技术中心转移与核心主题演进研究

一、科学意义与国内外研究现状

探索全球太阳能技术创新发展的地理空间变迁与核心主题演进，对我们正确制定和实施新能源发展战略和政策具有重要的理论意义与实践意义。太阳能技术起源于哪个国家？在每个发展阶段，高产国家发生了怎样的变迁？核心主题是怎样演进的？本文拟对这些问题进行探讨。

世界科学中心的转移问题，一直吸引着学者们的注意力。1954 年，贝尔纳（Bernal）首次提出了世界科学中心转移[1]。汤浅光朝在 1962 年提出，如果一个国家的科学成就占同期全球科学成就的比例超过 25%，则该国就为世界科学中心[2]。赵红洲等学者根据自然科学大事年表数据进一步揭示了世界科学中心转移现象[3]。潘教峰等阐述了近现代以来意大利—英国—法国—德国—美国相继成为世界科学中心的发展趋势，并创造性地提出了促成世界科学中心的形成、演进与更替的五要素钻石模型——经济繁荣、思想解放、教育兴盛、政府有力支持等社会因素及科学成果涌现时机因素[4]。孙玉涛等分析了美国之所以能够长期占据世界科学活动中心位置是因为科学家跨国迁移，并运用诺贝尔奖获得者的数据对世界科学活动中心转移进行了实证研究[5]。已有的研究成果主要集中于科学中心的转移，近些年一些学者开始关注全球技术与产业的空间演变。O'Shaughnessy 等分析了美国太阳能产业的空间分布，揭示了美国太阳能光伏发电地区之间的差异[6]。Dincer 探索了领先国家太阳能光伏发电的潜能与政策[7]。栾春娟等探索了世界数字信息传输技术领域专利中心转移的发展趋势[8]。

技术主题演进的研究近些年引起了国内外学者的关注。Wu 等利用荷兰莱顿大学科学技术研究中心开发的 CitNetExplorer 软件[9]，探索了电化学储能技术的主题演进，其提炼主题的过程虽有一定的主观性，但由于其是依据图谱中的技术代码提取的，因此具有较强的科学性。学者们研究更多的是科学主题的演进[10-12]、技术热点[13-15]、技术发展轨迹[16-18]和技术前沿探测[19-21]等相关问题。

本文拟基于全球太阳能技术领域于 1920～2018 年发表的全部发明专利 304 530 个结果，探索在近 100 年的发展历程中，不同发展阶段的高产国家 / 地区分布，并追踪不同发展阶段核心主题的演进，以期为我国太阳能产业技术的发展提供决策参考。

二、研究方法

（一）理论框架

作为创新重要成果的专利文献，由于含有丰富的技术信息而被广泛应用于探测产业技术发展和演进的研究工作中[22, 23]。本文中的全球太阳能技术领域专利数据采集方案如图 4-1 所示。在 PatSnap 数据库完成数据检索与精炼之后，采用地图可视化和文本聚类分析方法（text clustering analysis）探索全球太阳能领域技术中心转移及核心主题演进等问题。

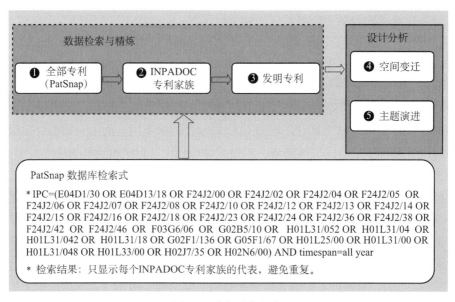

图 4-1　数据采集方案

地图可视化是以计算机科学、地图学、认知科学、信息传输学与地理信息系统为知识基础，将地图作为载体，通过直观、全面及精确的图片信息[24]，传达地理信息并揭示自然、社会及科学发展规律，从而实现认识世界的目的[25]。地图可视化技术的应用有助于信息辨别及对于信息创造和发展新次序的认知，较图表及文字介绍更直观和具有交互探究性[26]，是当前空间数据分析的重要方法与工具。本文采用的地图可视化工具为 tableau software，该软件通过即时地理编码将已有的地理位置数据和信息转化为带有 16 级缩放的丰富交互式地图，并通过本地数据在 tableau software 中的集成实现地理信息的可视化，将目标信息全面、准确地展现于地图中。

核心主题演进采用文本聚类分析方法。该方法采用的是 Lingo3G 文本研究档聚类算法（Lingo3G text document clustering algorithm）[27]。该算法具体通过短语发现（phrase discovery）和语义索引（latent semantic indexing，LSI）技术相结合，将文本分为有意义的关键词或短语组[28, 29]，即本文中的核心主题。Lingo3G 进一步使用向量空间模型（vector space model，VSM）算法来确定哪些特定关键词或短语与这些核心主题存在密切关系及其发生频次。文本聚类算法使用单词词干（word stem）来识别具有相同词根的各种单词形式[30, 31]，之后过滤掉常见的停止单词（again, the, same 等）和短语。如果专利文件与集群的核心概念有充分的相关性，则可能分为多个集群，每个集群进一步细化，形成层级结构的第二层，提供了更精细的关键词维度分析。

（二）数据检索与分布

本文的数据来源于全球专利数据库 PatSnap。该数据库深度整合了从 1790 年至今的全球 106 个国家／地区的 1.2 亿条专利数据。检索采用国际专利分类代码（international patent classification code，IPC）。由于 IPC 代码与技术领域之间并不存在非常清晰的一一对应关系，在这种情况下，要检索出某一特定技术领域的全部专利常常是一件比较困难的事情，我们根据世界知识产权组织（World Intellectual Property Organization，WIPO）最新提供的、太阳能技术领域专利的 IPC 代码进行检索，得到的检索结果最大限度地保证了查新查全。我们按照图 4-1 所示步骤进行了数据检索与精炼：第一步，选择 WIPO 提供的 IPC 代码；第二步，为了避免数据重复，选择只显示经过欧洲专利局（European Patent Office，EPO）处理的国际专利文献，即 "INternational PAtent DOCumentation" 家族（INPADOC family）和每个国际专利文献家族的一个代表专利文件（one representative per INPADOC family）；第三步，选择发明专利（invention）。最后得到 304 530 个检索结果。图 4-2 显示了全球太阳能发明专利发展趋势与发展阶段。

第一阶段（1920～1973 年）是太阳能技术的萌芽阶段。在该阶段，全球太阳能技术发展得非常缓慢，专利数量从个位数增到十位数乃至百位数，1973 年的专利数量首次超过 500 件。第二阶段（1974～1996 年）是快速发展阶段。该阶段的发展速度明显加快，1974 年的专利数量首次超过 1000 件，之后每一年都保持在 1000 件以上的发展速度，1996 年的专利数量接近 4000 件。第三阶段

（1997～2018 年）是高速发展阶段。1997 年的专利数量接近 5000 件，之后每年都在 5000 件以上，2011 年超过了 18 000 件。

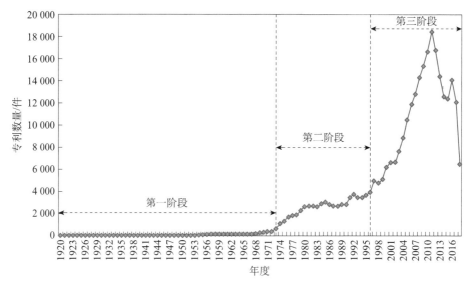

图 4-2　全球太阳能发明专利发展趋势与发展阶段

三、结果与讨论

（一）技术中心转移

全球太阳能技术发展可以分为三个阶段，技术中心的转移分别为美国—日本—中国。

在第一阶段，全球太阳能专利活动强度最高的国家是美国，美国的专利数量占比超过 30%（表 4-1）；之后是日本，专利数量占比超过 20%；而后是法国（专利数量占比为 15% 左右）和德国（专利数量占比为 12% 左右）；第 5位是英国（专利数量占比为 9% 左右）。

在第二阶段，全球太阳能技术中心转移到日本，日本的专利数量占比超过60%，遥遥领先于其他国家；美国的专利数量占比下降为 17% 左右；德国与法国的专利数量占比也都下降到 5% 以下；欧洲专利局受理的太阳能专利申请数量占比接近 2%。

在第三阶段，全球太阳能中心转移到中国。在该阶段，中国的专利数量占比超过 30%，成为太阳能专利活动最活跃的国家；日本专利数量占比也很高，占比超过 26%；美国的专利数量占比接近 20%；韩国的专利数量占比接近10%；中国台湾的专利数量占比超过 3%。

表 4-1　三个阶段太阳能专利产出前 5 名的国家 / 地区 / 组织

第一阶段（1920 ~ 1973 年）			第二阶段（1974 ~ 1996 年）			第三阶段（1997 ~ 2018 年）		
排名	国家 / 地区 / 组织	占比 /%	排名	国家 / 地区 / 组织	占比 /%	排名	国家 / 地区 / 组织	占比 /%
1	美国	30.23	1	日本	63.18	1	中国	32.16
2	日本	20.45	2	美国	17.60	2	日本	26.30
3	法国	15.22	3	德国	4.46	3	美国	19.03
4	德国	12.56	4	法国	2.18	4	韩国	9.98
5	英国	9.06	5	EPO	1.96	5	中国台湾	3.36

（二）核心主题演进

全球太阳能技术发展三个阶段的每个阶段的核心主题分布词云如图 4-3 所示。该图揭示了全球太阳能技术核心主题演化状况：热（heat）—半导体层（semiconductor layer）—太阳能电池（solar cell）。

在发展速度低缓、时间漫长的第一阶段，人们已经认识到来自太阳系的热这种宝贵资源，开始好奇、关心、急于探索开发利用这种宝贵资源——太阳能。围绕如何采集、开发、利用来自太阳的热能而发展了半导体器件、P-N 结、基底、电发光、发光二极管等专利技术（表 4-2）。在第二阶段，半导体层（semiconductor layer）成为太阳能技术发展的核心主题。同时，该阶段还新出现了液晶、薄膜、绝缘薄膜、像素电极、太阳能电池、太阳能充电器等新兴技术。在第三阶段，太阳能电池（solar cell）是最近发展阶段中最核心的太阳能技术主题。此外还有显示设备、半导体层、太阳能发电、阵列基板、蓄电池组、光伏组件等新兴技术。

表 4-2　三个阶段太阳能技术前 10 核心主题

排名	第一阶段（1920 ~ 1973 年）		第二阶段（1974 ~ 1996 年）		第三阶段（1997 ~ 2018 年）	
	主题	数量 / 个	主题	数量 / 个	主题	数量 / 个
1	heat	316	semiconductor layer	1995	solar cell	1178
2	semiconductor device	278	liquid crystals	1810	display device	1070
3	P-N junction	167	thin film	1447	semiconductor layer	931
4	substrate	167	insulation film	1409	power generation	637
5	electroluminescence	157	LEDs	1139	liquid crystal display	575
6	light emitting diode	107	pixel electrode	969	array substrate	524
7	solar energy	107	solar cell	893	light emitting diode	366
8	solar cell	101	light emitting element	736	coupling	358
9	manufacture	98	solar battery	585	storage battery	320
10	mirror	87	compound semiconductor	473	photovoltaic module	296

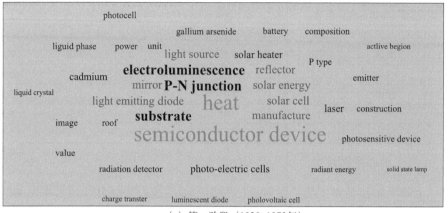

（a）第一阶段（1920~1973年）

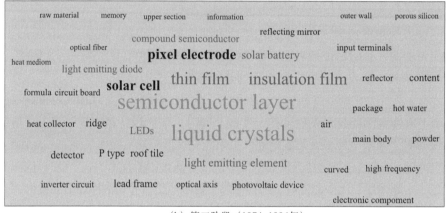

（b）第二阶段（1974~1996年）

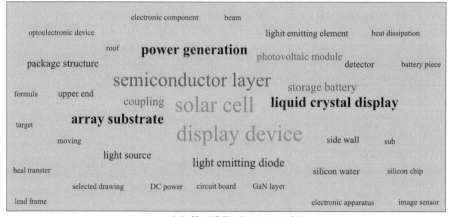

（c）第三阶段（1997~2018年）

图 4-3　全球太阳能技术核心主题演进

（三）整体发展模式

根据全球太阳能技术的主要发展阶段，结合各阶段的技术中心转移及核心主题演进特征，绘制出太阳能技术的整体发展模式，如图 4-4 所示。

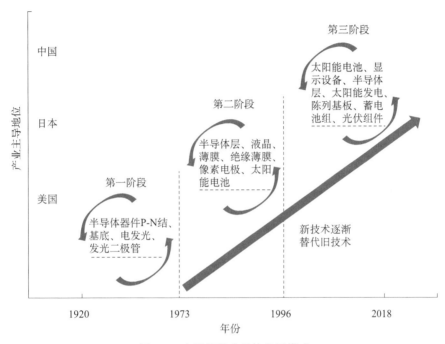

图 4-4　太阳能技术整体发展模式

第一阶段为太阳能技术发展的萌芽阶段。由于矿物燃料的大量开采及太阳能使用效率过低等因素[32]，太阳能技术在这一阶段并未受到广泛重视，因此该阶段的太阳能技术发展较慢[33]。贝尔实验室的硅太阳能电池的研发成功使得美国在太阳能领域抢先获得优势[34]，美国占有该阶段超过 30% 的专利数量，随后是日本、法国、德国、英国等国。从该阶段研究的核心主题能够发现，该阶段的研究核心集中在半导体器件 P-N 结、基底、电发光、发光二极管等专利技术。这些技术多为第一代太阳能电池及太阳炉的技术基础与核心[33, 35]，为后期的太阳能技术发展及应用奠定了基础；第二阶段为太阳能技术发展的成长阶段，全球能源结构发生变革，中东战争及石油危机的爆发，极大地加速了太阳能技术的发展。由于本土能源匮乏，日本政府于 1973 年开始实施"新能源开发战略"（即"阳光计划"），并将其列为国家重要战略。在随后的 20 年时间里，日本政府先后发布了"节能技术开发计划""能源与环境领域综合技术开发推进计划"等一系列举措[36]，并投入大量资金用于清洁能源的开发，使得日本在太阳能领域快速发展[37]，占有该阶段 63.18% 的专利，遥遥领先于其他国家。该阶段的技术中心由美国转向日本，中国也开始逐步发展自己的太阳能技术。从研究主题来看，该阶段的太阳能技术研究逐渐增加了液晶、薄膜、绝缘薄膜、像素电极、太阳能充电器等新兴技术。这些技术在发展第一代太阳能电池的同时，也为第二代、第三代太阳能电池的发展起到极重要的推动作用[38]。1997 年起，太阳能技术的发展进入第三个阶段，以中国为核心的亚洲国家和地区逐渐成为太阳能技术发展的技术中心。第三阶段专利数量排在前五位的国家和地区中，有 4 位来自亚洲。中国、日本、韩国及中国台湾地区的专利总量占到总体的 71.8%，中国也逐渐成为全球太阳能技术研究的技术中心，专利数量占总体的 32.16%。日本、美国紧随其后专利数量分别占总体的 26.3%、19.03%。在这一阶段，中国太阳能技术的高速发展离不开《国家中长期科学与技术发展规划纲要（2006—2020 年）》中对光伏产业及太阳能技术的重视[39]。该规划纲要的实施，极大地推动了我国太阳能技术的发展。从该阶段太阳能技术的研究主题来看，全球太阳能技术的研究仍以太阳能电池为重点，在完善原有半导体层、液晶等技术的同时加大了对阵列基板、蓄电池组、光伏组件等技术的研发，为第三代太阳能电池及光伏发电系统的发展和应用推波助澜。

四、结论与展望

本文的创新点在于选取 1920～2018 年与太阳能技术领域相关的 304 530 条发明授权专利，并依照专利年增长量的变化情况将全球太阳能领域的发展划分为三个阶段。在领域发展的阶段性信息的基础上，分别以专利的地理信息及研究主题为分析视角，挖掘出不同阶段下太阳能技术领域发展的技术中心，以及在不同阶段下的核心研究主题。结果揭示了太阳能领域技术中心的转移及核心主题的演进情况：在太阳能技术发展过程中，不同阶段的技术中心存在差异；随着研究范式的变化及需求的改变，太阳能技术的核心研究主题也在不断转变。研究结果对认知国际太阳能产业发展局势和进一步优化企业兼并重组市场的实施，具有重要的理论意义与实践意义。

研究发现，1920～2018 年的全球太阳能技术的发展主要分为三个阶段：第一阶段为 1920～1973 年，第二阶段为 1974～1996 年，第三阶段为 1997～2018 年。第一阶段为太阳能技术发展的萌芽阶段，由于矿物燃料的大量开采及太阳能使用效率过低等因素[40]，太阳能技术在这一阶段并未受到广泛重视，所以该阶段的太阳能技术发展较慢[33]。但由于贝尔实验室的硅太阳能电池的研发成功使得美国在太阳能领域抢先获得优势[34]，美国占有该阶段超过30%的专利数量，随后是日本、法国、德国、英国等国。从该阶段研究的核心主题能够发现，该阶段的研究核心集中在半导体器件P-N结、基底、电发光、发光二极管等专利技术。这些技术多为第一代太阳能电池及太阳炉的技术基础与核心[33, 35]，为后期的太阳能技术发展及应用奠定了基础；第二阶段为太阳能技术发展的成长阶段，全球能源结构发生变革，中东战争及"石油危机"的爆发，极大地加速了太阳能技术的发展。由于本土能源匮乏，日本政府于1973年开始实施"新能源开发战略"，并将其列为国家重要战略。在随后的20年时间里，日本政府先后发布了"节能技术开发计划""能源与环境领域综合技术开发推进计划"等一系列举措[36, 41]，并投入大量资金用于清洁能源的开发，使得日本在太阳能领域快速发展[42]，占有该阶段63.18%的专利，遥遥领先于其他国家。该阶段的技术中心由美国转向日本，中国也开始逐步发展自己的太阳能技术。从研究主题来看，该阶段的太阳能技术研究逐渐增加了液晶、薄膜、绝缘薄膜、像素电极、太阳能充电器等新兴技术。这些技术在完善第一代太阳能电池的同时，也为第二代、第三代太阳能电池的发展起到极重要的推动作用[43]。从1997年起，太阳能技术的发展进入第三个阶段，以中国为核心的亚洲国家和地区逐渐成为太阳能技术发展的技术中心。在第三阶段专利数量排在前五位的国家和地区中，有4位来自亚洲，中国、日本、韩国及中国台湾地区的专利总量占到总体的71.8%，中国也逐渐成为全球太阳能技术研究的技术中心，专利数量占总体的32.16%。日本、美国紧随其后，专利数量分别占总体的26.3%、19.03%。在这一阶段，中国太阳能技术的高速发展离不开《国家中长期科学与技术发展规划纲要（2006—2020年）》中对光伏产业及太阳能技术的重视[39]。该规划纲要的实施极大地推动了我国太阳能技术的发展。从该阶段太阳能技术的研究主题来看，全球太阳能技术的研究仍以太阳能电池为重点，在完善原有半导体层、液晶等技术的同时加大了对阵列基板、蓄电池组、光伏组件等技术的研发，为第三代太阳能电池及光伏发电系统的发展和应用推波助澜。

整体来看，太阳能技术经历了三个阶段，核心主题从早期的发热、P-N结、基底、电发光、发光二极管等基础型研究，发展成为液晶、薄膜、绝缘薄膜、像素电极、太阳能充电器等应用型研究，再逐步将发展重点放在阵列基板、蓄电池组、光伏组件等追求清洁高效节能的优化型技术研究，技术中心上呈现美国—日本—中国的阶段性转变。随着国际能源危机的日益加剧，太阳能技术将在未来的能源产业中占据越来越重要的地位。我国作为当前国际太阳能技术研究的重要技术中心，在发展中应切实适应自身角色的改变，从过去的"跟跑""并跑"变为现在的"领跑"。因此，我国的太阳能技术研发机构应在牢牢把握国际趋势的同时，大力发展创新型太阳能技术，推动国家新能源产业的建设和发展，助力创新驱动发展战略的实施。

第二节 能源产业技术演进与技术预见——模型与实证

一、科学背景与演进意义

全球能源产业技术创新的过去、现在和未来呈现怎样的竞争态势与发展趋势？主要国家/地区是如何演进的？中国在演进过程中的地位发生了怎样的变化？主要国家/地区未来的发展趋势如何？主要创新机构的竞争态势是如何演进的？未来将形成怎样的竞争格局？主要技术领域是如何演进的？能源技术的前沿热点主题是什么？本文拟基于专利引文的知识流动方向，构建技术演进与技术预见理论模型，并对能源领域技术演进与技术预见进行实证分析，以期为国家能源产业技术的创新发展提供决策支撑。

以往基于专利数据进行的技术演进与技术预见研究，往往是基于授权专利或引证专利单一类型的专利数据进行的[44,45]，揭示的最多是技术演进状况。本文基于专利引文的知识流动方向[46,47]，选择能源领域当前专利数据代表现代技术。该数据的后向引证专利数据代表过去技术，前向引证专利数据代表未来技术，构建全球能源产业技术演进与技术预见理论模型与分析框架，揭示技术演进态势并预见未来技术的创新前景。文中选择技术综合实力与经济综合实力相结合的四象限分析模型，对能源产业创新机构的竞争优势进行演进与预测分析，并对主要技术领域的演进及预测和能源产业技术领域的前沿热点话题进行分析。

本文选择 2017 年 1 月 1 日至 2019 年 12 月 31 日美国专利商标局公布的、能源技术领域的有效发明专利数据的 33 979 个结果，及其后向引证（backward citation，简称后引）专利数据 98 699 个结果和前向引证（forward citation，简称前引）专利数据 11 199 个结果（前引与后引数据都排除了自引），遵循构建的理论模型，实证分析了全球能源产业主要国家/地区技术演进与预见、主要机构技术演进与预见、主要技术领域演进与预见和前沿热点话题，以期为我国能源产业技术的发展提供决策参考。在理论与方法层面，本文提出的理论模型能够更全面地揭示能源产业技术演进并预测其未来，同时为其他产业的技术预测提供了一个崭新的视角和方法。在实践层面，本文对我们全面把握世界能源产业技术发展动态、正确制定和实施能源产业发展战略与政策，具有重要现实意义。

二、国内外研究现状

技术演进很早就受到学者的关注[48, 49]。学者们研究了技术能力的演进[50]、技术网络的演进[51]、技术集群的演进[52]、技术创新主体的演化[53]、技术演进与竞争反应[54]、特定技术演进[55]等问题。关于技术演进模型的研究，学者曾提出了技术创新与演进过程中的生产者和消费者互动模型[56]、技术创新网络演化模型[57]、后发企业技术创新过程中的"国际接口-资源体系-技术创新战略"三者间"链式旋进"的共演模型[58]、中国清洁能源技术创新过程中的产学研合作网络演进发展模型[53]、复杂环境下技术演进的集成模型[59]、东亚地区旧石器时代技术演化的人口模型[60]、技术演进中的多阶段数据包络分析模型[61]等。

技术预见是对技术发展的未来进行预测。20世纪90年代以来，世界上主要的发达国家（美国、英国和德国等），以及一些发展中国家（中国、韩国等），纷纷开始重视技术预见的理论研究与国家科技发展战略中的技术预见实践。学者们关于技术预见的研究成果主要集中在技术预见的理论、方法和应用。技术预见中的德尔菲法受到普遍关注和探讨[62, 63]。随着信息技术与计算机技术的发展，新兴的技术预见方法不断涌现，如汇编网格方法[64]、专利关键词网络构建方法[65]、矩阵图谱和专利聚类方法[66]、混合的技术路线图方法[67]等。

专利引文的产生源于专利申请和审查活动。专利申请人会将其技术研发过程中参考的专利文献或非专利文献标注于专利申请文件中；专利审查员在审查过程中也会将与特定专利申请密切相关的科技文献标注在专利文件中。这两种行为都会产生专利引文。专利引文表明了知识的流动过程和科学技术之间的相互承继。专利引文分析被应用于技术演进[39]、技术领域交叉[68]、科学技术的融合[69]、技术转移潜在用户的识别[70]、组织内部知识流动[46]、技术发展轨迹与路线图绘制[71]、信息流动与技术创新的测度[72]等研究主题。

能源产业技术的发展是一个国家乃至全球的经济命脉。能源技术创新是引领能源产业变革、实现能源产业升级换代的原动力。学者们研究了新能源产业技术的发展对策[73]、新能源产业技术发展的财政与风险防范[74]、新能源技术竞争能力模型[75]等。可再生能源技术也受到关注：可再生能源对碳排放的影响[76]、可再生能源技术吸收能力对我国能源产业绩效的影响[77]、可再生能源产业补贴标准设计[78]等。学者还探讨了新兴生物能源技术的研究进展，分析了生物能源产业技术发展路径[79]、美国生物能源产业生态系统演化过程[80]、生物能源产业技术生态系统构建[81]等。

上述成果为本文提供了重要的理论和方法基础。但过去的研究往往是基于专利申请、授权专利或引证专利单一类型的专利数据进行的，揭示的通常是过去技术演进的状况或当前技术创新的状况[44,45]，没有将技术创新发展的过去、现在和将来全面展现出来。在本文中，我们将基于专利引文的知识流动方向设计一个理论模型，将某个产业或某个技术领域的技术演进与技术预见全景展现，以期为技术创新发展战略的制定提供重要的决策支撑。

三、理论模型与研究方法

（一）专利分析与专利引文分析

专利文献作为重要的创新研究成果载体，凝聚了大量的、丰富的技术信息与创新信息，常被用来进行技术演进相关研究[22,23]。由于专利授权的新颖性标准要求，因此 90%～95% 的技术进步的最新研究成果首先发表于专利文献，并且超过 80% 的技术进步的最新研究成果仅通过专利文献公开[82]。专利文献及时更新公布的特征，有助于我们通过对最新发表的专利文献进行分析，从而把握技术创新的最新进展。

专利文献的引文著录信息反映了技术发展过程中的继承与演化[45,83]。专利引证分为后向引证和前向引证。专利后引文献是指当前样本专利数据引用的、在其之前公开的专利文献的数据。对专利后引文献的分析，可以帮助我们把握技术的过去。专利前引文献反映了当前专利数据被引用的状况。对引用当前专利数据的专利文献进行分析，可以帮助我们预测技术的未来发展趋势[84]。本文根据专利数据及其引文所反映的知识流动方向[45,83]，通过对后引专利、当前专利、前引专利的分析，构建如图 4-5 所示的理论模型，并以能源领域专利数据及其后引与前引的专利数据为分析对象，对能源产业技术演进和技术预见进行实证研究。

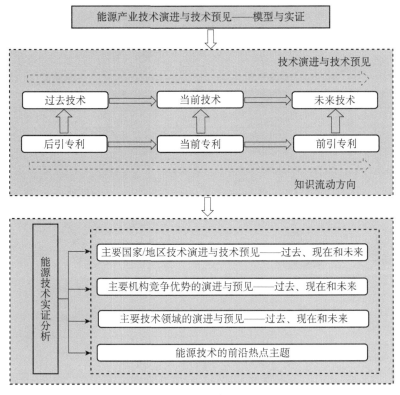

图 4-5　理论模型与实证分析

（二）创新机构竞争优势分析

我们选择四象限气泡图（图 4-6）对创新机构的竞争优势演进及未来预测进行分析。图 4-6 中的横轴代表创新主体的综合技术实力（X 轴 /vision 轴 /愿景轴）；纵轴代表的是创新机构的综合经济实力（Y 轴 /resource 轴 / 资源轴）。气泡的大小代表创新机构拥有专利数量的多少，不同的图案代表不同的创新机构 / 专利权人。

X 轴综合考虑以下三个方面主要因素：机构专利组合规模、机构专利分类代码数量规模和机构专利引证情况。这三个方面因素都与创新机构的技术实力密切相关：机构专利组合规模显示了创新机构的研发实力；机构专利分类代码数量规模展示了机构在该领域的专利申请广度；机构专利引证情况反映了机构在该技术领域的影响力。在四象限图示中，气泡位置越靠右，机构在所搜索领域的关注程度和专利表现越突出，机构的综合技术实力越强大。X 轴的计算公式如式（4-1）所示。

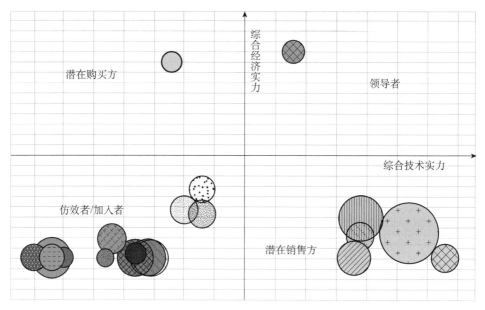

图 4-6　创新机构竞争优势分析四象限模型

$$CTS_i = \frac{1}{3}\left(\frac{PN_i}{\sum PN_i} + \frac{PCON_i}{\sum PCON_i} + \frac{PCIN_i}{\sum PCIN_i} \right) \qquad (4\text{-}1)$$

式（4-1）括号内的分子和分母数据都限于检索结果集的数据。式中，CTS_i 表示机构 i 的综合技术实力；PN_i 表示机构 i 的专利数量；$\sum PN_i$ 表示全部机构的专利总数；$PCON_i$ 表示机构 i 的专利平均分类代码数量；$\sum PCON_i$ 表示各机构专利平均分类代码数量的总和；$PCIN_i$ 表示机构 i 的专利平均引证数量；$\sum PCIN_i$ 表示各机构专利平均引证数量的总和。

　　Y 轴综合考虑以下三个方面主要因素：机构的总收入、诉讼和机构专利的全球布局数量。这三个方面因素都与创新机构的经济实力密切相关：机构的总收入显然是展示机构经济实力的重要指标；诉讼需要消耗大量的人力、物力和财力资源，往往只有经济实力相当雄厚的大机构才能够承受；机构专利的全球布局数量展示了创新主体的全球市场战略。在四象限图示中，气泡在资源轴上所处的位置越高，则表示该创新主体的综合经济实力越强。Y 轴的计算公式如式（4-2）所示。

$$CES_i = \frac{INC_i}{\sum INC_i} + \frac{PLN_i}{\sum PLN_i} + \frac{PLPN_i}{\sum PLPN_i} \qquad (4\text{-}2)$$

式（4-2）括号内的分子和分母数据都限于检索结果集的数据。式中，CES_i 表示机

构 i 的综合经济实力；INC_i 表示机构 i 的收入；$\sum INC_i$ 表示全部机构的收入总和；PLN_i 表示机构 i 的诉讼案件数量；$\sum PLN_i$ 表示各机构诉讼案件数量的总和；$PLPN_i$ 表示机构 i 的专利布局位置数量；$\sum PLPN_i$ 表示各机构的专利布局位置数量总和。

在特定的检索结果集中，每个气泡所代表的专利权人的位置是确定的，每个气泡将根据其愿景轴与资源轴的综合得分共同确定其在四象限图中的位置。如果检索结果集更改了，那么气泡的位置也会随之更改。对特定检索结果集进行分析，位于第一象限的是领导者（incumbents），其在特定领域具有强势的技术实力并且拥有能够执行其愿景的经济资源，此类机构通常为市场领导者[85]。位于第二象限的机构是潜在购买方（potential buyers）。这些机构处于资源轴顶部，掌握大量资源，但缺乏技术实力。他们想挑战市场领导者，这样他们就需要加强和提高技术实力，就很可能成为潜在的专利被许可方/购买方。位于第三象限的为仿效者/加入者（followers/entrants）。这些机构同时缺乏资源和愿景，通常是刚进入市场的新机构或者是控制市场较小份额的一些机构。位于第四象限的是潜在销售者（potential sellers）。这类机构的技术实力很强，但资源不足。他们若与适当的合作伙伴或者潜在购买者合作就会获得大量资源，快速进入领导者行列。

四、数据检索与分布

本文实证分析部分的能源产业技术专利数据来源于全球专利在线检索及分析工具、2007 年由美国 Innography 公司推出、2015 年被思保环球（CPA Global）收购的 Innography 专业知识产权服务平台。该平台丰富的数据源包括专利、公司、财务、市场、诉讼、商标、科技文献、标准等数据，并进行关联分析。在专利数据方面，人们可以通过它查询和获取 100 多个国家的 1 亿多篇专利文献及其法律状态，其中包括 22 个国家的专利全文数据。在财务数据方面，它收录了来自邓白氏商业情报数据库及美国证券交易委员会等的专利权人财务数据；在专利诉讼数据方面，人们可以通过它检索和分析来自美国法院电子数据库系统（Public Access to Court Electrionic Record，PACER）的专利诉讼案件、美国国际贸易委员会（International Trade Commission，ITC）"337 调查"及美国专利及商标局（United States Patent and Trademark Office，USPTO）下属的 PTAB 组织的专利无效复审案件。所有这些数据都经过了解析、清理和规范化，可以更快、更精准地进行分析。

首先，我们选择 USPTO 作为专利受理和授权机构，获取其公布的专利数据与专利引证数据，作为本文的数据来源。美国是世界科技创新领先的国家，USPTO 公布的专利数据常常被学者们选用为技术创新相关研究的指标[86, 87]。

我们按照下列具体步骤进行了数据检索与精炼：第一步，检索得到 USPTO 于 2017 年 1 月 1 日至 2019 年 12 月 31 日期间发表的、属于能源技术领域的、有效的、发明专利数据 33 979 个结果，以该结果作为全球能源技术当前创新发展状况分析的数据样本；第二步，对 33 979 个数据样本进行了后向引证检索并排除了 2017 年 1 月 1 日至 2019 年 12 月 31 日期间发表的专利数据，得到 98 699 个结果，该结果作为能源技术演进的"过去"状况分析数据样本；第三步，对 33 979 个数据样本进行了前向引证检索，得到 11 199 个结果，该结果作为能源技术未来发展趋势的分析数据样本。

五、能源产业技术演进与技术预见

（一）主要国家 / 地区演进与预见

我们以发明者来源国家 / 地区专利数量占比作为衡量能源产业技术主要国家 / 地区演进与预见的指标。专利技术的发明者是专利创新成果的直接创造者，因此对发明者来源地进行分析，能够帮助我们把握某个产业技术领域创新的全球分布状况[85]。我们以后向引证专利数据代表能源产业技术创新发展的过去；当年专利数据代表能源产业技术创新发展的现在状况；前向引证专利数据代表能源产业技术创新发展的未来趋势。对三组数据发明者来源国家 / 地区分布进行分析，得到表 4-3 所示的"能源技术主要国家 / 地区演进与预见"。

表 4-3　能源技术主要国家 / 地区演进与预见

排名	国家 / 地区	过去	国家 / 地区	现在	国家 / 地区	未来
1	美国	56.11%	美国	41.26%	美国	50.58%
2	日本	17.22%	日本	19.58%	日本	13.75%
3	德国	6.35%	德国	7.44%	德国	6.05%
4	英国	3.58%	韩国	5.12%	中国	5.88%
5	韩国	2.37%	中国	3.88%	韩国	5.29%
6	加拿大	2.19%	法国	3.48%	中国台湾	2.73%
7	法国	2.12%	英国	3.45%	英国	2.54%
8	中国台湾	1.28%	中国台湾	3.05%	法国	2.42%
9	中国	1.11%	加拿大	2.22%	加拿大	2.01%
10	瑞士	0.96%	荷兰	1.14%	以色列	0.90%
11	以色列	0.94%	瑞士	1.13%	沙特阿拉伯	0.82%
12	荷兰	0.85%	意大利	0.91%	瑞士	0.80%
13	瑞典	0.72%	瑞典	0.84%	意大利	0.78%
14	比利时	0.43%	以色列	0.79%	荷兰	0.64%
15	意大利	0.38%	印度	0.77%	瑞典	0.54%

排名	国家/地区	过去	国家/地区	现在	国家/地区	未来
16	芬兰	0.37%	沙特阿拉伯	0.76%	俄罗斯	0.52%
17	俄罗斯	0.36%	芬兰	0.64%	印度	0.51%
18	澳大利亚	0.34%	比利时	0.48%	芬兰	0.49%
19	印度	0.27%	澳大利亚	0.33%	新加坡	0.38%
20	奥地利	0.19%	奥地利	0.31%	比利时	0.33%

表4-3从主要国家/地区的排名变化和占比变化两个角度，揭示了能源技术主要国家/地区演进与未来发展趋势。从排名变化视角来看，美国、日本和德国三个国家在能源产业技术发展的"过去、现在和未来"始终位于前三甲，而且顺序没有发生变化。排名第四位的在过去阶段是英国；在当前阶段是韩国；在未来阶段是中国。排名第五位的在过去阶段是韩国；在当前阶段是中国；在未来阶段还是韩国。中国的排名位置呈现上升的发展势头：由在过去阶段的第九位，到在现在阶段的第五位，到在未来阶段的第四位。英国的排名位置由过去的第四位，到现在的第七位，未来也排在第七位。

从数量占比变化视角来看，美国过去的数量占比为56.11%，当前的数量占比为41.26%，未来的数量占比为50.58%；呈现下降-上升、最终仍占有50%的绝对优势地位。中国由过去的数量占比为1.11%，到现在的数量占比为3.88%，到未来的数量占比为5.88%；全球视角下的中国能源技术上升发展势头比较明显，但未来的优势仍不足6%。日本的数量占比从过去的17.22%，到现在的19.58%，到未来的13.75%，经历的趋势是"上升-下降"。

（二）主要机构演进与预见

依据式（4-1）和式（4-2）分别计算得出主要创新机构在"过去、现在、未来"三个阶段的"综合技术实力"和"综合经济实力"数值，如表4-4所示。表4-4详细展示了能源产业技术在"过去、现在、未来"三个发展阶段中、每个阶段前20个创新机构在愿景和资源方面的得分值，以及每个阶段前20个机构的位次变化、愿景变化和资源变化情况。例如，通用电气公司的位次经历了过去第一、现在第一到未来第二的变化；美国联合技术公司的排名经历了过去第二、现在第二和未来第一的变化。美国联合技术公司未来的技术实力会很强，但其资源优势不足。福特汽车公司的排名由过去的第20位，到现在的第12位，到未来的第八位；位次整体呈现明显的上升发展势头。创新机构位次发生变化，表明其在"过去、现在、未来"各个阶段中的相对竞争优势发生了变化。创新机构在各个发展阶段竞争优势的变化，可以通过四象限模型（图4-7～图4-9）更形象地展示出来。

表 4-4　能源技术主要创新机构演进与预见：过去、现在、未来

排名	过去				现在				未来			
	机构	专利/件	愿景	资源	机构	专利/件	愿景	资源	机构	专利/件	愿景	资源
1	通用电气公司	5217	100.00	100.00	通用电气公司	1518	100.00	100.00	美国联合技术公司	490	100.00	19.82
2	美国联合技术公司	2303	51.69	22.29	美国联合技术公司	1439	89.03	36.57	通用电气公司	453	96.67	63.86
3	西门子公司	1812	46.29	42.97	佳能公司	730	51.39	11.45	佳能公司	236	42.79	14.63
4	佳能公司	1316	61.48	12.54	三星电子有限公司	599	55.35	48.11	三星电子有限公司	229	45.84	100.00
5	日立公司	1236	41.47	23.68	索尼公司	573	37.42	82.63	西门子公司	173	38.05	29.46
6	三星电子有限公司	1217	57.98	49.85	西门子公司	534	47.50	29.46	强生公司	168	54.09	20.61
7	荷兰皇家飞利浦	1197	44.67	22.06	英国劳斯莱斯	454	52.00	9.27	英国劳斯莱斯	158	32.99	7.66
8	哈里伯顿公司	1059	48.02	8.49	台湾半导体制造有限公司	422	27.83	9.85	福特汽车公司	135	31.37	42.75
9	索尼公司	1011	30.58	83.33	丰田汽车公司	376	31.95	72.40	索尼公司	126	21.82	42.06
10	东芝公司	960	35.63	14.26	三菱重工有限公司	365	43.30	11.03	霍尼韦尔国际公司	124	31.37	17.48
11	霍尼韦尔国际公司	870	38.38	14.29	荷兰皇家飞利浦	361	47.20	15.33	台湾半导体制造有限公司	120	24.67	11.07
12	富士胶片控股株式会社	854	30.53	13.48	福特汽车公司	350	46.31	46.85	马西莫公司	111	65.09	3.52
13	斯伦贝谢公司	828	38.86	16.30	法国赛峰集团	338	37.15	6.75	丰田汽车公司	105	25.18	60.83
14	英国劳斯莱斯	818	28.36	10.03	日立公司	319	33.96	23.66	沙特阿拉伯石油公司	101	20.08	48.55
15	康纳森公司	754	33.74	5.31	哈里伯顿公司	318	26.82	8.78	国际商业机器公司.	98	22.90	27.11
16	松下电器产业株式会社	752	37.32	20.67	富士胶片控股株式会社	250	52.86	13.17	法国赛峰集团	83	21.06	6.49
17	埃克森美孚公司	726	46.39	84.11	沙特阿拉伯石油公司	246	28.78	56.88	日立公司	76	18.08	20.77
18	丰田汽车公司	676	23.48	71.74	松下电器产业株式会社	233	28.42	20.31	通用汽车公司	75	17.45	35.82
19	法国赛峰集团	604	23.74	12.55	埃克森美孚公司	201	26.91	79.33	现代汽车公司	70	18.45	26.95
20	福特汽车公司	586	24.85	49.31	日本岛津制作所	197	18.33	4.51	荷兰皇家飞利浦	64	15.59	16.83

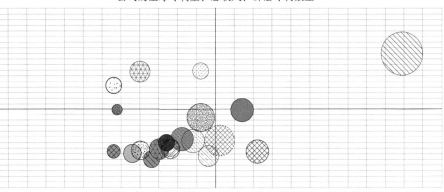

公司的全球专利量、总收入、诉讼专利数量

愿景（% 全球专利数量＋% 专利分类代码数量＋% 专利引证）

◎ 通用电气公司　　　　　⊗ 美国联合技术公司　　　◉ 西门子公司
◉ 三星电子有限公司　　　◌ 荷兰皇家飞利浦　　　　○ 哈里伯顿公司
◒ 霍尼韦尔国际公司　　　◍ 富士胶片控股株式会社　○ 斯伦贝谢公司
● 松下公司　　　　　　　◐ 埃克森美孚公司　　　　◎ 丰田汽车公司

⊗ 佳能公司　　　　　　　◉ 日立公司
◌ 索尼公司　　　　　　　◍ 东芝公司
◒ 英国劳斯莱斯　　　　　◒ 唐纳森公司
◈ 法国赛峰集团　　　　　◉ 福特汽车公司

图 4-7　创新机构竞争优势四象限图谱——过去

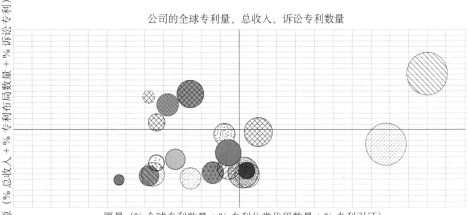

公司的全球专利量、总收入、诉讼专利数量

愿景（% 全球专利数量＋% 专利分类代码数量＋% 专利引证）

◎ 通用电气公司　　　　　⊗ 美国联合技术公司　　　◉ 佳能公司
● 西门子公司　　　　　　○ 英国劳斯莱斯　　　　　○ 台湾半导体制造有限公司
◒ 荷兰皇家飞利浦　　　　◐ 福特汽车公司　　　　　○ 法国赛峰集团
● 富士胶片控股株式会社　◈ 沙特阿拉伯石油公司　　◎ 松下公司

⊗ 三星电子有限公司　　　◉ 索尼公司
○ 丰田汽车公司　　　　　◈ 三菱重工有限公司
◒ 日立公司　　　　　　　◍ 哈里伯顿公司
◈ 埃克森美孚公司　　　　◉ 日本岛津制作所

图 4-8　创新机构竞争优势四象限图谱——现在

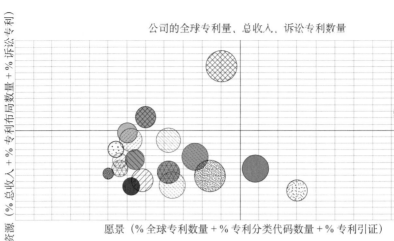

公司的全球专利量、总收入、诉讼专利数量

资源（% 总收入 + % 专利布局数量 + % 诉讼专利）

愿景（% 全球专利数量 + % 专利分类代码数量 + % 专利引证）

⊘ 美国联合技术公司　　　　　⊗ 通用电气公司　　　　　◉ 佳能公司
● 强生公司　　　　　　　　　⊠ 英国劳斯莱斯　　　　　◯ 福特汽车公司
⦸ 台湾半导体制造有限公司　　⊞ 马西莫公司　　　　　　⦶ 丰田汽车公司
● 法国赛峰集团　　　　　　　⊕ 日立公司　　　　　　　◎ 通用汽车公司

⊗ 三星电子有限公司　　　　　◉ 西门子公司
◯ 索尼公司　　　　　　　　　⊛ 霍尼韦尔国际公司
◉ 沙特阿拉伯石油公司　　　　◉ 国际商业机器公司
⊛ 现代汽车公司　　　　　　　◉ 荷兰皇家飞利浦

图 4-9　创新机构竞争优势四象限图谱——未来

图 4-7～图 4-9 形象地展示了全球能源产业技术在"过去、现在、未来"三个发展阶段的前 20 位创新机构的竞争优势。通用电气公司是唯一一个在三个阶段都处于第一象限的创新机构，为能源技术领域的领导者，同时拥有技术优势和资源优势，虽然其在不同阶段的、在图谱中的相对位置也发生了变化。美国联合技术公司技术方面的竞争优势在三个不同阶段逐渐加强，但其资源优势仍远远不足。三星电子有限公司资源方面的优势比较突出，但技术优势有待提高。

（三）主要技术领域演进与预见

我们以专利国际分类代码 IPC 小类来考察能源产业主要技术领域的演进与未来趋势。表 4-5 列出了能源产业在"过去、现在、未来"三个阶段的前 20 位技术领域演进与未来趋势。其中，IPC 小类的 H01L（半导体器件、电气固态器件）技术在三个发展阶段始终处于第一位，数量占比为 10% 左右。F23R（产生高压或高速的燃烧产物，如燃气轮机燃烧室）技术在过去阶段处于第 19 位，在现在阶段排在第 15 位，在未来阶段排在第 12 位，说明该类技术在未来能源产业发展中不断提升的地位和作用。

表 4-5　能源产业主要技术领域演进与预见：过去、现在、未来

序号	过去		现在		未来	
	IPC	数量占比 /%	IPC	数量占比 /%	IPC	数量占比 /%
1	H01L	9.43	H01L	11.69	H01L	9.54
2	A61B	5.87	F02C	7.69	A61B	7.35
3	B01D	5.76	A61B	6.04	F02C	4.02
4	G01N	4.28	B01D	5.83	G01N	3.99
5	F02C	4.16	G01N	5.00	B01D	3.27
6	G01T	2.78	F01N	4.30	G02B	2.94
7	F01N	2.37	G01T	4.20	F01D	2.75
8	H01J	2.36	H01S	4.19	H01J	2.55
9	C09K	2.21	C09K	3.48	F01N	2.44
10	H04N	1.82	H01J	3.47	H04N	2.21
11	F01D	1.79	G01J	3.26	F23R	2.07
12	E21B	1.75	F02B	3.22	G01T	1.89
13	F02B	1.74	C10M	3.18	F02B	1.77
14	G02B	1.73	A61N	3.05	H01S	1.75
15	A61N	1.63	F23R	3.04	A61N	1.70
16	H01S	1.45	F21K	2.23	C09K	1.61
17	C10M	1.43	F02K	2.17	C07D	1.42
18	F02K	1.36	C10L	2.05	G06K	1.39
19	F23R	1.35	F01K	1.84	G01J	1.38
20	A61K	1.34	F15B	1.57	G06F	1.16

当前能源技术发展阶段独有的前 20 强的 IPC 代码有 F21K（光源技术）、C10L（燃料、天然气、合成天然气、液化石油气、使用燃料添加剂或火灾、打火机等技术）、F01K（蒸汽机装置、蒸汽蓄热器、发动机装置、使用特殊工作液或循环的发动机技术）、F15B（一般通过流体作用的系统，流体压力执行机构，如马达、流体压力系统等技术）。未来能源技术发展阶段独有的前 20 强的 IPC 代码有 C07D（杂环化合物）、G06K（数据的识别，数据的表示，记录载体，处理载体）、G06F（电气数字数据处理）。这几类 IPC 技术在未来能源产业技术发展中将发挥重要作用。

（四）前沿热点话题

我们选取前引专利数据 11 199 条，运用了文本聚类的技术，以地形图可视化主题词图谱，捕获能源技术未来的前沿热点主题（图 4-10）。地形图中选择"文献聚类"（document cluster）选项，专利文献被划分为不同的小组，属于同一个小组的专利文献包含共同的技术主题。主要技术主题一致的专利文献分布

在地形图上的同一个区域，区域中山峰的海拔高度代表特定技术主题专利文献的密度大小。密度越大，海拔越高。

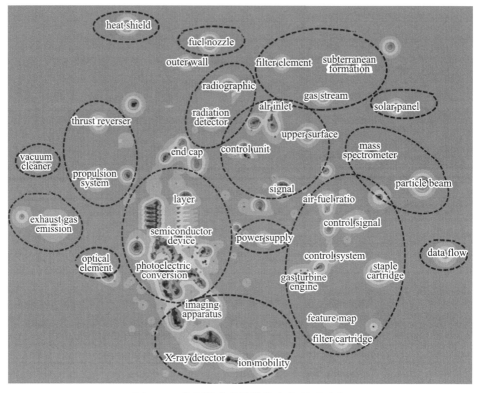

图 4-10　能源技术的前沿热点主题词图谱

图 4-10 显示，燃气涡轮发动机（gas turbine engine）及控制器件相关技术、光电转换（photoelectric conversion）/半导体器件（semiconductor device）及相关技术、X 射线探测仪（X-ray detector）/离子迁移检测技术（ion mobility）/成像技术（imaging apparatus）、地下地层（subterranean formation）能源探测/开采等相关技术、质谱仪（mass spectrometer）/粒子束（particle beam）技术等，是未来能源技术创新的主要热点领域。以燃气涡轮发动机相关技术为例，自 20 世纪 50 年代以来，燃气涡轮发动机一直是最主要的航空动力形式，目前仍然被广泛应用于航空发动机，而且未来将持续应用于航空航天领域[88]。在可预见的未来动力技术创新领域，尚没有任何其他形式的动力装置能够完全取代它[89, 90]。美国国防部、美国空军、美国海军、美国国家航空航天局格伦研究中心等政府机构与研究中心都非常重视燃气涡轮发动机相关技术的研发与创新[89, 91-96]。地下地层能源探测与开采，也是当今世界能源技术创新前沿主

题。美国的科技人员、法国的科技人员都发表了相关的研究成果[97,98]。尽管光伏效应的原理早在 1839 年就已经被法国科学家贝克勒尔（Becqurel）发现，但至今乃至未来，太阳能光电转换相关技术将仍然是能源产业研究的热点主题[99-102]。中国的学者、英国学者 2019 年在离子迁移检测技术领域的研究取得重要进展[103,104]。

六、结论与展望

以往基于专利数据进行的技术演进与技术预见研究，往往是基于专利申请或引证专利单一类型的专利数据进行的，揭示的技术演进图景是有限的。本文的创新之处在于，基于专利引文分析的知识流动方向，选择后向引证专利、当前专利、前向引证专利分别代表过去技术、当前技术和未来技术，创造性地构建了技术演进与技术预见理论模型；选择全球能源产业技术进行了实证研究。基于综合技术实力和综合经济实力指标，选择四象限分析模型，对全球能源产业主要创新机构的竞争优势进行了演进分析与未来发展预测。

研究发现，全球能源产业技术演进与未来发展趋势，在主要国家 / 地区层面，美国、日本和德国三个国家在能源产业技术发展的"过去、现在、未来"三个阶段始终位于前三甲，而且顺序没有发生变化；但前三强国家在未来全球能源领域的竞争优势分别呈现下降趋势。尽管如此，美国仍然遥遥领先于其他国家，以超过 50% 的绝对优势占据第一位。中国的占比虽不高，由过去占比 1.11% 到未来占比 5.88%；但中国的排名上升发展势头很明显，由过去阶段的第九位到未来阶段的第四位。通过创新机构竞争优势分析发现，能源产业技术在"过去、现在、未来"三个发展阶段中，通用电气公司与美国联合技术公司始终保持前两位的竞争优势；通用电气公司在三个阶段的四象限图谱中的地位更优越一些，更多时候处于领导者地位，同时占有技术与资源优势。西门子公司的竞争优势地位有所下降；福特汽车公司的地位有所上升。在技术领域方面，在未来能源技术发展阶段，杂环化合物技术、数据的识别-数据的表示-记录载体-处理载体相关技术、电气数字数据处理技术等将进入前 20 强 IPC 代码范畴，成为能源技术的重要领域。能源技术创新发展的前沿热点主题主要有燃气涡轮发动机及控制器件相关技术、光电转换 / 半导体器件及相关技术、X 射线探测仪 / 离子迁移检测技术、地下地层能源探测 / 开采等相关技术、质谱仪 / 粒子束技术等。

本文丰富了技术演进与技术预见的研究，为专利数据的分析与运用提供了新思路和新方法。利用当前专利数据、专利后向引证数据和专利前向引证数据从国家、机构、技术领域三个层面分别剖析能源产业技术的演化特征。在国家层面上，文中通过对比不同时段不同国家能源技术领域的专利占比变化，揭示了不同国家在能源领域技术实力的变化，促进各国认清自身定位，开展国际合作取长补短，对能源领域的技术创新发展具有积极意义；在机构层面上，利用专利数据创造性地构建了衡量机构技术实力和经济实力的两个公式，在四象限模型中从技术和资源两个方面衡量机构的竞争优势，形象直观地表现出各个机构在能源领域地位的变化，为各个机构选择合作对象实现优势互补提供参考；在技术领域层次上，利用专利 IPC 小类衡量能源产业涉及的技术领域，不同 IPC 小类所占比例的变化即可表示技术领域的演化和发展，体现人们在能源产业不同阶段的不同研究方向、研究重点，同时也是技术革新换代的历程，为全面了解能源产业核心技术的变化提供数据信息。

我国政府一直非常重视能源产业技术的创新发展，不断完善能源政策，提出绿色发展理念和"能源革命"的战略思想。能源产业的技术创新是实现能源产业升级换代的关键所在。在国家 / 地区技术演进 / 技术预见分析中，中国在国家层面的整体创新能力在提升，但我们同时也发现，中国的相当一部分创新机构是学术机构，如清华大学、中国石油大学和中国科学院等。我们知道，企业是创新主体，与学术机构相比，企业更有动机、资源和实力将其创新成果产业化，进而推动能源产业的创新发展。但我们在本文研究的"过去、现在、未来"三个阶段的前 20 个创新机构中，却没有发现中国大陆企业，绝大部分为欧美发达国家的创新企业。因此，如何进一步提升中国能源企业的创新能力和水平，将是我国能源产业技术创新发展的重要使命和关键所在。

第三节　基于全球专利布局战略的技术预测方法与实证

一、科学背景与演进意义

本文旨在探索一种基于专利全球布局战略的技术预测方法。依据专利保护地域性原则，创新主体欲将其创新产品打入国际市场之前，总是抢先在目标国家 / 地区布局保护其创新产品和发明技术的专利。基于专利地域性保护理论和创新主体采取的全球专利布局战略，我们提出利用专利全球布局数据进行技术预测的新思路。

现有的运用专利数据进行的技术预测研究，常常是利用单一类型的专利申请、专利授权或专利引证数据进行的[44,45]，不能很好地揭示技术未来的发展趋势和竞争态势。本文拟基于专利全球布局的战略思想[105,106]，选取辐射能技术领域的当前专利数据代表当前技术，该数据的扩展家族（extended family expansion，EFE）专利数据作为全球专利战略布局的数据，代表未来技术竞争趋势，进行技术预测方法的探索与实证研究。在构建技术预测理论模型与分析框架的基础上，实证分析辐射能未来技术竞争态势和创新发展前景，对其进行技术预测分析。

辐射能作为太阳辐射释放的能量，是地球上重要的能量来源之一。科学研究已经证实，地球从太阳截获的能量远远超过全球能源每年消耗的总量[107]。虽然每秒到达地球的太阳能只占太阳能总量极其微小的一部分，大约为 22 亿分之一，但却相当于全球一年总发电量的 86 000 倍之多[108,109]。辐射能一直是学者们关注的重点能源技术领域[110,111]。本文将选择全球能源产业技术创新领先、拥有美国专利数量最多的辐射能领域，分析主要国家/地区和主要创新机构的未来竞争态势，以及该领域技术的前沿热点话题，以期为我国能源产业的创新发展尤其是辐射能领域的技术创新和战略部署提供决策支撑。

本文数据来源于美国专利商标局。我们选择申请日期为检索条件，选择 2015 年 1 月 1 日至 2019 年 12 月 31 日辐射能领域的 17 351 个专利家族条目作为代表辐射能当前技术创新的基础数据；扩展家族 135 925 个专利数据作为基础数据的全球专利战略布局数据，作为本文的技术预测数据。依据构建的理论模型，预测全球辐射能未来技术创新发展的国家、机构竞争态势和前沿热点主题，以期为我国辐射能领域的技术创新提供决策支撑。本文在理论和方法层面，为产业技术预测提供了新的思路和方法；在实践层面，对我们全面把握全球辐射能技术创新的当前状况和未来趋势、更好地部署能源产业发展战略，具有重要的现实意义。

二、国内外研究现状

（一）对于技术预测方法的研究

国内外关于技术预测方法的研究主要经历了由定性到定量、由单一方法向多元方法转化的历程[112]。早期，学者们主要采用以德尔菲法为主的定性方法进行技术预测，即由调查者拟定与技术发展有关的调查问卷，并向专家组发放，然后由专家组成员背靠背交换意见，经过两轮的重复反馈，专家组成员的意见会趋于统一[113]。后续有学者在此基础上加入其他方法进行改进，使得技术预测结果更具科学性。例如，徐磊将德尔菲法与技术路线图对接，不仅实现了对未来技术发展的预测，而且囊括了对未来社会发展愿景的描绘[114]；Tang等把德尔菲法与层次分析法相结合，预测了太阳能电池产业链中相关技术的发展空间[115]。这些新方法虽然较原来有了一定改善，但定性方法本身所具有的参考点效应和证实性偏差始终无法消除，也会使预测的准确性和可靠性处于较低的水平[116]。

随着科学技术的快速发展，我们所能获取的资源和数据越来越广泛，利用数据驱动来定量进行技术预测的方法逐渐被人们发掘和应用[117]。专利数据因其代表性、规范性和可得性而成为技术预测研究中最常利用的数据[118, 119]。基于专利数据进行技术预测的研究可以分为五种类型。第一类是以技术生命周期理论为基础，结合专利数量特征进行技术预测。例如，赵莉晓应用技术生命周期理论和Logistic模型，以专利申请数量为基础对射频识别技术（radio frequency identification，RFID）进行了技术预测研究[120]；Chen等利用专利累积数量构建了氢能源和燃料电池技术的Logistic增长曲线模型，通过技术所处阶段来预测技术发展趋势[121]。第二类是以可量化的专利相关指标为基础，通过专利情报分析来进行专利预测。例如，袁冰等通过专利情报分析对中关村的技术发展进行了研究[122]；王旭超等借助专利申请人、发明人、技术领域、技术类型和法律状态等信息，揭示了吉林省汽车电子技术的现状和发展趋势，并且对以后的发展路线进行了预测[123]。第三类是将社会网络分析方法引入技术预测领域，利用专利引文关系构建知识网络或知识图谱。例如，翟东升等利用专利间的引用关系，构建IPC引用网络，并以此为基础训练基于SVM的未来链接预测模型[124]；邵黎明等创建了领域知识图谱，然后对专利文献赋予标签，基于专利文献标签之间的网络图进行新兴技术预测[125]；张振刚等构建了纳米技术领域的知识网络，基于对专利知识结构特征的聚类分析挖掘出纳米技术研究的热门领域和发展趋势[126]。第四类是利用数据挖掘技术对专利文本进行研究，从而进行技术预测。例如，Lee等从信息与通信技术领域的专利数据摘要文本中提取出关键词并进行网络分析，为基于信息技术的医疗保健行业的发展提供了一定的参考[127]；王效岳等利用文本数据挖掘技术对纳米技术在能源领域的应用进行实证研究，有效地实现了技术预测，并降低了技术预测结果的风险性[128]；Gokhberg等将机器学习与文本挖掘技术相结合，对俄罗斯的石油和天然气开采技术进行了预测，并指出了其发展趋势[129]。第五类是上述方法的综合运用。例如，Liliana等运用专利计量分析、文本挖掘和专家调查等方法研究了俄罗斯和全球可再生能源行业相关技术的发展趋势，并提出了相应的建议[130]。

（二）关于专利布局的研究

国内外有关专利布局的研究主要可分为以下四种类型。第一类是专利布局的模式和策略研究。专利布局的模式最早由瑞典学者 Granstrand Ove 于1999 年提出，主要包括特定的阻绝与规避设计、策略型专利、地毯式专利布局、专利围墙、包绕式专利布局和组合式专利布局六种[131]。后续有学者针对具体的企业或行业展开研究。例如，赵梦瑶等提出了一套基于应用的专利布局模式，设置了具体的专利布局流程，并以某个公司为例进行了实证研究[132]；田小楚等以区域专利布局系数为参照，对我国中医药产业的专利布局模式进行了研究[133]。第二类是针对某个产业或技术领域的全球专利布局研究。较为常见的有医药领域[134,135]、太阳能汽车技术产业[136]、乳制品产业[137]、人工智能技术领域[138]和卫星导航领域[139]。第三类是基于时间维度的专利布局动态演化研究。例如，马荣康采用马尔可夫链分析方法，从 IPC 小类层面对中外专利布局的演变特征进行了比较分析[140]；陈会英等运用社会网络分析方法对我国海外专利布局网络演化特征进行了研究[141]。第四类是针对专利布局的实施工具——专利组合的研究。例如，Kogler 等利用专利地图对城市专利组合进行研究，为政策制定者和利益相关者提供了一定的参考[142]；Zhang 等构建了一种基于多指标的混合相似性测度方法来分析专利组合，以中国医疗器械行业的企业技术相似性为例进行了实证研究[143]；Li 等构建了一套专利组合分析方法，在综合考虑技术领域和专利家族组合的基础上分配组合策略，从而发现潜在的专利布局机会，制定科学的规划策略[144]。

（三）评述

通过对前人的研究进行回顾，我们发现以往对于技术预测的研究多以某个国家或地区的专利数据作为基础，其结果所反映的也只是该技术在特定国家或地区的发展趋势。这样的研究无论在理论上还是实际运用中都具有一定的局限性。基于专利扩展家族数据所进行的全球专利布局研究为技术预测提供了一个新的思路。在本文中，我们将基于专利布局设计一种适用性更广的技术预测方法，并以辐射能领域为例进行实证研究，从而为技术创新发展中的决策提供支撑。

三、理论与方法

（一）专利布局理论

专利布局是专利战略的一个重要组成部分。专利布局包括空间布局、时间布局、技术布局等多个维度，不同维度的专利布局常常交织在一起。专利的空间布局，是指发明创新申请专利保护的不同国家和地区，这主要是基于专利保护地域性理论而采取的专利布局战略[106,145]。专利的时间布局，是指在什么时间申请哪些专利，主要针对的是专利申请与授权的新颖性理论[146,147]。专利的技术布局，是指申请专利保护的技术方案范围大小及针对的具体创新产品等而实施的专利布局战略[143,148]。本文中的全球专利布局主要是指专利的空间布局，其中也会涉及时间布局和技术布局。本文的理论框架如图 4-11 所示。

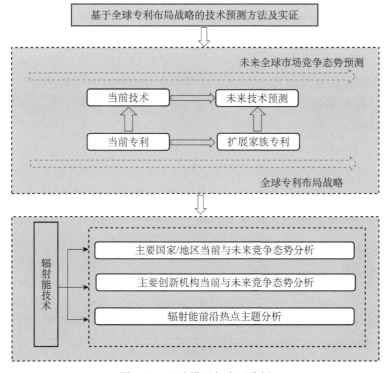

图 4-11　理论模型与实证分析

（二）技术预测方法：基于全球专利布局战略视角

主要国家／地区当前与未来竞争态势的分析，我们选择发明者来源国家／

地区专利占比指标，从宏观层面分析辐射能技术创新的国家 / 地区竞争态势。发明者是专利技术创新成果的直接创造者[85]，对当前专利发明者来源地域的分析可以揭示某个产业技术的全球竞争态势；对扩展家族专利发明者来源地域的分析可以帮助我们预测技术创新的未来竞争态势。进一步地，我们以创新指数（INPADOC）占比代表主要国家 / 地区当前的技术创新竞争态势。其中，INPADOC 是指"INternational PAtent DOCumentation"家族（INPADOC family），这是经过欧洲专利局处理的全球专利数据。为了避免重复，每个家族只保留一个代表性的专利文件（One representative per INPADOC family）以布局指数，即扩展家族（extended family expansion，EFE）专利数量占比，代表主要国家 / 地区专利全球布局状况，反映了未来技术竞争态势。

我们选择将综合技术实力与综合经济实力相结合的、四象限分析模型对创新机构的当前竞争优势和未来竞争态势进行分析与预测。四象限分析模型中的 X 轴代表创新主体的综合技术实力（vision 轴 / 愿景轴），四象限分析模型中的 Y 轴代表的是创新机构的综合经济实力（resource 轴 / 资源轴）。气泡大小代表创新机构拥有专利数量的多少，不同花纹代表不同的创新主体。

针对特定的检索结果集，代表创新主体的每个气泡在四象限图谱中的位置是确定的。在 Innography 系统中，每个气泡的位置依据其技术实力和经济实力的综合得分而得以确定。经济实力的综合得分主要考虑了创新主体的总收入、诉讼专利数量和全球专利布局数量，这三项各占 1/3；技术实力的得分主要考虑了创新主体的专利组合规模、专利分类代码数量规模和专利引证情况，这三项各占 1/3。位于第一象限的创新主体被认为是行业的"领跑者"，其同时拥有比较强大的技术实力和经济实力，在产业技术竞争中占有绝对的优势。位于第二象限的创新主体是潜在购买方，其拥有较强的经济实力但技术实力明显不足，有可能成为专利技术的被许可方或受让者。位于第三象限的创新主体被称为仿效者，其可能是最新加入者，也可能是中小企业者，其技术实力与经济实力都没有优势，有待加强和提升。第四象限的创新主体被认为是潜在销售者，且由于其技术实力比较强，可能成为技术许可方或转让方；若其通过技术许可或转让交易获得了足够的资金，则很快会进入第一象限成为"领跑者"。

（三）数据来源

本文辐射能技术领域专利数据来源于全球专利在线检索及分析工具、专业知识产权服务平台 Innography。由于美国是世界科技创新领先的国家[86, 87]，我们选择美国专利商标局作为专利受理和授权机构，获取其公布的专利数据与专利扩展家族数据，作为本文的数据来源。选择专利申请日和发明专利为检索条件。第一步，我们获取了2015年1月1日至2019年12月31日的17 351个专利家族（INPADOC family）条目作为代表辐射能当前技术创新的专利数据。第二步，获取17 351个数据的扩展家族135 925个专利条目，作为预测未来竞争态势的全球专利战略布局数据。数据检索日期为2020年2月20日。

四、实证分析——以辐射能技术为例

（一）主要国家/地区当前与未来竞争态势分析

依据前述阐述的方法，我们选择发明者来源国家/地区INPADOC占比指标，来测量主要国家/地区当前与未来竞争态势。主要国家/地区当前INPADOC占比代表了当前的技术创新发展状况和竞争态势；全球布局的INPADOC占比代表了未来竞争态势。表4-6列出了辐射能技术领域主要国家/地区INPADOC占比。INPADOC占比，代表的是当前的创新指数，反映的是主要国家/地区当前技术创新竞争态势。未来布局指数（即扩展家族专利数量占比，简称EFE占比）反映的是主要国家/地区/组织专利全球布局状况和未来技术竞争态势。

表 4-6　辐射能技术主要国家/地区/组织当前与未来技术竞争态势

排名	国家/地区/组织	INPADOC占比/%	国家/地区/组织	未来布局指数/%
1	美国	30.82	美国	39.71
2	日本	29.75	日本	22.85
3	韩国	7.48	韩国	8.12
4	德国	6.60	德国	6.23
5	中国	6.44	中国	4.87
6	中国台湾	6.29	中国台湾	4.08
7	法国	2.27	英国	2.80
8	英国	1.97	法国	1.79
9	加拿大	1.46	荷兰	1.39
10	荷兰	1.34	以色列	1.06
11	以色列	1.33	加拿大	1.04
12	瑞士	0.74	欧洲专利局	1.03
13	意大利	0.48	瑞士	0.57
14	比利时	0.41	俄罗斯	0.44

续表

排名	国家 / 地区 / 组织	INPADOC 占比 /%	国家 / 地区 / 组织	未来布局指数 /%
15	芬兰	0.35	澳大利亚	0.40
16	澳大利亚	0.34	芬兰	0.38
17	瑞典	0.32	意大利	0.36
18	新加坡	0.32	瑞典	0.34
19	印度	0.31	印度	0.32
20	奥地利	0.28	新加坡	0.32

表 4-6 显示，辐射能技术领域主要国家 / 地区 / 组织当前与未来技术竞争态势相比较，前六位的排序没有发生变化，但 INPADOC 占比却发生了较大的变化。美国由 30% 左右上升为 40% 左右，说明美国在未来的全球辐射能技术竞争市场将占有更大的份额和竞争优势。日本由 30% 左右下降为 20% 左右，揭示了日本在辐射能技术领域的未来市场竞争优势变弱了。排名第三～第六位的依次为韩国、德国、中国和中国台湾，这四个国家 / 地区的 INPADOC 占比变化都不是很明显，韩国略微上升，德国、中国和中国台湾有所下降。

（二）主要创新机构当前与未来竞争态势分析

依据前面的方法阐释，本文通过 Innography 系统分别计算出主要创新主体当前和未来的技术实力与经济实力数值，即愿景轴 /X 轴和资源轴 /Y 轴数值（表 4-7）。表 4-7 详细列出了当前阶段和未来阶段的前 20 创新主体的技术实力竞争优势和经济实力竞争优势、主要创新主体未来竞争优势相对于当前竞争态势的位次变化、技术实力变化和经济实力变化的具体状况。

表 4-7　辐射能技术领域主要创新主体当前与未来的竞争态势

排名	当前竞争态势			未来竞争态势		
	创新主体	愿景	资源	创新主体	愿景	资源
1	佳能公司	100.00	23.29	LG 电子公司	100.00	84.50
2	三星电子有限公司	88.53	63.41	索尼公司	85.43	73.21
3	索尼公司	73.29	14.04	佳能公司	83.73	19.36
4	台湾半导体股份有限公司	69.65	19.01	三星电子有限公司	79.44	72.90
5	西门子股份公司	55.04	37.77	台湾半导体股份有限公司	53.09	16.02
6	富士胶片控股株式会社	60.98	22.64	阿斯麦控股公司	80.91	16.40
7	通用电气公司	50.87	100.00	荷兰皇家飞利浦电子公司	44.47	22.19

排名	当前竞争态势			未来竞争态势		
	创新主体	愿景	资源	创新主体	愿景	资源
8	荷兰皇家飞利浦电子公司	39.47	62.56	赛默飞世尔科技公司	55.85	22.76
9	赛默飞世尔科技公司	44.71	14.82	富士胶片控股株式会社	39.49	9.22
10	日立公司	43.08	32.65	半导体能源实验室	56.75	0.54
11	松下电器产业株式会社	49.76	28.75	通用电气公司	32.03	100.00
12	日本岛津制作所	31.29	7.63	西门子公司	29.54	37.71
13	柯尼卡美能达控股公司	39.49	13.58	沃特斯公司	24.24	6.17
14	东芝公司	40.90	18.35	东芝公司	31.42	18.28
15	京东方科技集团股份有限公司	24.61	10.15	美国 OSI 有限公司	52.99	4.09
16	Gigaphoton 株式会社	42.25	5.61	日立公司	27.21	33.01
17	欧司朗光股份有限公司	34.95	7.01	松下电器产业株式会社	34.05	28.96
18	国际商业机器公司	36.15	32.85	福特汽车公司	26.81	60.89
19	沃特斯公司	32.34	7.10	KLA 公司	28.83	6.24
20	奥林巴斯公司	39.59	15.48	伊诺特股份有限公司	26.37	4.76

表 4-7 显示，主要创新主体在当前和未来阶段的变化还是比较明显的。当前阶段排名第一位的佳能公司，在未来阶段下降为第三位，其技术实力和经济实力分别下降了。当前阶段排名第二位的三星电子有限公司，在未来阶段下降为第四位，虽然其经济实力有所增强，但在未来新的竞争环境下的综合竞争实力下降了。特别值得关注的是，LG 电子公司未出现在当前排名前 20 位的主要创新主体中，但它却在未来竞争态势中排名第一位，这与 LG 电子公司近些年大力推进太阳能发电设备领域的技术创新密切相关[149]。该公司在全球布局了大量的辐射能领域的专利，并且技术实力和经济实力的其他方面也具有比较强的竞争优势。另一家值得被关注的公司是荷兰的阿斯麦控股公司。同样，它不是当前竞争中的前 20 位创新主体，但它却在未来的竞争中处于第六位这样比较优越的竞争位置。阿斯麦控股公司是全球最大的半导体设备制造商之一，向全球复杂集成电路生产企业提供领先的综合性关键设备，为半导体生产商提供光刻机及相关服务，它的 TWINSCAN 系列是目前世界上精度最高、生产效率最高、应用最广泛的高端光刻机型[150, 151]。图 4-12 和图 4-13 以四象限图谱形式更形象地展示了前 20 位创新主体在当前和未来阶段竞争优势的变化。

公司的全球专利量、总收入、诉讼专利数量

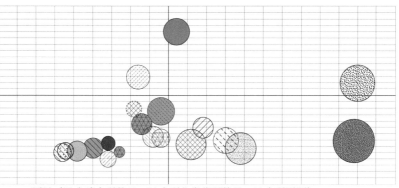

资源（% 总收入 + % 专利布局数量 + % 诉讼专利）

愿景（% 全球专利数量 + % 专利分类代码数量 + % 专利引证）

⊘ 佳能公司　　　　　　⊗ 索尼公司　　　　　　　⊛ 三星电子有限公司
● 通用电气公司　　　　⊙ 富士胶片控股株式会社　○ 赛默飞世尔科技公司
⊘ 松下电气产业株式会社　⊡ 国际商业机器公司　　　○ Gigaphoton株式会社
● 意法半导体集团　　　⊕ 东芝公司　　　　　　　⊙ 沃特斯公司

　　　　⊗ 台湾半导体制造有限公司　　　　● 西门子公司
　　　　○ 荷兰皇家飞利浦　　　　　　　⊕ 日立公司
　　　　⊡ 日本岛津制作所　　　　　　　● 柯尼卡美能达控股公司
　　　　⊗ 安森美半导体公司　　　　　　● 京东方科技集团股份有限公司

图 4-12　当前阶段前 20 位创新主体竞争态势四象限图谱

公司的全球专利量、总收入、诉讼专利数量

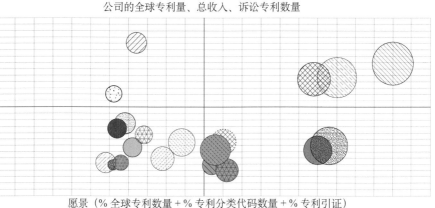

资源（% 总收入 + % 专利布局数量 + % 诉讼专利）

愿景（% 全球专利数量 + % 专利分类代码数量 + % 专利引证）

◎ LG 电子公司　　　　⊗ 索尼公司　　　　　　　⊛ 佳能公司
● 荷兰ASML公司　　　○ 荷兰皇家飞利浦　　　　　○ 赛默飞世尔科技公司
⊘ 通用电气公司　　　　⊙ 西门子公司　　　　　　⊙ 沃特斯公司
● 日立公司　　　　　　⊗ 松下电气产业株式会社　　○ 福特汽车公司

　　　　⊗ 三星电子有限公司　　　　　● 台湾半导体制造有限公司
　　　　○ 富士胶片控股株式会社　　　⊛ 半导体能源实验室
　　　　○ 东芝公司　　　　　　　　　◎ 美国OSI有限公司
　　　　⊗ KLA公司　　　　　　　　　● 伊诺特股份有限公司

图 4-13　未来阶段前 20 位创新主体竞争态势四象限图谱

图 4-12 和图 4-13 以四象限图谱形式，比较形象地展示了全球辐射能技术当前的技术创新和未来的技术竞争态势。在当前阶段，三星电子有限公司位于四象限图谱的 X 轴上，说明其具有较强的技术竞争优势，但资源竞争优势不足；通用电气公司位于 Y 轴上，说明其经济实力比较强，但技术实力不足。在未来阶段，LG 电子公司、索尼公司和三星电子有限公司三个创新主体位于第一象限"领跑者"队伍，说明其同时具有较强的综合技术实力和综合经济实力。

（三）前沿热点主题分析

我们选取扩展家族专利数据 135 925 个专利数据，采用文本聚类技术，以地形图可视化主题词图谱形式，展示了辐射能技术的前沿热点主题（图 4-14）。运用"文献聚类"选项，将专利文献划分为不同的小组，同一小组的专利文献

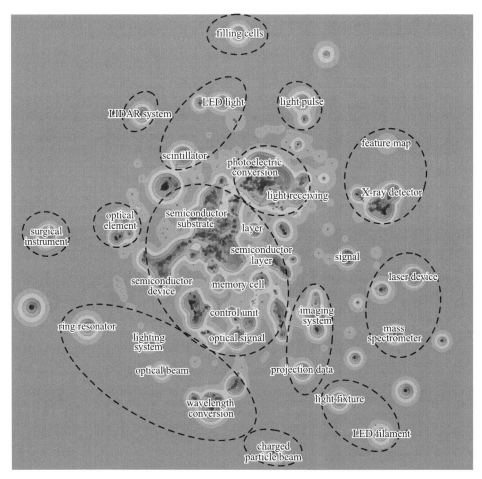

图 4-14　辐射能技术的前沿热点主题词图谱

包含共同的技术主题。技术主题一致或比较接近的专利文献会分布于地形图上的同一区域或较近区域。区域中山峰的海拔高度代表了特定技术主题专利文献的密度大小。密度越大，海拔越高，创新主体在该主题的专利布局越集中。

图 4-14 显示，半导体器件（semiconductor device）及相关技术、光电转换（photoelectric conversion）/采光技术（light receiving）、特征图谱（feature map）/X 射线探测仪（X-ray detector）、环形谐振器（ring resonator）/波长转换技术（wavelength conversion）、成像技术（imaging system）和激光装置（laser device）/质谱仪相关技术（mass spectrometer）等，是未来辐射能技术发展的主要热点领域。以半导体器件及相关技术为例，自 20 世纪 60 年代开始，半导体器件就被大规模用于以发电、变电、输电为代表的电力领域。近年来，随着 4C（通信、计算机、消费电子、汽车）产业的蓬勃发展，集成化、智能化的新型半导体器件又被广泛用于以电源管理应用为代表的电子领域。在 4G/5G 移动通信、雷达探测、轨道交通、光伏发电、半导体照明、高压输变电等应用领域不断发展的今天，半导体器件已经成为全球多个国家的产业化热点[152]。未来，半导体器件及相关技术还将推动环保型新能源、人工智能和汽车电子等多个领域的发展。光电转换技术是利用半导体的光伏效应，将光能转换为电能的技术[153]。这种技术可以将太阳能充分利用起来，为解决能源可再生和全球能源结构的调整提供一种可行的方法，将作为全球未来新能源的重要发展方向。环形谐振器因其在传感领域的重要作用，近年来受到国内外学者的持续关注[154, 155]。质谱仪作为应用广泛的分析科学仪器，在材料科学、生命科学、环境监测、医疗卫生和载人航天等领域都具有不可替代的作用[156]，在未来也将持续被人们所关注。

五、结论与启示

本文的创新之处在于，基于专利保护地域性理论和全球专利布局战略的思想，选择 2015～2019 年的专利数据及其全球专利战略布局数据，设计了技术预测模型；并选择全球辐射能技术领域进行了实证分析。以当前与未来的专利数量占比，对主要国家/地区当前与未来竞争态势进行了分析和预测；基于技术实力与经济实力的综合指标，选择四象限分析模型，对全球辐射能技术领域主要创新机构的当前竞争态势和未来竞争趋势进行了分析与预测，并对辐射能技术领域的前沿热点主题进行了可视化分析。

研究发现，全球辐射能技术领域当前的技术创新与未来的竞争态势，在主要国家/地区层面，前六位的顺序没有发生变化，但专利数量占比却发生了较大变化。美国上升趋势明显，日本下降趋势明显，韩国、德国、中国和中国台湾的变化不明显。在创新机构层面，主要创新主体在当前和未来阶段的变化比较明显。当前阶段排名第一的佳能公司，在未来阶段下降为第三位，其技术实力和经济实力分别都下降了。特别值得关注的是 LG 电子公司。它不是当前阶段前 20 强的创新机构但却是未来阶段的第一名。另外，荷兰的阿斯麦公司也不是当前阶段前 20 强的创新主体，但却是未来阶段的第六位。辐射能技术领域的前沿热点主题主要有半导体器件、光电转换、采光技术、特征图谱、X 射线探测仪和激光装置 / 质谱仪相关技术等。

辐射能作为能源产业最重要的技术创新领域，一直是世界上主要国家 /地区和主要创新主体加大研发投入和加强专利布局的重点领域[157, 158]。辐射能技术领域的创新发展，对中国政府实现"能源革命"的战略目标和实现能源产业升级换代具有重要的现实意义。虽然中国在全球的当前技术创新态势和未来技术竞争趋势都位于第五位，但其专利数量占比却比较低，而且在未来阶段相对于在当前阶段还有所下降。中国政府需要重视专利的全球布局，提升在未来全球能源产业技术竞争中的国际竞争实力。就主要创新主体而言，中国的京东方科技集团服份有限公司列于当前阶段前 20 强的创新机构，但在未来阶段，却没有中国大陆的创新主体出现。因此，无论从国家层面还是从创新机构层面，中国都需要加强专利的全球布局战略，提升国际竞争能力。

本章参考文献

［1］Bernal J D. Science in History［M］.Cambridge: the MIT Press Books, 1954.

［2］Yuasa M. Center of scientific activity: Its shift from the 16th to the 20th century［J］. Japanese Studies in the History of Science, 1962, 1(1): 57-75.

［3］Zhao H Z, Jiang G H. Shifting of worlds scientific center and scientists social ages［J］. Scientometrics, 1985, 8(1-2): 59-80.

［4］潘教峰、刘益东、陈光华、等 . 世界科技中心转移的钻石模型：基于经济繁荣、思想解放、教育兴盛、政府支持、科技革命的历史分析与前瞻［J］. 中国科学院院刊，2019，34（1）：10-21.

［5］孙玉涛，国容毓 . 世界科学活动中心转移与科学家跨国迁移：以诺贝尔物理学奖获得者为例［J］. 科学学研究，2018，36（7）：1161-1169.

［6］O'Shaughnessy E, Nemet G F, Darghouth N. The geography of solar energy in the United States: Market definition, industry structure, and choice in solar PV adoption［J］. Energy Research & Social Science, 2018, 38: 1-8.

［7］Dincer F. The analysis on photovoltaic electricity generation status，potential and policies of the leading countries in solar energy［J］. Renewable & Sustainable Energy Reviews, 2011, 15(1): 713-720.

［8］栾春娟，王续琨，王贤文. 世界数字信息传输技术专利中心的转移［J］. 科学学研究，2008，（4）：729-732.

［9］Wu F F, Li R Y, Huang L C, et al. Theme evolution analysis of electrochemical energy storage research based on CitNetExplorer［J］. Scientometrics, 2017, 110(1): 113-139.

［10］沈洪洲，葛飞，袁勤俭，等. 我国突发事件应急管理研究现状及热点主题演进分析：基于2006—2015年国家自然科学基金立项数据的研究［J］. 中国科学基金，2016，30（3）：275-282.

［11］张雪梅，黄微. 我国图书馆学主题分布及演进趋势研究：基于1978—2015年4类学术文献数据［J］. 情报理论与实践，2018，41（6）：75-81.

［12］赵蓉英，余波. 中外近五年智库研究演进脉络与热点主题对比分析［J］. 情报科学，2018，36（11）：3-9，16.

［13］胡小勇，张聪. 国际教育技术研究的可视化分析：热点变迁、前沿及影响力［J］. 电化教育研究，2013，34（8）：115-120.

［14］侯涛刚，王田苗，苏浩鸿，等. 软体机器人前沿技术及应用热点［J］. 科技导报，2017，35（18）：20-28.

［15］刘丽丽，毛艳艳，高柳滨. 新靶点新技术涌现，精准治疗前景可期：2016药物研发热点回眸［J］. 科技导报，2017，35（1）：100-106.

［16］栾春娟，曾国屏. 波音公司技术轨迹探测及其启示［J］. 工业技术经济，2011，30（6）：83-88.

［17］Saez-Martinez F J, Diaz-Garcia C, Gonzalez-Moreno A. Firm technological trajectory as a driver of eco-innovation in young small and medium-sized enterprises［J］. Journal of Cleaner Production, 2016, 138: 28-37.

［18］Flor R J, Chhay K, Sorn V, et al. The technological trajectory of integrated pest management for rice in cambodia［J］. Sustainability, 2018, 10（6）：14.

［19］栾春娟. 基于专利计量与可视化手段的技术前沿探测：以波音公司为例［J］. 情报理论与实践，2009，32（8）：68-71.

［20］Cvetanovic A, Svarc-Gajic J, Zekovic Z, et al. Subcritical water extraction as a cutting edge technology for the extraction of bioactive compounds from chamomile：Influence of pressure on chemical composition and bioactivity of extracts［J］. Food Chemistry, 2018, 266: 389-396.

［21］Vago L, Toffalori C, Ahci M, et al. Exploiting cutting-edge technologies to analyze loss of hla in a multicentric cohort of post-transplantation relapses: Results from the hlaloss global collaborative study［J］. Haematologica, 2018, 103: S16-S17.

［22］Awate S, Mudambi R. On the geography of emerging industry technological networks: The breadth and depth of patented innovations［J］. Journal of Economic Geography, 2018, 18(2): 391-419.

［23］Kyebambe M N, Cheng G, Huang Y Q, et al. Forecasting emerging technologies: A supervised learning approach through patent analysis［J］. Technological Forecasting and Social Change, 2017, 125: 236-244.

［24］秦建新，张青年，王全科，等．地图可视化研究［J］．地理研究，2000，19（1）：15-21.

［25］Philbrick A K. Toward a unity of cartographical forms and geographical content［J］. Professional Geographer, 2010, 5(5): 11-15.

［26］Taylor D R F. Geographic information systems: The microcomputer and modern cartography［J］. Modern Cartography Series, 1991, 1: 1-20.

［27］Suh J, Sohn S Y. Analyzing technological convergence trends in a business ecosystem［J］. Industrial Management & Data Systems, 2015, 115(4): 718-739.

［28］Martinez-Torres M R. Content analysis of open innovation communities using latent semantic indexing［J］. Technology Analysis & Strategic Management, 2015, 27(7): 859-875.

［29］Roy S, Curry B C, Madahian B, et al. Prioritization, clustering and functional annotation of microRNAs using latent semantic indexing of MEDLINE abstracts［J］. Bmc Bioinformatics, 2016, 17: 12.

［30］Al-Anzi F S, AbuZeina D. Beyond vector space model for hierarchical Arabic text classification: A Markov chain approach［J］. Information Processing & Management, 2018, 54(1): 105-115.

［31］Zhang J M, Jia K, Jia J M, et al. An improved approach to infer protein-protein interaction based on a hierarchical vector space model［J］. Bmc Bioinformatics, 2018, 19: 14.

［32］Enslin J H R, Snyman D B. Combined low-cost, high-efficient inverter, peak power tracker and regulator for PV applications［J］. IEEE Transactions on Power Electronics, 1991, 6(1): 73-82.

［33］赵争鸣，孙晓瑛，刘建政．太阳能光伏发电及其应用［M］．北京：科学出版社，2005.

［34］Shahidehpour M, Schwartz F. Don't let the sun go down on PV［J］. IEEE Power and Energy Magazine, 2004, 2(3)：40-48.

［35］Cai X S. Renewable energies, present & future［J］. 电工电能新技术, 2005, 24（1）: 69-75.

［36］日本中央環境審議会地球環境部会. 目標達成シナリオ小委員会中間取りまとめ（詳細版）［R］, 2001.

［37］日本環境省. 21 世紀環境立国戦略［R］, 2007.

［38］Green M A. Third generation photovoltaics: Advanced solar energy conversion［J］. Physics Today, 2004, 57(12): 71-72.

［39］中华人民共和国国务院.《国家中长期科学与技术发展规划纲要（2006—2020 年）》. 2006-02-09. http://www.gov.cn/jrzg/2006-02/09/content_183787_7.htm[2022-01-16].

［40］Enslin J H R, Snyman D B. Combined low-cost, high-efficient inverter, peak power tracker and regulator for PV applications［J］. Power Electronics IEEE Transactions on, 1991, 6(1): 73-82.

［41］平尾禎秀, 清丸勝正. 京都議定書締結のための国内制度のあり方: 中央環境審議会地球環境部会 [J]. 資源環境対策, 2001, 37（12）: 1217-1225.

［42］武内和彦. 21 世紀環境立国戦略 [J]. エネルギーと環境, 2013 (2231): 5-7.

［43］Green M A. Third generation photovoltaics: Advanced solar energy conversion［J］. Chemistry Letters, 2007, 36(4): 480-487.

［44］Beltz H, Fulop A, Wadhwa R R, et al. From ranking and clustering of evolving networks to patent citation analysis［C］//2017 International Joint Conference on Neural Networks. New York: IEEE, 2017: 1388-1394.

［45］Xu Q, Gu X J, Feng Y J. Knowledge adaptability evaluation in view of patent citation in technological evolutionary process: A case study of fuel cell［J］. International Journal of Software Engineering and Knowledge Engineering, 2015, 25(8): 1335-1364.

［46］Chang C L, Lin C Y, Lai K K, et al. The role on inter-organizational knowledge flows of patent citation network: The case of thin-film solar cells［C］//2019 IEEE International Conference on Engineering, Technology and Innovation. New York: IEEE, 2019.

［47］Vermeulen B. Geographical dynamics of knowledge flows: Descriptive statistics on inventor network distance and patent citation graphs in the pharmaceutical industry［J］. International Journal of Computational Economics and Econometrics, 2018, 8(3-4): 301-324.

［48］Bordes F. Physical evolution and technological evolution in man-parallelism［J］. World Archaeology, 1971, 3(1): 1-5.

［49］Constant E W. Diversity and co-evolution of technological multiples-steam-turbines and pelton water wheels［J］. Social Studies of Science, 1978, 8(2): 183-210.

［50］Stuart T E, Podolny J M. Local search and the evolution of technological capabilities［J］. Strategic Management Journal, 1996, 17: 21-38.

［51］Iruela J R S, Ruiz L G B, Pegalajar M C, et al. A parallel solution with GPU technology to predict energy consumption in spatially distributed buildings using evolutionary optimization and artificial neural networks［J］. Energy Conversion and Management, 2020, 207: 13.

［52］He J, Fallah M H. Dynamics of inventor networks and the evolution of technology clusters［J］. International Journal of Urban and Regional Research, 2014, 38(6): 2174-2200.

［53］邹乐乐，陈佩佩，吴怡，等 . 中国清洁技术创新主体的合作特征及演化分析［J］. 科学学研究，2019，37（9）：1702-1711.

［54］Williams J R. Technological evolution and competitive response［J］. Strategic Management Journal, 1983, 4(1): 55-65.

［55］Zeng Y C, Dong P W, Shi Y Y, et al. Analyzing the co-evolution of green technology diffusion and consumers' pro-environmental attitudes: An agent-based model［J］. Journal of Cleaner Production, 2020, 256: 11.

［56］Ma T J, Nakamori Y. Agent-based modeling on technological innovation as an evolutionary process［J］. European Journal of Operational Research, 2005, 166(3): 741-755.

［57］游鸽，郭昊，刘向 . 基于专利引文网络的技术演化网络模型与仿真分析［J］. 系统仿真学报，2020：1-12.

［58］徐雨森，郑稣鹏，李金茹 . 国际接口、资源体系与技术创新共演过程研究［J］. 科学学研究，2018，36（11）：2092-2102.

［59］Iansiti M. Technology integration-managing technological evolution in a complex environment［J］. Research Policy, 1995, 24(4): 521-542.

［60］Lycett S J, Norton C J. A demographic model for Palaeolithic technological evolution: The case of East Asia and the Movius line［J］. Quaternary International, 2010, 211(1-2): 55-65.

［61］Arteaga F J S, Tavana M, Di Caprio D, et al. A dynamic multi-stage slacks-based measure data envelopment analysis model with knowledge accumulation and technological evolution［J］. European Journal of Operational Research, 2019, 278(2): 448-462.

［62］Overbury R E. Technological forecasting-criticism of delphi technique［J］. Long Range Planning, 1969, 1(4): 76-77.

［63］Shin T. Using Delphi for a long-range technology forecasting, and assessing directions of future R&D activities-the Korean exercise［J］. Technological Forecasting and Social Change, 1998, 58(1-2): 125-154.

［64］Eimecke J, Baumert K, Baier D. Applying the repertory grid method for technology forecasting: Civil unmanned aviation systems for germany [J]. Management and Production Engineering Review, 2017, 8(3): 22-30.

［65］ Wu C C. Constructing a weighted keyword-based patent network approach to identify technological trends and evolution in a field of green energy: A case of biofuels [J]. Quality & Quantity, 2016, 50(1): 213-235.

［66］ Jun S, Park S S, Jang D S. Technology forecasting using matrix map and patent clustering [J]. Industrial Management & Data Systems, 2012, 112(5-6): 786-807.

［67］ Cheng M N, Cheung C F, Fung S H, et al. A hybrid roadmapping method for technology forecasting and assessment: A case study in an information and communication technology company [C] //Kocaoglu D F, Anderson T R, Daim T U, et al. 2014 Portland International Conference on Management of Engineering & Technology. New York: IEEE, 2014: 2882-2890.

［68］ Su H N, Moaniba I M, Investigating the dynamics of interdisciplinary evolution in technology developments [J]. Technological Forecasting and Social Change, 2017, 122: 12-23.

［69］ Wong C Y, Wang L L. Trajectories of science and technology and their co-evolution in BRICS: Insights from publication and patent analysis [J]. Journal of Informetrics, 2015, 9(1): 90-101.

［70］ Park T Y, Lim H, Ji I. Identifying potential users of technology for technology transfer using patent citation analysis: A case analysis of a Korean research institute [J]. Scientometrics, 2018, 116(3): 1541-1558.

［71］ Kumar V, Lai K K, Chang Y H, et al. Mapping technological trajectories for energy storage device through patent citation network [C] //2018 9th International Conference on Awareness Science and Technology. New York: IEEE, 2018: 56-61.

［72］ Sharma P, Tripathi R C. Patent citation: A technique for measuring the knowledge flow of information and innovation [J]. World Patent Information, 2017, 51: 31-42.

［73］ 张晓鹏. 新能源产业发展的困境及对策 [J]. 科技风, 2017, （20）: 1.

［74］ 王新, 张涛. 新能源产业金融支持路径与风险防范方法探析 [J]. 经济研究导刊, 2016, （2）: 146-148.

［75］ 陈岩, 陈斯琴. 新能源产业竞争能力模型分析 [J]. 时代经贸, 2017, （27）: 50-51.

［76］ 魏景赋. 可再生能源、产业内贸易对碳排放的影响: 基于中日韩三国面板数据的研究 [J]. 东北亚经济研究, 2017, （1）: 33-41.

［77］ 刘微微, 邢菁. 可再生能源技术吸收能力对我国能源产业绩效的影响 [J]. 管理学报,

2017，（1）：93-99.

［78］陈艳，朱雅丽.基于博弈模型的可再生能源产业补贴标准设计［J］.统计与决策，2014，（20）：49-51.

［79］李伯兴.生物能源产业发展的路径分析［J］.企业科技与发展，2014，（8）：1-3.

［80］赵军.美国生物能源产业生态系统演化过程研究［J］.中国科学院院刊，2014，（4）：485-492.

［81］赵军.生物能源产业生态系统的构建及其特征研究［J］.中国生物工程杂志，2014，（7）：102-107.

［82］Patent publication. 2020. https: //www.wipo.int/export/sites/www/scp/en/meetings/session_17/quality/germany.pdf.

［83］Huenteler J, Ossenbrink J, Schmidt T S, et al. How a product's design hierarchy shapes the evolution of technological knowledge-evidence from patent-citation networks in wind power［J］. Research Policy, 2016, 45(6): 1195-1217.

［84］肖明，李国俊，袁浩，等.国外情报学研究前沿可视化分析：基于JASIS&T（2000—2009年）的引文耦合分析［J］.图书情报工作网刊，2011，（2）：1-5.

［85］战玉华.专利的秘密：天才之火与利益之油［J］.图书馆建设，2019，（1）：162-163.

［86］Arnold M, Tainter J A, Strumsky D. Productivity of innovation in biofuel technologies［J］. Energy Policy, 2019, 124: 54-62.

［87］Oh G, Kim H Y, Park A. Analysis of technological innovation based on citation information［J］. Quality & Quantity, 2017, 51(3): 1065-1091.

［88］Himmel S C, Krebs R P. The effect of changes in altitude on the controlled behavior of a gas-turbine engine［J］. Journal of the Aeronautical Sciences, 1951, 18(7): 433-446.

［89］Kumal R R, Liu J W, Gharpure A，et al. Impact of biofuel blends on black carbon emissions from a gas turbine engine［J］. Energy&Fuels. 2020, 34(4): 4958-4966.

［90］Zhou X, Lu F, Zhou W X, et al. An improved multivariable generalized predictive control algorithm for direct performance control of gas turbine engine［J］. Aerospace Science and Technology, 2020, 99: 17.

［91］Chan K S, Enright M P, Moody J P, et al. Residual stress profiles for mitigating fretting fatigue in gas turbine engine disks［J］. International Journal of Fatigue, 2010, 32(5): 815-823.

［92］Rolling A J, Byerley A R, Wisniewski C F. Integrating systems engineering into the USAF academy capstone gas turbine engine course［J］. Journal of Engineering for Gas Turbines and Power-Transactions of the Asme, 2012, 134(2): 8.

［93］ Timko M T, Herndon S C, Blanco E D, et al. Combustion products of petroleum jet fuel, a fischer-tropsch synthetic fuel, and a biomass fatty acid methyl ester fuel for a gas turbine engine［J］. Combustion Science and Technology, 2011, 183(10): 1039-1068.

［94］ Ghoshal A, Murugan M, Walock M J, et al. Molten particulate impact on tailored thermal barrier coatings for gas turbine engine［J］. Journal of Engineering for Gas Turbines and Power-Transactions of the Asme, 2018, 140(2): 10.

［95］ Nieto A, Walock M, Ghoshal A, et al. Layered, composite, and doped thermal barrier coatings exposed to sand laden flows within a gas turbine engine: Microstructural evolution, mechanical properties, and CMAS deposition［J］. Surface & Coatings Technology, 2018, 349: 1107-1116.

［96］ Timko M T, Yu Z, Onasch T B, et al. Particulate emissions of gas turbine engine combustion of a fischer-tropsch synthetic fuel［J］. Energy&Fuels, 2010, 24(11): 5883-5896.

［97］ Ma K, Mateen K, Ren G W, et al. Modeling foam flow at achievable flow rates in the subterranean formation using the population-balance approach and implications for experimental design［J］. Journal of Non-Newtonian Fluid Mechanics, 2018, 254: 36-50.

［98］ Ran L M, Borouchaki H, Benali A, et al. Hex-dominant mesh generation for subterranean formation modeling［J］. Engineering with Computers, 2012, 28(3):255-268.

［99］ 孟方芳. 光伏热电新风机的性能研究［D］. 长沙: 湖南大学硕士学位论文, 2016.

［100］ 孙福洲. 有机太阳能电池中光生电子的提取及产量研究［D］. 苏州: 苏州大学硕士学位论文, 2014.

［101］ Heng P P, Mao L M, Guo X G, et al. Accurate estimation of the photoelectric conversion efficiency of a series of anthracene-based organic dyes for dye-sensitized solar cells［J］. Journal of Materials Chemistry C, 2020, 8(7): 2388-2399.

［102］ Zhang W G, Lei H X, Yao S W, et al. Enhancement of photoelectric conversion efficiency with sulfur-doped g-C_3N_4/TiO_2 nanoparticles composites in dye-sensitized solar cells［J］. Journal of Materials Science-Materials in Electronics, 2019, 30(10): 9861-9871.

［103］ Zhang X Y, Yang C, Pan Y Y, et al. Monolayer GaS with high ion mobility and capacity as a promising anode battery material［J］. Journal of Materials Chemistry A, 2019, 7(23): 14042-14050.

［104］ Kuganathan N, Sgourou E N, Panayiotatos Y, et al. Defect process, dopant behaviour and li Ion mobility in the Li_2MnO_3 Cathode Material［J］. Energies, 2019, 12(7): 11.

［105］ Shi X, Cai L F, Song H F. Discovering potential technology opportunities for fuel cell vehicle firms: A multi-level patent portfolio-based approach［J］. Sustainability, 2019,

11(22): 22.

[106] Wang X F, Li R R, Huang Y, et al. Identifying R&D partners for dye-sensitized solar cells: A multi-level patent portfolio-based approach [J]. Technology Analysis & Strategic Management, 2019, 31(3): 356-370.

[107] Parida B, Iniyan S, Goic R. A review of solar photovoltaic technologies [J]. Renewable & Sustainable Energy Reviews, 2011, 15(3): 1625-1636.

[108] Kleidon A, Miller L, Gans F. Physical limits of solar energy conversion in the earth system [C] //Tuysuz H, Chan C K, eds. Solar Energy for Fuels. Cham: Springer International Publishing Ag, 2016: 1-22.

[109] Kosmopoulos P G, Kazadzis S, El-Askary H, et al. Earth-observation-based estimation and forecasting of particulate matter impact on solar energy in Egypt [J]. Remote Sensing, 2018, 10(12): 23.

[110] Warren S. The physiological effects of radiant energy [J]. Annual Review of Physiology, 1945, 7: 61-74.

[111] Kowacz M，Pollack G H. Moving water droplets: The role of atmospheric CO_2 and incident radiant energy in charge separation at the air-water interface [J]. Journal of Physical Chemistry B, 2019, 123(51): 11003-11013.

[112] 尹忠博，罗威，罗准辰. 数据驱动的技术预测：现状、技术与趋势 [J]. 情报理论与实践，2018，41（12）：35-40.

[113] Mahajan V. The delphi method: Techniques and applications [J]. Journal of Marketing Research (Pre-1986), 1976, 13(3): 317.

[114] 徐磊. 技术预见方法的探索与实践思考：基于德尔菲法和技术路线图的对接 [J]. 科学学与科学技术管理，2011，32（11）：37-41.

[115] Tang Y, Sun H, Yao Q, et al. The selection of key technologies by the silicon photovoltaic industry based on the Delphi method and AHP (analytic hierarchy process): Case study of China[J]. Energy, 2014, 75: 474-482.

[116] 张冬梅，曾忠禄. 德尔菲法技术预见的缺陷及导因分析：行为经济学分析视角 [J]. 情报理论与实践，2009，32（8）：24-27.

[117] Zhang Y, Zhang G, Chen H, et al. Topic analysis and forecasting for science, technology and innovation: Methodology with a case study focusing on big data research [J]. Technological Forecasting & Social Change, 2016, 105.

[118] 袁晓东，陈静. 专利信息分析在技术创新合作伙伴选择中的应用 [J]. 情报杂志，2011，30（8）：22-27.

［119］温芳芳．我国专利技术转移的时间与空间分布规律研究：基于 SIPO 专利许可信息的计量分析［J］.情报理论与实践，2014，37（4）：32-36.

［120］赵莉晓．基于专利分析的 RFID 技术预测和专利战略研究：从技术生命周期角度［J］.科学学与科学技术管理，2012，33（11）：24-30.

［121］Chen Y H, Chen C Y, Lee S C. Technology forecasting and patent strategy of hydrogen energy and fuel cell technologies［J］. International Journal of Hydrogen Energy, 2011, 36(12): 6957-6969.

［122］袁冰，朱东华，任智军．基于数据挖掘技术的专利情报分析方法及实证研究［J］.情报杂志，2006，（12）：99-101，104.

［123］王旭超，吴腾枫，江小蓉，等．面向技术预测的专利情报分析实证研究［J］.情报科学，2014，32（7）：139-144.

［124］翟东升，刘鹤，张杰，等．一种基于链路预测的技术机会挖掘方法［J］.情报学报，2016，35（10）：1090-1100.

［125］邵黎明，赵志耘，许端阳．基于专利文献和知识图谱的技术预测方法研究［J］.科技管理研究，2015，35（14）：134-140.

［126］张振刚，罗泰晔．基于知识网络的技术预见研究［J］.科学学研究，2019，37（6）：961-967，985.

［127］Lee S, Choi J, Sawng Y W. Foresight of promising technologies for healthcare-IoT convergence service by patent analysis［J］. Journal of Scientific & Industrial Research, 2019, 78(8): 489-494.

［128］王效岳，赵冬晓，白如江．基于专利文本数据挖掘的技术预测方法与实证研究：以纳米技术在能源领域应用为例［J］.情报理论与实践，2017，40（4）：106-110.

［129］Gokhberg L, Kuzminov I, Khabirova E, et al. Advanced text-mining for trend analysis of Russia's extractive industries[J]. Futures, 2020, 115: 1-12.

［130］Proskuryakova L N, Ermolenko G V. The future of Russia's renewable energy sector: Trends, scenarios and policies[J]. Renewable Energy, 2019, 143: 1670-1686.

［131］Drahos P. The economics and management of intellectual property: Towards intellectual capitalism［J］. Information Economics and Policy, 2001, 13(1): 107-111.

［132］赵梦瑶，银路．基于应用的专利布局模式及策略研究：以 JY 公司为例［J］.科技管理研究，2019，39（5）：130-135.

［133］田小楚，马治国．我国中医药产业专利布局模式研究［J］.科技与法律，2019，（3）：1-9.

［134］黄璐，钱丽娜，张晓瑜，等．医药领域的专利保护与专利布局策略［J］.中国新药杂

志，2017，26（2）：139-144.

［135］何健，袁红梅.基于专利功能的中药专利布局实证研究［J］.中国药学杂志，2018，53（12）：1029-1034.

［136］温芳芳.基于德温特专利族计量的太阳能汽车技术全球专利布局研究［J］.科技管理研究，2016，36（22）：134-138.

［137］华连连，邓思捷，王建国，等.乳制品产业专利布局特征与技术创新发展研究［J］.科学管理研究，2019，37（6）：70-76.

［138］高楠，傅俊英，赵蕴华.人工智能技术全球专利布局与竞争态势［J］.科技管理研究，2020，（8）：176-184.

［139］Wang Y Y. Patent layout and early warning advices of satellite navigation［C］//Sun J, Yang C, Yang Y. China Satellite Navigation Conference. Singapore: Springer-Verlag Singapore Pte Ltd, 2019: 662-672.

［140］马荣康.基于马尔可夫链的中外专利布局演变特征比较分析：IPC 小类层面的证据［J］.科学学与科学技术管理，2018，39（9）：73-86.

［141］陈会英，高晓航，周衍平.我国海外专利布局网络演化特征：基于社会网络分析［J］.中国高校科技，2019，（6）：23-26.

［142］Kogler D F, Heimeriks G, Leydesdorff L. Patent portfolio analysis of cities: statistics and maps of technological inventiveness［J］. European Planning Studies, 2018, 26(11): 2256-2278.

［143］Zhang Y, Shang L N, Huang L, et al. A hybrid similarity measure method for patent portfolio analysis［J］. Journal of Informetrics, 2016, 10(4): 1108-1130.

［144］Li S, Fang S. An empirical research of patent portfolio analysis method on the patent technology portfolio level［J］. Journal of the China Society for Scientific and Technical Information, 2016, 35(5): 451-462.

［145］Kuan C H, Huang M H, Chen D Z. Capturing and tracking performance of patent portfolio using h-complement area centroid［J］. IEEE Transactions on Engineering Management, 2013, 60(3): 496-505.

［146］Kim J. Patent portfolio management of sequential inventions: Evidence from US patent renewal data［J］. Review of Industrial Organization, 2015, 47(2): 195-218.

［147］Denicolo V, Zanchettin P. A dynamic model of patent portfolio races［J］. Economics Letters, 2012, 117(3): 924-927.

［148］Lin B W, Chen C J, Wu H L. Patent portfolio diversity, technology strategy, and firm value［J］. IEEE Transactions on Engineering Management, 2006, 53(1): 17-26.

［149］ Shi J Y, Xu Y B. Design of solar power management circuit based on wireless sensor network［J］. International Journal of Online Engineering, 2017, 13(12): 67-75.

［150］ Wei C, Lamesch P, Arumugam M, et al. Closing in on the C. elegans ORFeome by cloning TWINSCAN predictions[J]. Genome research, 2005, 15(4): 577-582.

［151］ Wu J Q, Shteynberg D, Arumugam M, et al. Identification of rat genes by TWINSCAN gene prediction, RT–PCR, and direct sequencing[J]. Genome Research, 2004, 14(4): 665-671.

［152］ 郝跃. 宽禁带与超宽禁带半导体器件新进展［J］. 科技导报, 2019, 37（3）: 58-61.

［153］ 彭晓雷. 基于光电转换技术的太阳能除草机研究［J］. 农机化研究, 2020, 42（12）: 220-223.

［154］ Khosroabadi S, Shokouhmand A, Marjani S. Full optical 2-bit analog to digital convertor based on nonlinear material and ring resonators in photonic crystal structure［J］. Optik, 2020, 200: 163393-163401.

［155］ 刘景良, 陈薪羽, 王睿明, 等. 基于中红外光参量振荡器光束质量优化的 90° 像旋转四镜非平面环形谐振腔型设计与分析［J］. 物理学报, 2019, 68（17）: 123-131.

［156］ 沈湘, 吴鸣, 欧阳峥峥, 等. 基于 1997—2016 年专利分析全球质谱仪技术创新现状和趋势［J］. 分析试验室, 2017, 36（12）: 1477-1482.

［157］ Boroumand J, Rezadad I, Alhasan A, et al. Thermomechancial characterization in a radiant energy imager using null switching［C］//Andresen B F, Fulop G F, Hanson C M, et al.Infrared Technology and Applications Ⅺ. Bellingham: Spie-Int Soc Optical Engineering, 2014.

［158］ Etzion Y, Erell E. Controlling the transmission of radiant energy through windows: A novel ventilated reversible glazing system［J］. Building And Environment, 2000, 35(5): 433-444.

第五章　技术会聚评价指标与方法研究

第一节　基于特征向量中心度的技术会聚评价指标研究

一、意义与国内外研究现状

随着世界科技的快速发展，新兴技术不断从各个领域中快速涌现。这些新兴技术有的源于基础科学中新的发现，有的源于原有技术的突破，但更多的是依靠不同领域间技术的交叉碰撞产生的[1]。在技术竞争日益加剧、创新难度和成本急剧增长的背景下，单一领域的知识难以支撑起整个领域技术发展[2]，学科间的界线逐渐模糊，技术之间的壁垒逐渐消除。

任何技术都无法孤立地存在，一定存在着与其相关联的技术，相关联的技术之间的相互影响和作用推动了新的技术体系的形成、发展及演变[3]。将技术间的交叉作用放大到宏观层面来看就会发现不同领域间的技术会聚现象。技术会聚能够推动不同技术领域或来源的知识进行技术上的创新[4]，极大地促进工业与技术间的知识交流，是公认的技术创新的源泉[5]。通过技术会聚所产生的会聚技术具有组合知识的整合价值与协同价值[6,7]，为新的技术方案的制定奠定了基础，同时也为企业把握自主权、提高核心竞争力提供全新的动力。技术会聚评价就是在此基础上采用定性与定量相结合的会聚技术指标评价模式，通过探索及测度会聚技术的影响力，进而把握技术发展的前沿走势，深化技术发展的演化模式，具有重要的研究价值及意义[8,9]。

国内外学者对于技术会聚评价指标的研究主要集中在以下几个方向：运用关联规则进行技术会聚探测[10]、交叉影响法测度技术影响力[9,11]、关联度和链路预测指标测度技术间影响力[5,12]、社会网络分析指标测度技术间关系[12]、平均技术共类指数测度领域间技术共类情况[3]、引文分析测度技术影响力[13]、熵值法测度技术间的约束力[14]。已有的测度指标均是通过评价技术间的影响力或关联度两个维度对技术会聚进行测度，但是综合运用两个维度测度会聚技术领域间影响力关系的研究较少。

因此，本文为实现多维度技术会聚评价的目的，拟采用关联规则分析法探测会聚技术，并运用交叉影响分析法（cross impact analysis，CIA）测度技术领域影响力，在此基础上采用特征向量中心度指标测度技术会聚领域间的关联度，从而综合测度技术会聚过程中领域间的作用关系，帮助科研人员准确把握技术领域的发展潜力，并为相关部门制定科技政策与产业发展的布局提供参考依据。

二、影响技术会聚评价的两个维度——关联度与影响力

（一）技术会聚关联度评价

技术会聚的关联度评价是指测度某技术领域与其他技术领域关联关系的数量及关联的强度的一种评价指标。该指标在一定程度上反映了技术领域在整体会聚网络中的位置，描述了技术领域在整体网络中的价值。

如图 5-1 中点的关联属性所示，关联度评价测度了技术领域在技术会聚过程中的网络属性，反映了技术领域在整个会聚过程中的作用大小。目前对于技术关联度的评价主要包括，袁思达运用统计学中相关度指标并结合德尔菲法，对技术间的关系进行共性技术识别[15]。Kim 等、Park 等运用专利技术间的引文关系绘制出技术关系图谱，并采用中介中心度、接近中心度指标测度 IPC 分类代码所表示的技术领域间的会聚关系[16, 17]。其他通过关联度评价进行技术会聚分析的测度指标还包括针对技术共现网络的中介中心度、接近中心度、核心边缘中心度等社会网络中心度指标的测度[18-21]，以及采取聚类分析法测度领域间会聚系数的评价指标。

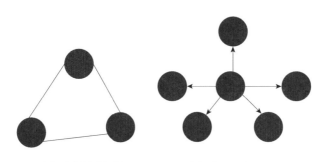

(a) 点的关联属性　　　　　(b) 点的影响力属性

图 5-1　技术会聚评价关联度及影响力

（二）技术会聚影响力评价

技术会聚影响力评价是对会聚过程中某个领域影响其他领域技术融合程度的测度指标，更着重于描述网络中领域之间边的关系。如图 5-1 中点的影响力

属性所示，会聚技术影响力评价更多的是说明点对网络中其他点作用的大小。

技术会聚影响力评价的研究主要可以分为宏观、中观、微观三个层面[22]。宏观层面的分析主要针对技术领域间的会聚影响力情况，栾春娟等根据技术领域间共类的专利数量与两技术领域全部专利数量的比值构建了平均技术共类指数[3, 23]，Cho 等引入热力学的熵值法测度技术领域的会聚情况[14]，Kranakis 通过对技术领域间交叉的专利数量测度会聚技术的影响力大小[24]。在中观层面上，会聚技术影响力的研究对象为单一领域，指标采用融合强度（convergence intensity）、融合广度（convergence coverage）来测度会聚技术的融合情况。在微观层面上，会聚技术影响力的评价则是针对某个专利进行的，通过测量专利在多大程度上被其他领域专利引用的扩散指数（generality）[4]及专利多大程度引用了其他领域专利的吸收指数（originality）[25]进行评价。

（三）技术会聚的双维度综合评价

在技术会聚中，领域对于整体网络的影响力大小取决于该领域中技术本身的价值大小及专利的多元化特征。但如果仅从微观视角对专利技术本身进行分析，则容易忽略知识共同体的价值。同时，单一地从技术的影响力或关联度上不能准确地描述技术会聚的情况。因此，采用双维度评价更能准确地描述会聚过程中技术领域的价值。

在采用双维度指标进行技术会聚评价的研究中，栾春娟、王贤文等采用 Jaccard 系数描绘技术间的影响力大小，运用 Girvan-Newman 算法进行网络聚类，并采用中介中心度指标测度共性技术及技术领域[26]。如图 5-2 所示，常见的技术会聚关系包含了领域之间不同的关联度及不对称的影响力关系，领域间的影响力并不相同，且不同领域的关联价值也不尽相同。因此，研究人员需采用综合影响力评价及关联度评价的指标体系对代表某类知识的共同体技术领域进行分析，才能够准确地描述技术会聚中某个领域的价值。

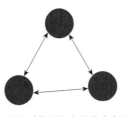
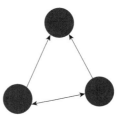

(a) 过往研究中的技术会聚网络　　(b) 现实中的技术会聚网络

图 5-2　技术会聚中的技术领域关系

三、基于特征向量中心度的技术会聚评价指标

（一）运用关联规则探测技术会聚

技术会聚评价研究多是以某一机构、企业或领域中的全部技术直接进行领域间交叉影响的评价及分析。这样的数据中存在大量的并未形成会聚技术的交叉技术领域。这些交叉可能是某个技术领域在应用配置技术主体时的次要应用，并不能表示这两个技术领域间产生了技术会聚。因此，研究人员需要排除非会聚技术对于技术会聚评价的干扰，应在评价之前进行技术会聚探测，构建基于会聚技术的关系网络。

本文运用关联规则探测方法中的 Apriori 算法[10]，挖掘出众多技术领域中的会聚关系。运用该算法进行技术会聚探析分为两个阶段，第一阶段为关联规则阈值的选择。在使用 Apriori 算法判定关联规则的过程中，需要首先选择关联规则的最小支持度（$S_{\min}$）和最小置信度（$C_{\min}$）两项阈值。阈值的计算公式如表 5-1 所示。根据阈值的大小从数据集中选出符合最小置信度及最小支持度的全部项集（itemset）。该项集称为频繁项集（frequent itemset）。第二阶段是根据第一阶段的结果，在频繁项集中找出产生期望的规则[27]。这些获取的关联规则就是发生会聚的技术领域。

表 5-1　关联规则阈值计算

参数	解释说明	计算公式
置信度	表示 X 中的分类代码与 Y 中的分类代码同时出现的次数占 X 中分类代码出现次数的比例，即 X 出现时 Y 出现的可能性	$C_{X \to Y} = \dfrac{\lvert T : X \cap Y \rvert}{\lvert T : X \rvert}$
支持度	表示 X 中的分类代码与 Y 中的分类代码同时出现的频次在全部分类代码组合中所占的比例	$S_{X \to Y} = \dfrac{\lvert T : X \cap Y \rvert}{\lvert T \rvert}$

（二）基于交叉影响分析法的技术影响力分析

交叉影响分析法是测度会聚技术领域间影响力的重要方法之一，最早由 Gordon 等提出[28]。Changwoo 等将其运用到专利分析当中[29]，黄斌等从评价准确性角度改进了交叉影响分析法在会聚影响力分析中的应用。在技术领域 A 与 B 的关系中，$N(A)$ 代表 A 技术领域的专利数量，$N(B)$ 代表 B 技术领域的专利数量，$N(A \cap B)$ 表示 A 领域与 B 领域交汇的专利数量。因此，影响力 $\text{Impact}(A \to B) = \dfrac{N(A \cap B)}{N(B)}$ 表示领域 A 对领域 B 的影响力或领域 B 在多大程

度上受到领域 A 的影响。同样，$\mathrm{Impact}(B \to A) = \dfrac{N(A \cap B)}{N(A)}$ 表示领域 B 对领域 A 的影响力，将得到的关联结果采用 X 轴取值为 Impact(B→A)、Y 轴取值为 Impact(A→B) 的方式绘制成象限图进行分析。因为本文所采用的关联技术均属于会聚技术，所以文中的会聚技术领域间的影响力关系评价如图 5-3 所示。如果 A 和 B 两个领域间关系位于第一三象限，则说明会聚技术的产生来源于 A 和 B 两个技术领域的共同作用。如果 A 和 B 两个领域间的关系位于第二象限，则表示会聚技术是 B 领域在受到 A 领域极大影响下产生的；反之，A 和 B 两个领域间的关系位于第四象限，则表示会聚技术是 A 领域在受到 B 领域极大影响下产生的。

图 5-3　影响力关系评价

（三）特征向量中心度分析

选取何种测度方式评价技术领域在整个会聚网络中的位置，直接决定了评价结果的准确性[30]。在社会网络分析中，很多指标都可被用于测度节点在网络中的作用，如中介中心度、度数中心度、接近中心度等。但上述指标并不完全适用于会聚技术领域的评价。中介中心度是测度节点位于网络中心程度的指标[31, 32]，是通过计算经过一点的最短路径的全部最短路径的比值得出的，反映节点对于网络中资源的控制能力，并不能说明领域间影响力的大小，计算公式如式（5-1）所示。其中，$C_B(v)$ 表示中介中心度，σ_{st} 表示节点 s 与节点 t 之间最短路径的数量，$\sigma_{st}(v)$ 表示节点 s 与节点 t 最短路径中经过节点 v 的路径数量。度数中心度是评价节点网络价值最常用的指标[33]，是通过网络中节点的出现频次描述其自身属性的指标，计算公式如式（5-2）所示。其中，$C_D(v)$ 表示度数中心度，$\deg(v)$ 表示与节点 v 相连的边的数量。接近中心度是描述节点间距离的指标[34]，是通过计算节点与网络中其他节点的最短距离之和取倒数计算得出的[35]。接近中心度指标考虑了节点间的路径关系，但并没有计算其影响力大小，也不适合作为会聚技术影响力评价的指标，计算公式如式（5-3）所示。其中，$C(x)$ 表示接近中心度，$d(y, x)$ 表示节点 x 与节点 y 之间的平均距离。

$$C_B(v) = \sum_{s \neq v \neq t \in V} \left[\frac{\sigma_{st}(v)}{\sigma_{st}} \right] \sigma_{st} \qquad (5\text{-}1)$$

$$C_D(v) = \deg(v) \qquad (5\text{-}2)$$

$$C(x) = \frac{1}{\sum\limits_{y} d(y,x)} \qquad (5\text{-}3)$$

技术会聚的评价过程与其他社会网络分析的研究对象不同。以往研究的分析对象往往是独立的个体，而技术会聚评价的对象是交叉的两个技术领域，发生会聚的两个技术领域中必然包含其他领域的相关技术内容，所以在对该领域进行分析时不能仅将某个领域视为单一的个体，而忽略其他技术领域在会聚过程中对其产生的直接影响。

本文采用特征向量中心度测度技术领域间的作用关系，原因在于特征向量中心度指标摒弃了原有研究中将节点权重视为全部相同的错误观点[36]，采用迭代算法测度技术会聚过程中不同领域间的交叉融合的作用大小，描述技术领域会聚过程中对其他领域的影响力，将领域间的交叉关系表现在指标中。特征向量中心度的计算公式如式（5-4）所示。该指标在评价领域的技术会聚作用时，不仅测度了领域发生会聚的频次，还强调了领域对于技术会聚发生的重要性，较其他指标更综合。目前特征向量中心度指标及其算法的变形（如PageRank 算法及 Katz 中心度）已被广泛用于核心网页识别及网页热度分析等方面[37, 38]，是目前网页质量评价的重要算法之一。

$$x_v = \frac{1}{\lambda} \sum_{t \in M(v)} x_t = \frac{1}{\lambda} \sum_{t \in G} \alpha_{(v,t)} x_t \qquad (5\text{-}4)$$

式中，$x(v)$ 表示特征向量中心度，λ 为比例常量，$x(t)$ 表示比例常量 λ 所对应的矩阵特征向量，$\alpha_{(v,t)}$ 表示 v 与 t 节点的链接情况，v 与 t 之间存在链接则 $\alpha_{(v,t)}$ 取值为 1，不存在链接则 $\alpha_{(v,t)}$ 取值为 0。

四、实证分析

（一）数据来源

本文选用德温特（Derwent）专利数据库中 2017～2018 年生物技术领域的全部专利数据，检索时间截至 2018 年 9 月 1 日。德温特专利数据库收录全世界 40 多家专利机构的专利数据，专利时间最早可以追溯到 1966 年。德温特专利数据库的最大特色是它对每条专利都会进行手工标引，标引信息包括德温特分类代码（Derwent code，DC）及德温特手工代码。对于描述技术领域这个特点上，德温特分类代码具有比其他分类代码更高的准确性。

检索式的编辑选择世界经济合作与发展组织（Organization for Economic Co-operation and Development，OECD）针对生物技术领域发布的检索式：A01H-001/00 OR A01H-004/00 OR A61K-038/00 OR A61K-039/00 OR A61K-048/00 OR C02F-003/34 OR C07G-011/00 OR C07G-013/00 OR C07G-015/00 OR C07K-004/00 OR C07K-014/00 OR C07K-016/00 OR C07K-017/00 OR C07K-019/00 OR C12M OR C12N OR C12P OR C12Q OR C12S OR G01N-027/327 OR G01N-033/(53*,54*,55*,57*,68,74,76,78,88,92)。最终经过检索清洗后共得到专利 14 947 条。

（二）会聚技术探测

每条德温特专利数据库中收录的专利信息都标注着德温特分类代码，该信息代表着专利所涉及的全部技术领域。因此，研究人员需要首先从专利信息中提取其所包含的德温特分类代码信息，并将专利及代码信息绘制成词篇矩阵。

本文选择采用 SPSS Modeler 18.0 软件进行关联规则分析，选取规则支持度大于 3%、置信度大于 80% 的关联规则作为技术会聚组合的判定标准。将提取出的词条矩阵导入 SPSS Modeler，并采用 Apriori 关联规则算法对矩阵进行分析，共得出符合标准的关联规则 20 条，如表 5-2 所示。

表 5-2　生物技术领域会聚技术

序号	关联规则	支持度占比 /%	置信度占比 /%
1	D16；B04	47.216	93.575
2	D16；D15	25.159	98.227
3	D16；C06	20.157	99.689
4	D16；P13	18.047	91.758
5	D16；S03	10.396	95.141
6	B04；S03	9.278	84.910
7	D16；A96	7.364	91.255
8	B04；A96	6.889	85.368
9	B04；B07	5.680	91.657
10	D16；B07	5.219	84.216
11	D16；T04	5.191	98.151
12	P13；T04	5.177	97.886

序号	关联规则	支持度占比 /%	置信度占比 /%
13	D16；B05	4.926	89.923
14	D15；Q42	4.674	100.000
15	D16；A97	4.667	92.778
16	D16；Q42	4.604	98.505
17	C06；T04	4.437	83.884
18	A96；A89	3.626	100.000
19	D16；A89	3.361	92.678
20	D16；D13	3.186	91.018

从结果可以看出，生物技术领域中的关联规则主要发生在 14 个技术领域中。其中，D16 表示包含发酵设备及酿造、酵母生产工艺、制药和其他化学品的发酵、微生物学、疫苗和抗体的生产、细胞和组织培养和基因工程在内的发酵工业类专利；B04 表示包括体液检测、致病微生物检测、脱氧核糖核酸（deoxyribonucleic acid，DNA）检验及核糖核酸（ribonucleic acid，RNA）生产等在内的天然产物及聚合物类专利；D15 表示包含净化、冲消或试验水、防垢、污水污泥的处理、用于水处理的活性炭的再生及含气 CO_2 的浸渍水，但不包括海洋防污装置和净化在工业过程中回收的处理水、工业废料和污水类专利；C06 表示包含植物遗传学及兽医疫苗的生物技术类专利；P13 表示植物培育及乳制品的生产工艺类专利；S03 表示科学仪器类专利；A96 表示医疗、牙科、收益、化妆品类专利；B07 表示不适用于血液、盐水或静脉给药等的给药系统一般的分配器、导管（不包括引流和血管成形术）包封等；T04 表示计算机周边设备卡、磁带、阅读器和模式识别设备等；B05 表示其他有机-芳香族化合物、脂肪族、有机金属化合物及其取代基化合物；Q42 表示水利工程；A89 表示摄影、光学（包括电子照相）、热像图设备；A97 表示不包含在其他类别中的洗涤剂、食品和油类的应用；D13 表示包括奶制品、黄油代用品、食用油脂、非酒精饮料、人造甜味剂、食品添加剂和动物饲料等在内的其他食品及医疗类专利。上述分类号是生物技术研究中发生技术会聚的主要领域。

（三）交叉影响分析

通过交叉影响分析法（cross impact analysis，CIA）对生物技术领域的关联结果进行分析，从而找出技术领域间的影响力方向及大小，计算结果如表5-3所示。根据会聚技术领域的影响力，以 Impact(B→A) 作为 X 轴的取值、

Impact(A→B) 作为 Y 轴取值，绘制出生物技术领域技术会聚影响关系，如图 5-4 所示。

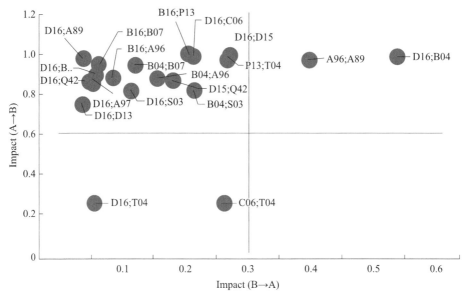

图 5-4 生物技术领域技术会聚影响关系

表 5-3 会聚技术领域间影响力

	关联规则（A，B）	Impact（B→A）	Impact（A→B）
1	D16；B04	0.987	0.531
2	D16；D15	0.990	0.270
3	D16；C06	0.988	0.213
4	D16；P13	0.992	0.207
5	D16；S03	0.814	0.115
6	B04；S03	0.814	0.214
7	D16；A96	0.878	0.085
8	B04；A96	0.878	0.158
9	B04；B07	0.944	0.121
10	D16；B07	0.944	0.065
11	D16；T04	0.259	0.056
12	P13；T04	0.978	0.267
13	D16；B05	0.897	0.058
14	D15；Q42	0.864	0.181
15	D16；A97	0.867	0.053

	关联规则（A，B）	Impact（B→A）	Impact（A→B）
16	D16；Q42	0.864	0.049
17	C06；T04	0.259	0.259
18	A96；A89	0.976	0.394
19	D16；A89	0.976	0.038
20	D16；D13	0.747	0.037

从图 5-4 中可以看出，在生物技术领域技术会聚影响关系中，A96；A89、D16；B04 两个会聚技术间呈现技术领域双向强影响，D16；T04、C06；T04 两个会聚技术间呈现技术领域双向弱影响，其他技术会聚领域间均呈现单向强影响关系。

（四）特征向量中心度分析

将交叉影响分析中得到的技术领域间的交叉影响关系绘制成关系矩阵，并使用 UCINET 软件进行分析，得到生物技术领域技术会聚网络关系。如图 5-5 所示。通过图 5-5 可以直观地了解生物技术领域中各个领域间技术会聚的相互作用情况。箭头越大，说明技术领域间的影响力越强；反之，箭头越小，说明技术领域间的影响力越弱。根据生物技术领域技术会聚网络关系进行进一步分析，在 UCINET 中选择 network—centrality and power—eigenvector 的流程进行分析，最终得到 14 个主要技术会聚领域的特征向量中心度。

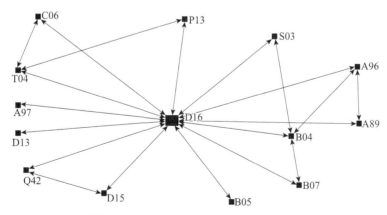

图 5-5　生物技术领域技术会聚网络关系

各技术领域基于特征向量中心度的会聚技术影响力如表 5-4 所示，其中影响力最高的三个技术领域为 D16、B04、A96，影响力指数分别为 89.851、

48.823、41.476。这三个技术领域正是目前生物技术领域会聚影响力最强的，结合其代表的领域类型并结合生物技术领域当前的实际情况来看，这三个技术领域也是当前研究热度最高的领域。

表 5-4　基于特征向量中心度的会聚技术影响力

分类代码	特征向量中心度	标准化特征向量中心度
D16	0.635	89.851
B04	0.345	48.823
A96	0.293	41.476
B07	0.247	34.986
A89	0.242	34.256
D15	0.213	30.173
S03	0.213	30.168
P13	0.197	27.794
Q42	0.196	27.715
C06	0.175	24.777
B05	0.152	21.54
A97	0.147	20.82
D13	0.127	17.938
T04	0.107	15.199

（五）对比结果与其他指标的不同

将基于特征向量中心度的技术会聚影响力评价结果与其他几项会聚技术评价指标的评价结果进行相关性分析，得到特征向量中心度与度中心度的相关度为 0.187，与中介中心度的相关度为 0.189，与接近中心度的相关度为 0.143。可以看出，基于特征向量中心度的技术会聚影响力指标不同于以往进行技术评价的指标。因此，运用特征向量中心度的方法来测度技术会聚过程中技术领域对相关技术领域及会聚网络的作用大小是一种评价会聚技术的新的测度方式。

五、主要结论

本文从综合技术会聚的影响力及关联度两个重要维度出发，采用关联规则探析发生技术会聚的领域，用交叉影响分析法测度技术领域间的影响力方向及作用强度，在此基础上通过对技术会聚网络进行特征向量中心度分析得出技术会聚评价指标，改进了原有的评价指标及测度方法，同时以2017～2018年的生物技术领域的相关专利为研究对象进行分析。实证结果显示，基于特征向量中心度的技术会聚影响力综合了评价技术会聚的两个重要维度，具有明确的理论意义及实践价值，能够被应用于描述会聚过程中技术领域的作用及意义。

第二节　基于多元技术会聚的会聚影响力研究

一、背景与意义

随着科技的加速发展，创新难度日益提升，大量的研究正尝试通过整合不同领域知识的方式寻求突破与发展[3]，而这种领域间交叉融合的现象被定义为技术会聚。技术会聚是公认的创新源泉[39]，对主导新一轮的技术革新具有积极的推动作用[5]。由于技术会聚原因、目标对象、过程及结果不同，每个领域会呈现不同的技术会聚现象。与此同时，在不同研究背景下，同一领域的会聚作用也会呈现明显的差异。因此，美国国家科学基金会（National Science Foundation，NSF）、商务部和国家科技委员会纳米科学工程与技术分委会在制定发展规划时，选取纳米技术（Nanotechnology）、生物技术（Biotechnology）、信息技术（Information）及认知科学（Cognitive Science）四个学科领域作为发展技术会聚研究的核心[40]。因此，测度技术会聚过程中不同领域的会聚影响力及价值，有助于判断技术潜力，识别前沿及核心技术领域。在科研层面上，挖掘会聚影响力能够为科研人员的科技创新提供有力的理论支撑；在机构层面上，识别领域的会聚潜力能够为科研机构开展针对性的决策提供参考；同时，也能够为国家的科技战略部署提供有效的决策依据。

以技术会聚中多领域交叉关系为视角，本文设计了一套测度会聚影响力的方法与指标。针对研究方向中的全部相关专利，文中提取其中的德温特分类代码信息，采用关联算法探测领域间会聚关系，构建多元交叉影响关系测度模型，建立多领域间影响关系网，运用特征向量中心度指标测度技术领域的会聚影响力，用以挖掘技术潜力，识别前沿领域。本文拟解决的关键问题如下：①多元技术会聚视角下领域间影响关系的测度指标；②会聚影响力的测度方法；③本文在实证分析的基础上，提出基于多元技术会聚的会聚影响力指标的拓展应用。新的多元会聚关系综合测度指标通过改进原有测度指标的单一性与局限性，首先将原有的二元关系评价拓宽至多元关系评价，并采用更精确的有向网络描绘领域间的影响关系，而后将领域的关系权重纳入测度标准，更清晰地刻画领域的节点属性，从而实现用节点的网络属性展示领域网络结构关系的研究工作，最后以生物技术领域为实证对象，将测度结果与实际发展结合验证了测度方法的有效性，并说明测度结果对新兴技术挖掘及前沿趋势识别的价值与意义。

二、国内外研究现状

2001年12月美国商务部、国家科学基金会和国家科技委员会共同提出了"提升人类技能的会聚技术"的议题后[40]，欧盟委员会发起了"欧洲知识社会的会聚技术"规划，日本、韩国等也相继从国家层面提出了技术会聚发展战略。这一系列举动引起了国内外学者对于会聚技术、共性技术及技术会聚等相关议题的研究热潮。除此之外，科学计量学界的相关专家学者认为，技术会聚是创新的动力与源泉，当下科技创新已离不开技术会聚[39]。Alexander在提出新兴技术的特点及属性时强调，新兴技术必然是通过多概念体系间技术的会聚产生的，且与其他领域存在越多关联的技术领域越具有产生新兴技术的能力[41]。美国国家情报局发布的"科学前瞻性与理解性阐释"项目将技术的会聚性纳入新兴技术的评价标准中。复杂系统论学派在论述新兴的本质及其产生机制时，同样将领域间的会聚关系作为评价的核心要素[42-44]。随着人们对会聚概念认知的不断深入，会聚关系的挖掘已经与新兴技术、主题及研究领域的识别紧密相关。

根据Web of Science科技文献数据库及中国知网数据库（China National Knowledge Infrastructure，CNKI）中关于技术会聚的研究成果，从研究主题上分析，当前对于技术会聚的研究主要分为以下三个方面。一是从技术哲学层面探讨技术会聚给未来生活及技术发展带来的改变[7, 45]。其中，Bostrom等认为技术会聚对于人类的影响不仅限于宏观世界人类生活及科技水平的变化，而且深入基因、核心智力及记忆等认知层面的影响[46]。二是技术会聚对机构创新发展的影响[6, 47]，研究主要围绕高校、企业及产业的产学研"三螺旋"协同发展模式，以及产业技术发展的会聚观等。三是技术会聚现象的挖掘、识别及相关指标测度[9, 14, 48]。其中包括：Jeong等运用技术共类分析法测度整体的会聚状态，从而预测演化技术会聚趋势[49]；Cho等将熵值法及重力概念引入技术会聚的测度中，用以测度技术会聚过程中不同技术间的作用价值及约束力[14]；栾春娟等通过平均技术共类指数测度领域间技术共类情况[3]；黄鲁成等通过交叉影响分析法挖掘专利信息中的技术会聚关系[9]。

鉴于以上技术会聚的研究现状，从研究层次上来看，现有研究方法存在以下问题：①现有研究成果多是从技术层面进行会聚技术挖掘、识别与评价，而缺乏从宏观层面探索技术领域在会聚过程中所起到作用的研究。Adner 等认为，评价技术的新颖性必须应该考虑其所属的研究领域[50]，故对会聚关系的测度亟待拓宽至领域层面。②从评价指标的构建来看，根据 Rafols 等提出的跨领域关系评价所述的观点，领域的特征属性包括多样性、均匀性、差异性及一致性[51, 52]。现有技术会聚研究的关注点主要集中在对领域的多样性、一致性及差异性的评价，而缺少评价技术会聚过程中领域所涉及的各种技术的占比关系的研究，领域间的均匀性属性主要由领域间的节点关系及边关系两个方面的评价体现。现有研究在测度节点关系时多采用中介中心度指标、邻接中心度指标及度中心度等指标，忽略了领域影响力的层级性与差异性；评价边关系时多采用交叉影响分析法、平均技术共类指数及链接频次等测度指标，这类测度方法多适用于二元会聚关系的测度，缺少对领域间交互关系的识别，同时缺乏对技术会聚中多元会聚关系的描述。

为解决上述问题，本文采用专利数据，以技术领域为研究对象，运用 Apriori 关联算法与改进后的多元交叉影响分析法挖掘领域间的会聚关系，并在此基础上引入特征向量中心度指标，量化不同权重下的领域会聚影响力。

三、方案设计

本文中的"会聚影响力"，是指某个技术领域在技术会聚过程中对其他技术领域产生影响的程度，即针对已经发生技术会聚的研究进行探索，挖掘在会聚技术形成过程中，其他领域由于技术特征、生产需求等因素对某个领域专利技术的依赖程度。文中旨在以多元技术会聚为视角，运用关联算法，采用交叉影响力分析模型及特征向量中心度指标，来构建一套完整的会聚影响力的定量测度方法与指标，从而准确描述技术会聚发生时相关领域的贡献与作用。

文中以多元技术会聚为视角。现有的技术会聚评价研究多是针对技术会聚中两个领域间的交叉关系展开评价与分析。这种两个领域间知识体系交叉碰撞进而影响新技术诞生的过程便是二元技术会聚［图 5-6(a)］。然而，随着当今技术发展的需要，仅靠两个领域间的交叉产生的会聚技术已经难以满足当前生产生活的需要，许多领域已经大量开展多领域之间知识交叉的多元技术会聚开发研究，即如图 5-6(b) 所示的三元技术会聚下的会聚技术。

多元技术会聚的现象已经广泛存在于各个技术领域的产品研发过程。我们以 2017～2018 年生物技术领域的相关专利为例，通过 Apriori 关联算法共探测得到 32 条明显的技术会聚关系，其中二元会聚关系共有 20 条，三元技术会聚关系共有 11 条，四元技术会聚关系为 1 条。这表明，生物技术领域中存在大量的多元技术会聚关系。多元技术会聚关系的重要性主要表现为，二元技术会聚的 20 条关联关系中的 18 条已经体现在多元会聚关系中。这表明，对于技术间关系的研究不能局限于二元关系，仅针对两个领域间的影响力及作用关系进行评价已经不能准确地描述技术的发展过程。因此，顺应科学技术的发展趋势、针对领域间的多元技术会聚关系展开评价及研究，才是解开当前技术发展状态、识别前沿发展趋势的核心与重点。

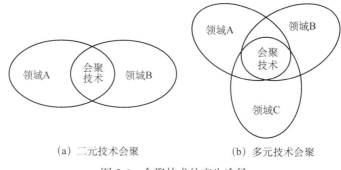

（a）二元技术会聚　　　　　　　（b）多元技术会聚

图 5-6　会聚技术的产生途径

在数据选取方面，为准确标注发生技术会聚的各个技术领域，文中选择世界专利数据库《德温特创新索引》（Derwent Innovations Index）发布的专利信息。该数据库是目前世界上最全面的国际专利信息数据库，涵盖的专利信息最早可追溯到 1966 年。考虑到不同国家及机构采用不同标准的国际专利分类号使用方式，德温特专利数据在给出国际专利分类号信息[53]的同时构建了以专利家族结构为基本的专利分配方式[48]，并将该分类方式命名为德温特分类代码。德温特分类代码包括 3 大类 20 个学科类别，涵盖了现有的全部技术内容。其中三大类别：A～M 代表的是化学类专利技术，P～Q 代表的是工程类专利技术，S～X 代表的是电子及电气类专利技术。每个学科类别后都跟着一个数字，用以表示相应的专业。以医药领域为例，它隶属于化学领域，用字母 B 表示，其中甾类化合物类药物用 B01 表示，含氟有机物类药物用 B06 表示。

在多元技术会聚研究中使用德温特分类代码作为描述专利学科技术类别的重要工具[29, 54]，将使得分析流程更加清晰，结果更准确。具体流程可以表述为，提取专利中的德温特分类代码信息，如果包含两个德温特分类代码，则表示该专利为两个领域间技术交叉的结果，若专利中包含多个德温特分类代码，则表示该技术是在多领域间技术会聚的基础上产生的。以某种消毒液类专利为例，该专利的德温特分类代码信息为 D15、D16、P14，故该专利由三个领域 D15、D16、P14 技术会聚产生。

因此，文中以多元技术会聚为视角，依托德温特专利数据库，以分类代码中包含的领域信息为着眼点，对发生会聚的技术领域进行会聚影响力测度。研究通过 Apriori 关联算法探测发生技术会聚的关联组合；采用完善并改进后的多元交叉影响分析法测度领域间的影响关系，并绘制技术会聚网络；在此基础上，运用特征向量中心度指标测度技术会聚过程中领域的会聚影响力。

四、测度指标构建

本文构建的"基于多元技术会聚的领域会聚影响力"的测度方法主要包括三个步骤：首先，运用 Apriori 关联算法从海量专利数据中挖掘其中存在的技术会聚关系；然后，通过多元技术会聚领域间影响力测度方法，计算领域间的关系及影响力强度；最后，绘制技术会聚中领域间的关系网络，并运用特征向量中心度测度领域在技术会聚中所起到的会聚影响力强弱。具体的研究框架如图 5-7 所示。

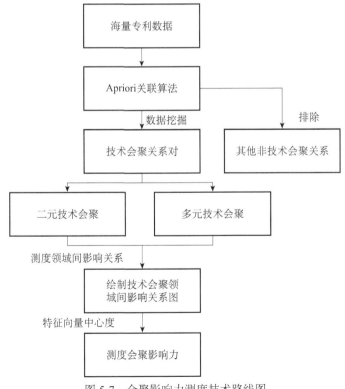

图 5-7　会聚影响力测度技术路线图

（一）运用 Apriori 关联算法探测技术会聚

现有的会聚研究，通常直接对评价对象的整体展开分析，分析方法包括领域的权重及出现频次、领域的网络结构及领域间的引文网络关系等多个角度[4,13,49]。这些对技术会聚领域间关系的评价对象中，往往存在着大量的非会聚技术，即评价对象中的某个专利并不是由技术会聚产生的或某个领域仅在技术成果中起到微乎其微作用并未达到技术会聚的程度。这种现象的存在必然会影响以网络评价为主体的技术会聚关系研究[55]。因此，研究时应首先采用合适的方法挖掘出研究对象中实际发生的技术会聚关系，并在此基础上展开分析，从而得出准确的评价结果。

关联规则算法是数据挖掘中的常用算法，常被用于探测事物间暗含的相互关系。1993 年，Agrawal 等基于两阶段频繁项集理论在关联规则基础上提出了 Apriori 算法。该算法将关联规则挖掘的研究设计分解为两个阶段[27]：在第一阶段中，需要首先提前选定最小支持度（S_{min}）和最小置信度（C_{min}）两个阈值，找出数据集中大于这两个指标的全部项集（itemset）。该项集称为频繁项集（frequent itemset）；第二阶段则是在第一阶段的基础上从频繁项集中找出产生期望的规则。

将 Apriori 关联算法应用于技术会聚中交叉技术的识别技术会聚组合的挖掘，主要原因在于：①德温特专利数据库所收录的每条专利信息都标记有唯一的专利号信息（PN）及专利的名称信息（TI），这与关联规则中的事务标志（TID）相对应；②每条专利信息中都包含着多种不同类型、不同组合方式的德温特分类代码，这种由德温特分类代码所构成的组合形式与关联规则中的事务（transaction，T）的属性相一致。相应的最小支持度和最小置信度两个阈值的计算公式如表 5-5 所示。在技术会聚关联规则测度中，置信度（C）表示 A 领域与 B 领域技术会聚所产生的专利数量，占 A 领域专利总数的比例，即 A 领域的专利是与 B 领域的专利技术发生技术会聚产生的可能性，计算公式如表 5-5 所示；支持度（S）表示 A 领域与 B 领域技术会聚所产生的专利数量，在整体数据（T）中所占有的比例，计算公式如表 5-5 所示。在选取合适阈值参数后，就可以将研究对象中符合标准的技术会聚组合全部挖掘出来，用以分析领域间影响力关系及技术会聚网络的绘制。

表 5-5 技术会聚关联规则相关参数

参数	解释说明	计算公式
置信度（C）	表示 A 领域与 B 领域技术会聚所产生的专利数量占 A 领域专利总数的比例，即 A 领域的专利是与 B 领域的专利技术发生技术会聚产生的可能性	$C_{A\to B} = \dfrac{|T:A\cap B|}{|T:A|}$
支持度（S）	表示 A 领域与 B 领域技术会聚所产生的专利数量在整体数据 T 中所占有的比例	$S_{A\to B} = \dfrac{|T:A\cap B|}{|T|}$

（二）多元技术会聚中的领域影响关系测度

现有研究中存在许多领域之间影响关系的测度方法与指标，其中具有代表性的包括：基于领域间交叉专利数量与领域专利数量之和的比值构建的平均技术共类指数[3,23]；利用评价领域间关系复杂性的熵值法测度领域间会聚关系[14]；其他运用社会网络分析指标测度领域关系的评价指标[24]。这些指标与方法均对评价二元技术会聚中的领域关系提供参考，但并不适用于多元技术会聚影响力的评价。鉴于此，本文在原有交叉影响分析法的基础上进行改进，用以测度多元技术会聚中的领域影响关系。

1. 技术会聚领域影响关系测度方法与指标

交叉影响分析法最早由 Gordon 等于 1968 年提出[28]，主要应用于二元交叉关系的测度，领域间的影响关系用 Impact(A↔B) 表示。其中在技术会聚过程中，A 领域对 B 领域所产生的影响力大小用 Impact(A→B) 表示，计算方式如式（5-5）所示。其中，$N(A\cap B)$ 表示 A、B 领域间会聚技术的数量，$N(B)$ 表示 B 领域的专利数量。反之，B 领域对 A 领域的影响力大小如式（5-6）所示，$N(A)$ 表示 A 领域中的专利数量。

$$\text{Impact}(A \to B) = \frac{N(A \cap B)}{N(B)} \qquad (5\text{-}5)$$

$$\text{Impact}(B \to A) = \frac{N(A \cap B)}{N(A)} \qquad (5\text{-}6)$$

2. 二元领域影响关系测度的局限性

交叉影响法是一种较成熟的二元网络关系测度指标。该方法能够准确地测度二元技术会聚中领域之间的相互影响力关系与大小。当 Impact(A→B) 值较大时，说明技术会聚过程中 A 领域对 B 领域具有显著影响；当 Impact(A→B) 值较小时，则说明 A 领域并未对 B 领域产生较大影响。同样，也可以用相同的计算方法测度 B 领域对 A 领域的影响，避免了以往研究中将领域间的影响力关系视为一体的问题。

然而，当评价对象变为多元技术会聚领域间的关系时，若仍然采用二元技术会聚的交叉影响法，不仅会造成领域间影响关系测度的诸多问题，而且很难得到科学且准确的测度结果。一方面，这样会造成领域间影响关系的重复测算，使得计算结果的准确性极大降低。例如，在三元技术会聚中，两个领域对某个领域同时产生影响，直接采用交叉影响法会造成领域间影响力的重复计算，降低了评价结果的准确性。另一方面，直接运用二元技术会聚的交叉影响法忽视了技术会聚中存在的非直接耦合对于技术会聚关系的影响。非直接耦合（nondirect coupling）是指两个技术间不存在直接关系，需要通过与另一个技术的结合才能将三个技术完整地结合在一起[56]，三者关系如图 5-8 所示。这类技术广泛存在于光学、电学、材料科学及软件工程等领域[57-59]。这类技术在测度其领域间的多元影响力大小及关系时，不能仅通过会聚技术数量评价领域影响力，需要按照其作用强度大小对影响关系重新测量。

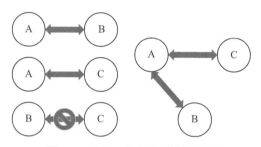

图 5-8　多元技术会聚领域间关系

3. 多元技术会聚领域影响关系测度

在多元技术会聚的研究中，领域间的影响关系测度需要在二元技术会聚领域间关系测度的基础上充分考虑多元技术会聚中领域的作用强度。因此，可以采用多维度的组合式的方式测度领域间的关系，具体计算公式如式（5-7）所示。

$$
\begin{aligned}
\text{Impact}_{\text{multi}}(A \rightarrow B) &= \sum_{i=2}^{n} \text{Impact}_{(n)}(A \rightarrow B) \\
&= \text{Impact}_{(2)}(A \rightarrow B) + \text{Impact}_{(3)}(A \rightarrow B) + \cdots + \text{Impact}_{(n)}(A \rightarrow B) \\
&= \frac{N(A \cap B)}{N(B)} + \frac{N(A \cap B \cap C)}{N(B)} \cdot \frac{P_A}{P_A + P_c} + \cdots + \frac{N(A \cap B \cdots \cap n)}{N(B)} \cdot \\
&\quad \frac{P_A}{P_A + P_c + \cdots + P_n} \qquad (n \geqslant 2)
\end{aligned}
$$

$$\tag{5-7}$$

式 5-7 中，Impact$_{multi}$(A→B) 表示多元技术会聚测度中 A 领域对 B 领域的影响关系大小；Impact$_{(2)}$(A→B) 表示二元技术会聚中 A 领域对 B 领域的影响关系强度；Impact$_{(3)}$(A→B) 表示三元技术会聚中 A 领域对 B 领域的影响关系强度；Impact$_{(n)}$(A→B) 表示 n 元技术会聚中 A 领域对 B 领域的影响关系强度；$N(A \cap B \cap C)$ 表示 A、B、C 三个领域相交所产生的会聚技术数量，以此类推，$N(A \cap B \cap \cdots \cap n)$ 表示 A 领域、B 领域到 n 领域相交叉产生的会聚技术数量；P_A 表示 A 领域对该会聚技术投入的精力占总专利量的比例，其计算方法如式（5-8）所示；P_C 表示 C 领域对于该会聚技术所投入的精力，其计算方法如式（5-9）所示，依此类推。

$$P_A = \frac{N(A \cap B \cap \cdots \cap n)}{N(A)} \qquad (n \geq 2) \tag{5-8}$$

$$P_C = \frac{N(A \cap B \cap \cdots \cap n)}{N(C)} \qquad (n \geq 2) \tag{5-9}$$

该算法将二元技术会聚中 A 领域对 B 领域的影响力，三元技术会聚中 A 领域对 B 领域的影响关系及其后 n 元技术会聚中 A 领域对 B 领域的影响关系进行累加，从而得出的 A 领域对 B 领域的综合影响关系。在测度技术会聚的二元关系时仍然采用交叉影响法评价领域间的影响关系。进行多元技术会聚关系的评价时，采用 $\frac{P_A}{P_A + P_C + \cdots + P_n}$ $(n \geq 2)$ 比值分配的方式，将领域间的影响关系按照投入精力大小分配给各个领域，即某个领域对会聚技术投入的精力越多，则该领域对技术会聚产生的影响越大，从而避免了影响力被重复计算的问题，同时也准确描述了非直接耦合技术的相互作用关系及影响力大小。

（三）基于特征向量中心度的会聚影响力测度

多领域技术会聚评价的研究并不止步于技术会聚关系的提取及领域间影响力的测度，重点应在保证上述研究的准确性的基础上，挖掘出具有技术前景及市场潜力的研究方向，识别具备创新潜能的研究领域，因此选取准确的量化模型及评价指标十分关键[30]。在采用关联算法摒弃外界非关联技术对技术会聚测度的影响时，应运用多元技术会聚影响力分析法准确测度领域间的作用关系，并将结果绘制成网络图谱。评价领域影响力特征的指标选取将必须在确切地描述上述结果的同时，将技术会聚过程中领域的网络属性展现出来。

　　基于多领域交叉的网络图谱主要呈现技术会聚过程中领域间的交互作用及研究主体的会聚网络结构。测度技术会聚过程中的领域影响力，仅采用度中心度、接近中心度及中介中心度等传统的社会网络评价指标难以实现[31, 32, 55, 60]，需要将网络中的各个领域（节点）的网络属性及影响力关系属性综合性地展现。尤其是在图 5-9 所示的情况下，假设 A、B 两个领域均对 C 领域产生相同的影响力，但 A 领域作为共性领域对网络中其他领域同样具有较大的影响力，而 B 领域则对网络中其他领域的影响力相对较弱，故测度 A、B 两个领域对 C 领域的作用时需考虑该因素，不应认为二者的影响具有相同的价值与作用。因此，本文将特征向量中心度指标引入技术会聚领域影响力的测度评价。

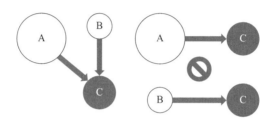

图 5-9　会聚影响力测度

　　特征向量中心度指标在兼顾性的测度技术会聚的网络属性及影响力属性的同时[36]，通过采用迭代算法测度技术会聚过程中不同领域间的交叉融合的作用大小，准确展现不同领域间影响力的差异性，从而更精确地描述技术领域会聚过程中对其他领域的影响力，特征向量中心度的计算方法如式（5-10）所示。

$$x_v = \frac{1}{\lambda} \sum_{t \in M(v)} x_t = \frac{1}{\lambda} \sum_{t \in G} a_{(v,t)} x_t \qquad （5\text{-}10）$$

式中，x_v 表示顶点 v 的特征向量中心度值。在会聚网络的邻接矩阵中，若顶点 v 与 t 之间存在联系，则 $a_{v,t}=1$；若二者不存在联系，则 $a_{v,t}=0$。λ 是特征向量计算中的常数指标。

　　通过运用特征向量中心度指标来评价领域的技术会聚作用，不仅能够测度领域发生会聚的频次，还强调了领域对技术会聚发生的重要性，较其他网络指标更综合。

五、实证分析

（一）样本选择

美国国家科学基金会发布的关于"提升人类能力的会聚技术"的报告中指出，生物技术将是未来技术会聚发展的核心与重点。故本文将生物技术领域作为实证分析的对象，挖掘其中的高会聚影响力领域，识别具有发展潜力的研究方向，为相关技术的研究及发展提供借鉴。

（二）技术会聚探测

首先提取生物技术领域相关专利中包含的全部德温特分类代码信息，并依据前文所示方法，在选取最小支持度为3%、最小置信度为80%的前提下，运用Apriori关联规则算法挖掘其中的技术会聚关系，关联结果如表5-6所示。其中包括20条二元技术会聚组合、11条三元技术会聚组合及1条四元技术会聚组合。

表 5-6 生物技术领域技术会聚组合

技术会聚类别	技术会聚组合
二元技术会聚	D16,B05; D16,B13; D16,B04; D16,B15; D16,C06; D16,P13; D16,S03; B04,S03; D16,A96; B04,A96; B04,B07; D16,B07; D16,P04; P13,T04; D15,Q42; D16,A97; D16,Q42; C06,T04; A96,A89; D16,A89
三元技术会聚	D16,P13,C06; D16,S03,B04; D16,A96,B04; D16,T04,P13; D16,B04,B07; D16,Q42,D15; C06,T04,P13; C06,T04,D16; D16,C06,B04; A96,A89,D16; D16,A97,P13
四元技术会聚	D16,T04,P13,C06

1.领域间的影响关系

采用改进后的多元技术会聚交叉影响分析法测度领域间的影响关系，计算方法如式（5-7）所示。以德温特分类代码为C06所代表的包含植物遗传学及兽医疫苗的生物技术类专利对P13代表的植物培育及乳制品的生产工艺类专利的影响关系为例，两个领域多次共同出现于技术会聚组合中，计算过程如式（5-11）所示。

$$\text{Impact}_{\text{multi}}(C06 \rightarrow P13) = \text{Impact}_{(4)}(C06 \rightarrow P13) + \text{Impact}_{(3)}(C06 \rightarrow P13)$$

（5-11）

通过该计算可以得出C06对P13的影响关系为0.504，两个领域间存在着影响关系，而直接采用二元技术会聚的方法无法挖掘领域间的影响关系。通过该方法依次测度各领域间的影响关系，并分别绘制出二元及多元技术会聚网络图谱，见图 5-10。其中，每个节点代表一个技术领域，领域间的连线表示二者之间存在影响关系。影响关系越强，则箭头越大。

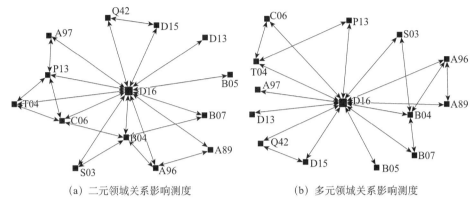

(a) 二元领域关系影响测度   (b) 多元领域关系影响测度

图 5-10 领域间影响关系网络

图 5-10 的 (a) 图为二元影响关系测度下的技术会聚网络图谱，(b) 图为多元影响关系测度下的技术会聚网络图谱。人们能够明显地从图中发现采用多元影响关系测度方法得出的技术会聚网络中展示出更多领域间的潜在关系。同时，由 (a) 图和 (b) 图能够明显发现：相对于二元影响关系测度方法，采用多元影响关系测度方法能够得到更多的技术会聚网络中的潜在关系，领域间的关系更加清晰明确，并减少了对冗余关系的计算。

2. 基于特征向量中心度的会聚影响力

将交叉影响分析中得到的技术领域间的交叉影响关系绘制成关系矩阵，并使用 UCINET 软件对矩阵进行特征向量中心度分析，分析结果为该领域在生物技术领域中的会聚影响力强度，如表 5-7 所示。

表 5-7 基于特征向量中心度的会聚影响力

序号	分类代码	特征向量中心度	序号	分类代码	特征向量中心度
1	D16	0.609	8	C06	0.208
2	B04	0.401	9	S03	0.194
3	A96	0.260	10	D13	0.192
4	D15	0.248	11	T04	0.165
5	B05	0.231	12	A97	0.140
6	P13	0.211	13	A89	0.139
7	B07	0.208	14	Q42	0.120

其中，会聚影响力最高的领域为 D16 代表的包含发酵设备及酿造、酵母生产工艺、制药和其他化学品的发酵、微生物学、疫苗和抗体的生产、细胞和组织培养和基因工程在内的发酵工业类专利，这类研究是最具会聚影响力的领域。在生物技术领域的研究中，这类技术容易与其他方向的技术相结合，研究结果对其他相关研究也具有借鉴意义。其他具有较高会聚影响力的领域还包括 B04 代表的体液检测、致病微生物检测、DNA 检验及 RNA 生产等在内的天然产物及聚合物类专利，以及 A96 代表的医疗、牙科、收益、化妆品类专利。

六、研究结论

识别前沿领域、挖掘具有技术会聚潜能的发展方向，为科研人员提供有力的理论支持和方向指引是技术分析研究的核心与重点。本文以技术会聚中的领域为研究主体，将会聚关系与领域产生新兴技术的能力相结合，从会聚视角量化领域的新颖性。为解决过往会聚关系测度中均匀性、差异性及一致性三个重要评价维度无法兼顾的问题。本文提出一套新的测度指标：①引入德温特专利数据库中独有的专利分类代码信息作为技术领域的划分基础，保证技术领域划分的准确性。②为消除过往研究中领域关系测量存在的噪声信息，根据技术会聚的形成特点，采用关联规则算法挖掘研究主题中已然形成的会聚关系，从而避免了噪声信息对评价结果的影响，保证了测度结果的稳定性。③以 Rafols 提出的跨领域关系观点为领域评价指标的设计依据，在交叉影响分析法的基础上构建多元技术会聚影响关系测度模型，挖掘出会聚关系网络中领域间的潜在关系，测度结果展现了领域的均匀性及多样性。④在准确描述多元会聚网络中领域关系的基础上，将网络分析思想引入多元技术会聚中领域的会聚影响力评价当中，将技术会聚影响力指标与特征向量中心度相结合实现了对领域差异性与一致性的评价。从而使得该评价指标在填补原有评价指标维度缺失的同时，充分描述了技术领域的会聚影响力。

本文在完善技术会聚领域间影响关系测度方法与指标的同时，以技术会聚发展最活跃的生物技术领域为例进行实证分析。结果表明，通过改进后的多元影响关系测度模型能够挖掘出领域间更多潜在的会聚关系，同时影响关系的测度结果也更准确。将特征向量中心度指标引入会聚影响力的测度，能够描绘领域在技术会聚过程中起到的作用，为挖掘技术潜力、识别新兴领域提供帮助。

文中的研究尚存在一定的不足之处。例如，在实证分析中仅选取了德温特专利数据库中近两年的生物技术领域相关专利，未能顾及过往的数据信息，因此得出的结论可能更倾向新成果。期望未来能够拓宽至整个领域的全部数据，从而更全面、深刻地揭示生物技术领域的技术会聚特征及不同阶段的研发核心。

本章参考文献

［1］Nemet G F, Johnson E. Do important inventions benefit from knowledge originating in other technological domains?［J］. Research Policy, 2012, 41(1): 190-200.

［2］Hacklin F, Battistini B, Krogh G V. Strategic choices in converging industries［J］. Mit Sloan Management Review, 2013, 55(1): 65-73.

［3］栾春娟, 刘则渊, 王贤文. 发散与收敛: 技术关联度的演变趋势分析——以全球太阳能技术的专利计量为例［J］. 研究与发展管理, 2013, 25（4）: 87-95.

［4］Karvonen M, Kässi T. Patent citations as a tool for analysing the early stages of convergence［J］. Technological Forecasting & Social Change, 2013, 80(6): 1094-1107.

［5］Lee W S, Han E J, Sohn S Y. Predicting the pattern of technology convergence using big-data technology on large-scale triadic patents［J］. Technological Forecasting & Social Change, 2015, 100: 317-329.

［6］Lee C, Park G, Kang J. The impact of convergence between science and technology on innovation［J］. Journal of Technology Transfer, 2018, 43(1): 1-23.

［7］刘娜, 毛荐其, 余光胜. 技术会聚研究探析与展望［J］. 科研管理, 2017, V38（12）: 20-28.

［8］Choi C, Kim S, Park Y. A patent-based cross impact analysis for quantitative estimation of technological impact: The case of information and communication technology［J］. Technological Forecasting & Social Change, 2007, 74(8): 1296-1314.

［9］黄斌, 黄鲁成, 吴菲菲, 等. 基于专利交叉影响分析法的技术影响关系研究［J］. 科技管理研究, 2015, 337（15）: 147-151.

［10］黄鲁成, 黄斌, 吴菲菲, 等. 基于专利共类的信息与生物技术融合趋势分析［J］. 情报杂志, 2014,（8）: 59-63.

［11］Asan S S, Asan U. Qualitative cross-impact analysis with time consideration［J］. Technological Forecasting & Social Change, 2007, 74(5): 627-644.

［12］栾春娟. 共性技术测度体系及其应用. 北京: 科学出版社, 2015.

［13］Choi J Y, Jeong S, Kim K. A study on diffusion pattern of technology convergence: Patent analysis for Korea［J］. Sustainability, 2015, 7(9): 11546-11569.

［14］Cho Y, Kim M. Entropy and gravity concepts as new methodological indexes to investigate technological convergence: Patent network-based approach［J］. Plos One, 2014, 9(6):

e98009.

［15］袁思达. 技术预见德尔菲调查中共性技术课题识别研究［J］. 科学学与科学技术管理，2009，30（10）：21-26.

［16］Kim Y J, Jung U, Jeong S K. A study on the status and supporting strategy of national R&D programs related to the convergence technology［J］Journal of Korea Technology Innovation Society, 2009, 12(2): 413-429.

［17］No H J, Park Y. Trajectory patterns of technology fusion: Trend analysis and taxonomical grouping in nanobiotechnology［J］. Technological Forecasting & Social Change, 2010, 77(1): 63-75.

［18］Ernst H. Patent information for strategic technology management［J］. World Patent Information, 2003, 25(3): 233-242.

［19］Kim M-S, Kim C. On a patent analysis method for technological convergence［J］. Procedia - Social and Behavioral Sciences, 2012, 40: 657-663.

［20］Si H J, Kim Y. Measuring relatedness between technological fields［J］. Scientometrics, 2010, 83(2): 435-454.

［21］Jamali H R, Azadi-Ahmadabadi G, Asadi S. Interdisciplinary relations of converging technologies: Nano-Bio-Info-Cogno (NBIC)［J］. Scientometrics, 2018: 1-19.

［22］李姝影，方曙. 测度技术融合与趋势的数据分析方法研究进展［J］. 数据分析与知识发现，2017，1（7）：2-12.

［23］栾春娟，侯剑华，王贤文，等. 全球竞争对手的技术网络绘制与共性技术识别：以波音与空客为例［J］. 科技进步与对策，2014，31（2）：71-78.

［24］Kranakis. Advances in network analysis and its applications［M］. Berlin: Springer Science & Business Media, 2012.

［25］Park H, Yoon J. Assessing coreness and intermediarity of technology sectors using patent co-classification analysis: The case of Korean national R&D［J］. Scientometrics, 2014, 98(2): 853-890.

［26］王贤文，刘趁，毛文莉. 基于专利共被引方法的技术聚类分析：以苹果公司专利为例［J］. 科学与管理，2014，（5）：31-37.

［27］蔡伟杰，张晓辉，朱建秋，等. 关联规则挖掘综述［J］. 计算机工程，2001，27（5）：31-33.

［28］Gordon T J, Hayward H. Initial experiments with the cross impact matrix method of forecasting［J］. Futures, 1968, 1(2): 100-116.

［29］Geum Y, Kim C, Lee S, et al. Technological convergence of IT and BT: Evidence from patent analysis[J]. ETRI Journal, 2012, 34(3): 439-449.

[30] Newman M. Networks: An introduction[J]. Astronomische Nachrichten, 2010, 327(8): 741-743.

[31] Freeman L C. A set of measures of centrality based on betweenness [J]. Sociometry, 1977, 40(1): 35-41.

[32] Brandes U. A faster algorithm for betweenness centrality [J]. Journal of Mathematical Sociology, 2001, 25(2): 163-177.

[33] Borgatti S P. Centrality and network flow[J]. Social Networks, 2005, 27(1): 55-71.

[34] Rochat Y. Closeness centrality extended to unconnected graphs: The harmonic centrality index[R]. ASNA, 2009.

[35] Bavelas A. Communication patterns in task-oriented groups [J]. Journal of the Acoustical Society of America, 1950, 22(6): 725-730.

[36] Newman M E J. The mathematics of networks [J]. The New Palgrave Encyclopedia of Economics, 2008, 2(2008): 1-12.

[37] Katz L. A new status index derived from sociometric analysis [J]. Psychometrika, 1953, 18(1): 39-43.

[38] Bonacich P. Simultaneous group and individual centralities [J]. Social Networks, 1991, 13(2): 155-168.

[39] You Y B, Kim B K, Jeong E S. An exploratory study on the development path of converging technologies using patent analysis: The case of nano biosensors [J]. Asian Journal of Technology Innovation, 2014, 22(1): 100-113.

[40] Wolbring G. Why NBIC? Why human performance enhancement? [J]. Innovation the European Journal of Social Science Research, 2008, 21(1): 25-40.

[41] Alexander J, Chase J, Newman N, et al. Emergence as a conceptual framework for understanding scientific and technological progress[C]// 2012 Proceedings of PICMET'12: Technology Management for Emerging Technologies. IEEE, 2012: 1286-1292.

[42] Rotolo D, Hicks D, Martin B R. What is an emerging technology?[J]. Research Policy, 2015, 44(10): 1827-1843.

[43] Haan J D. How emergence arises[J]. Ecological Complexity, 2006, 3(4): 293-301.

[44] Porter A L, Garner J, Carley S F, et al. Emergence scoring to identify frontier R&D topics and key players[J]. Technological Forecasting & Social Change, 2018: S0040162517314804.

[45] Forsberg E M, Shelley-Egan C, Thorstensen E, et al. Evaluating Ethical Frameworks for the Assessment of Human Cognitive Enhancement Applications[M]. Berlin: Springer, 2017.

［46］Bostrom N, Sandberg A. Cognitive enhancement: Methods, ethics, regulatory challenges［J］. Science & Engineering Ethics, 2009, 15(3): 311-341.

［47］Preschitschek N, Niemann H, Leker J, et al. Anticipating industry convergence: Semantic analyses vs. IPC co-classification analyses of patents［J］. Foresight, 2013, 15(6): 446-464.

［48］栾春娟. 技术部类内部会聚指数的测度方法与指标［J］. 科技进步与对策，2015，（19）: 126-129.

［49］Jeong S, Kim J C, Choi J Y. Technology convergence: What developmental stage are we in? ［J］. Scientometrics, 2015, 104(3): 1-31.

［50］Adner R, Levinthal D A. The emergence of emerging technologies［J］. California Management Review, 2002, 45(1): 50-66.

［51］Rafols I, Meyer M. Diversity and network coherence as indicators of interdisciplinarity: Case studies in bionanoscience［J］. Scientometrics, 2009, 82(2): 263-287.

［52］黄鲁成，郭彦丽，吴菲菲，等. 新兴技术跨领域评价方法研究：以 3D 打印技术为例 ［J］. 中国科技论坛，2015，（5）: 42-47.

［53］Leydesdorff L, Kushnir D，Rafols I. Interactive Overlay Maps for US Patent (USPTO) Data Based on International Patent Classification (IPC)［M］. New York: Springer-Verlag, 2014.

［54］栾春娟，侯海燕，王贤文. 全球科学仪器与工程仪器的发展特征比较：基于专利计量视角［J］. 科学学研究，2013，31（11）: 1606-1614.

［55］Brandes U, Borgatti S P, Freeman L C. Maintaining the duality of closeness and betweenness centrality［J］. Social Networks, 2016, 44: 153-159.

［56］Knill E, Laflamme R, Milburn G J. A scheme for efficient quantum computation with linear optics［J］. Nature, 2001, 409(6816): 46.

［57］Poudel B, Hao Q, Ma Y, et al. High thermoelectric performance of nanostructured bismuth antimony telluride bulk alloys［J］. Science, 2008, 320(5876): 634.

［58］Day G S. The capabilities of market-driven organizations［J］. Journal of Marketing, 1994, 58(4): 37-52.

［59］Miller R, Northup T E, Birnbaum K M, et al. Trapped atoms in cavity QED: Coupling quantized light and matter［J］. Journal of Physics B Atomic Molecular & Optical Physics, 2005, 38(9): S551-S565.

［60］Borgatti S P. Centrality and network flow［J］. Social Networks, 2005, 27(1): 55-71.

第六章　科学仪器与科学论文产出相互作用的实证研究

第一节　意义与国内外研究现状

探索科学仪器与科学论文产出的相互作用关系，有助于我们把握二者之间联动的周期规律，为推动我国科学仪器事业的发展和提高国家科技竞争力的战略部署提供决策支撑。先有科学仪器还是先有科学？这似乎是一个"先有鸡还是先有蛋"的问题。科学仪器的发展与科学论文的产出是相互作用的，还是单向作用的？二者作用的周期规律如何？本文拟对上述问题进行实证研究。

科学仪器与科学研究之间的作用关系很早就引起了学者的关注。科学社会学家贝尔纳认为，造成科研工作效率低下的一个重要原因是科学仪器的费用和性质[1]。早期的科学仪器工业依赖科学而存在。科学仪器制造商往往是钟表或眼镜等专业制造商，原材料主要为塑料、水泥、陶瓷和玻璃等[2]；另有一部分科学仪器制造商是有发明创造天才的、天性爱好科学的人。这些人为科学研究的进行和科学的发展做出了巨大贡献[3]。科学仪器在科学发展的早期的需求量很少，并且基本上都是手工制作的。但随着工业界开始进行科研，他们需要大量的各种仪器仪表，于是便很快催生并迅速壮大了科学仪器工业[4]。逐渐壮大的科学仪器工业获得了可观的收益并且逐渐不再主要依赖科学研究而存在了[5]。在科学仪器成为独立产业后，一方面，它遵循着商业运营的规律发展；另一方面，它仍然与科学发展存在互动关系，呈现出新的发展态势与规律。

科学仪器助力科学家探索未知领域，使其走在科学发展的前沿，开拓新兴研究领域并使一个学科逐渐发展壮大。科学仪器的发展为一个国家的科技创新提供了战略支撑，一流的科学研究需要有一流的科学仪器支撑[6]。最先开发并使用先进科学仪器的科学家团队，一定是一个学科或前沿研究领域的"领跑者"。科学仪器是科学家观察大自然的窗口，在科学发现过程中发挥了根本性的作用[7]。科学仪器能够开拓人类的视野，让科研人员看得更小、更细、更多、更远、更快，而且获取的数据更具有可靠性。随着人类对宇宙更深、更高远的探索，大型科学仪器越来越成为国家人才培养和科学研究的重要支撑资源，是开展高水平实验教学和科学研究的必备条件[8]。基于哈勃太空望远镜获取的数据而发表的科研成果，充分揭示了大型科学仪器对太空探索研究的支撑作用[9]。微型显微镜、微型监测器、微型光谱、微型探测器等微型科学仪器的发展与广泛应用，同样为人类的科学研究，尤其是生物技术与生命科学领域的研究，提供了有力的支撑[10, 11]。科学仪器与科学产出的相互作用关系，在不同的科学研究领域可能表现出不同的互动特征。

本文拟运用格兰杰因果关系检验（Granger causal relation tests）研究方法，探索对创新依赖程度高的、全球药学（Pharmacology Pharmacy）领域的科学仪器与科学产出之间的相互作用关系，以把握其互动发展的周期规律，为推动我国科学仪器事业的发展、提升我国科学研究的整体水平提供决策支撑。同时，期待文中内容为类似课题的研究提供可供遵循的方法范例。

第二节　思路、方法与样本选择

一、思路与方法

为厘清科学仪器与科学发展之间是否存在相互作用关系，我们选择格兰杰因果关系检验方法进行实证研究，基于1970～2019年共计50年的时间序列数据进行分析。格兰杰因果关系检验方法是经济学家克莱夫·格兰杰（Clive W. J. Granger）开创的、用于分析变量之间的因果关系的一种研究方法[12, 13]。开创者格兰杰也因该检验方法的创立而获得了2003年的诺贝尔经济学奖。

时间序列是随时间而变化、具有动态性和随机性的数字序列。时间序列数据分析是一种动态数据处理的研究方法，通过研究随机数据序列所遵从的统计规律进而解决实际问题[14, 15]。时间序列数据的格兰杰因果关系检验遵循一系列特定的步骤和方法[16]。第一，进行数据描述性分析，以宏观把握数据特征。第二，定义时间序列、绘制时间序列趋势图，判断数据的变化特征和趋势。第三，对变量进行对数变换处理。第四，对变量进行相关分析，判断变量之间的相关性，并决定是否有必要进行后续分析。第五，单位根检验，判断时间序列数据的平稳性。第六，协整检验，目的是构建合理模型。协整的思想是把存在一阶单整的变量放在一起进行分析，通过对其线性组合，消除其随机趋势，得到长期联动趋势。第七，格兰杰因果关系检验。相关分析识别的是变量之间的相关关系而非因果关系；协整关系表示的是变量之间存在某种长期联动关系，同样不是因果关系。变量之间到底是谁影响了谁，或者是相互影响的？变量之间因果关系的探究，就需要采用格兰杰因果关系检验方法。

二、样本选择

长周期的、来源可靠的、完整的时间序列数据，是采用格兰杰因果关系检验方法验证科学仪器与科学论文产出之间是否存在相互作用关系的前提条件。Web of Knowledge 平台作为一种综合性数据平台，长期致力于为各学科研究人员提供规范的、高质量的论文与专利数据，成为我们获取样本数据的首要选择。

医药领域的发展具有高投入、高技术、高风险的特征，创新是医药产业发展的灵魂[17,18]。不断加强研发投入、开发新仪器和新产品，是医药企业占据市场的重要手段[19]。因此，我们选择全球药学领域的仪器仪表（Instruments Instrumentation）专利数据，代表全球科学仪器发展的数据（变量 dii）；选择药学学科领域的 SCI 论文数据（变量 sci），代表药学领域的科学论文产出数据，进行科学仪器与科学论文产出相互作用的实证研究数据样本。数据 sci 与 dii 分别检索于《科学引文索引》和《德温特创新索引》。数据的时间跨度为 1970 年 1 月 1 日～2019 年 12 月 31 日，数据的检索时间为 2020 年 3 月 16 日。

第三节　数　据　分　析

一、描述性分析与数据的对数化处理

本文的数据变量都是定距变量。通过对定距变量的描述性分析可以得知数据的概要统计指标，包括样本个数、平均值、标准差、最小值和最大值等（表 6-1）。

表 6-1　描述性统计

变量	N	平均值	标准差	最小值	最大值
年份	50	1994.5	14.57738	1970	2019
sci	50	20017.18	81151.022	5621	40070
dii	50	12828.84	14064.850	391	52183
lnsci	50	9.8156	0.4442	8.6343	10.5984
lndii	50	8.7046	1.3787	5.19687	10.8625

表 6-1 显示，两个变量 sci 与 dii 各自的最小值与最大值之间、sci 与 dii 的标准差之间，数值差异都比较大。于是我们对 sci 与 dii 两者进行了对数化处理。对数化处理的意义在于消除数据异方差的影响，使数据更适合下一步的深入分析，更具有实际意义。在没有进行对数变换之前，变量之间的关系表现为自变量的变动引起因变量变动的程度；进行对数变换之后，变量之间的变动关系就表现为自变量变动的百分比引起因变量变动的百分比的程度，即弹性。表 6-1 显示，对数化处理之后，lnsci 与 lndii 的最小值与最大值之间、lnsci 与 lndii 的标准差之间，数值差异减少了很多，数据质量更高了。在接下来的分析中，我们都采用 sci 与 dii 的对数值 lnsci 和 lndii。

二、相关分析与相关系数检验

变量之间的相关关系是变量之间存在因果关系的前提；若变量之间不存在相关关系，则必定不存在因果关系；若变量之间存在相关关系，则不一定存在因果关系。因此，相关分析是不考虑变量之间的因果关系而只研究变量之间的相关关系的一种统计分析方法。它对变量进行相关分析，判断变量之间的相关性，并决定是否有必要进行后续分析。表 6-2 显示了年份、lnsci 和 lndii 三个变量之间的相关系数及其 99% 置信水平上的显著性检验结果。

表 6-2　相关系数及其检验

	年份	lnsci	lndii
年份	1		
lnsci	0.9580*	1	
lndii	0.9919*	0.9622*	1

表 6-2 显示，三个变量年份、lnsci 和 lndii 之间的相关系数都非常高，均通过了置信水平为 99% 的显著性检验。经过对数变换处理之后的 lnsci 和 lndii 之间的相关系数为 0.9622。这为我们之后的因果关系检验奠定了很好的基础。

三、单位根检验

单位根检验是判断时间序列数据是否平稳的重要方法。时间序列数据的平稳性对于模型的构建非常重要。时间序列数据不平稳，可能会导致自回归系数的估计值向左偏向于零，使传统的 T 检验失败；也可能使相互独立的两个变量出现伪回归结果。因此，只有通过了单位根检验，才能进行后续的深入分析。这里我们采用单位根检验方法进行分析。

sci 与 dii 的单位根检验结果（表 6-3）显示，p 值远远大于 0.05，接受原假设，二者都存在单位根，数据不平稳。对 lnsci 与 lndii 的单位根检验结果显示，二者的 p 值远远小于 0.05，拒绝原假设，二者都不存在单位根，数据具有平稳性。

表 6-3 单位根检验结果

变量	ADF 检验值	临界值 1%	临界值 5%	临界值 10%	p 值	结论
sci	0.751	−4.159	−3.504	−3.182	1	非平稳
dii	2.538	−4.159	−3.504	−3.182	1	非平稳
lnsci	−4.970	−4.159	−3.504	−3.182	0.0002	平稳
lndii	4.172	−4.159	−3.504	−3.182	0.0049	平稳

四、协整检验

在本部分，我们采用 EG-ADF 协整检验分析方法。协整检验包括三个方面：我们以 lndii 为因变量，以 lnsci 为自变量，用普通最小二乘估计法进行回归，得到估计协整方程，进而得到残差序列，并对残差序列进行 ADF 检验，观测其是否为平稳序列。如果残差序列是平稳的，则变量之间就存在长期协整关系；否则，就不存在长期协整关系。

1. 估计协整方程

普通最小二乘估计法进行回归的结果显示，共 50 个样本参与了分析。模型的 F 值（1, 48）=598.63，p 值（Prob > F）=0.0000，说明模型整体上是非常显著的。模型的可决系数（R−squared）=0.9258，修正后的可决系数（Adj R−squared）=0.9242，说明模型的解释能力是很强的。模型的回归方程是：

$$lndii = 2.986218 \cdot lnsci - 20.60705$$

由本模型得到的基本结论是：lndii 与 lnsci 之间是一种正向联动关系。

2. 残差序列平稳性检验

对残差序列 ADF 检验的原假设是数据有单位根。本文中对残差序列的 ADF 检验结果如表 6-4 所示。

表 6-4 残差序列 ADF 检验结果

变量	ADF 检验值	临界值 1%	临界值 5%	临界值 10%	p 值	结论
残差 e	−2.703	−2.623	−1.950	−1.609	0.010	平稳

表 6-4 显示，ADF 检验值为 −2.703，低于 1% 的置信水平（−2.623），所以在 1% 的显著性水平上应该拒绝存在单位根的原假设，即残差序列是不存在单位根的，或者说残差序列是平稳的。这表明，lnsci 与 lndii 之间存在长期协整关系。

3. 误差修正模型

误差修正模型（error correction model，ECM）于 1978 年由 Davidson、Hendry、Srba 和 Yeo 提出，称为 DHSY 模型[20, 21]。我们以残差 e 为因变量，以 lnsci 与 lndii 为自变量，用普通最小二乘估计法进行回归，得到 emc 模型方程为：

$$e = lnsci - 0.3100141 \cdot lndii - 7.117095$$

该方程反映的是变量之间的长期均衡关系。

五、格兰杰因果关系检验

协整检验结果表明，科学仪器与科学论文产出之间存在长期联动关系，但这种动态均衡关系并不意味着两者之间存在因果关系。两者之间是否存在因果关系，尚需要进一步验证。我们采用格兰杰因果关系检验方法，对两者之间是否存在因果关系进行进一步的验证。考虑到滞后期和我们选择的 50 年时间序列数据，为厘清两者之间的相互作用关系，我们利用 stata 分别对滞后期 1~10 年逐一进行格兰杰因果检验，得到的结果如表 6-5 所示。

表 6-5 格兰杰因果关系检验结果

原假设	滞后期	F 值	p 值	结论
lnsci 不是 lndii 的格兰杰原因	1	0.0700	0.7927	接受
lndii 不是 lnsci 的格兰杰原因	1	0.6400	0.4320	接受
lnsci 不是 lndii 的格兰杰原因	2	0.5300	0.4742	接受
lndii 不是 lnsci 的格兰杰原因	2	3.6600	0.0660	接受
lnsci 不是 lndii 的格兰杰原因	3	0.0900	0.7722	接受
lndii 不是 lnsci 的格兰杰原因	3	1.1600	0.2910	接受
lnsci 不是 lndii 的格兰杰原因	4	0.5700	0.4547	接受
lndii 不是 lnsci 的格兰杰原因	4	0.7900	0.3820	接受
lnsci 不是 lndii 的格兰杰原因	5	0.2500	0.6190	接受
lndii 不是 lnsci 的格兰杰原因	5	3.8500	0.0600	接受
lnsci 不是 lndii 的格兰杰原因	6	0.4900	0.4886	接受
lndii 不是 lnsci 的格兰杰原因	6	7.3600	0.0110*	拒绝
lnsci 不是 lndii 的格兰杰原因	7	0.0100	0.9298	接受

原假设	滞后期	F 值	p 值	结论
lndii 不是 lnsci 的格兰杰原因	7	0.7700	0.3870	接受
lnsci 不是 lndii 的格兰杰原因	8	1.4900	0.2320	接受
lndii 不是 lnsci 的格兰杰原因	8	0.0900	0.7710	接受
lnsci 不是 lndii 的格兰杰原因	9	2.1200	0.1566	接受
lndii 不是 lnsci 的格兰杰原因	9	0.0200	0.8820	接受
lnsci 不是 lndii 的格兰杰原因	10	6.2100	0.0189[*]	拒绝
lndii 不是 lnsci 的格兰杰原因	10	0.0200	0.8830	接受

表 6-5 的结果显示，科学仪器与科学论文产出之间存在双向的格兰杰因果关系，两者之间具有显著的相互促进作用。

当滞后期为 6 年时，lndii 不是 lnsci 的格兰杰原因的原假设而被拒绝，p 值在 5% 置信区间显著。这说明，科学仪器是科学论文的格兰杰原因，科学仪器前期的变化能够解释未来科学论文的产出变化情况，科学仪器对科学论文具有显著的影响和促进作用，科学仪器的增长必定会带来科学论文产出在未来的繁荣发展。

当滞后期为 10 年时，lnsci 不是 lndii 的格兰杰原因的原假设而被拒绝，p 值在 5% 置信区间显著。这表明，lnsci 是 lndii 的格兰杰原因，科学论文的前期发展能够解释科学仪器未来的变化情况，科学论文对科学仪器具有显著的影响，科学论文的发展必定带来未来科学仪器的繁荣。

第四节　主要结论与政策启示

一、主要结论

文中通过对科学仪器与科学论文产出相互作用的实证研究，主要得到以下研究结论：科学仪器与科学论文产出的发展都具有长期的增长趋势，并且存在很多波动。单位根检验结果揭示了科学仪器与科学论文产出两个变量数据的非平稳性。经过对数变换处理后的科学仪器与科学论文产出两个变量的时间序列数据具有平稳性，两者之间的相关系数为 0.9622，通过了置信水平为 99% 的显著性检验。协整检验的结果揭示了科学仪器与科学论文产出之间存在长期均衡关系，在长期的发展过程中是可以找到变动规律的。

在探讨变量之间的长期关系时，误差修正方程 $e = \text{lnsci} - 0.3100141 \cdot \text{lndii} - 7.117095$ 中的 e 取值为 0，这样方程就变为 $\text{lnsci} = 0.3100141 \cdot \text{lndii} + 7.117095$，揭

示了科学论文产出与科学仪器之间长期是一种正向变动关系，科学仪器的发展会促进科学论文产出的提高。科学仪器与科学论文产出之间存在双向的格兰杰因果关系，两者之间具有显著的相互促进作用。当滞后期为 6 年时，科学仪器是科学论文的格兰杰原因；当滞后期为 10 年时，科学论文是科学仪器的格兰杰原因。

二、启示

本文的创新之处在于比较全面、深入地揭示了科学仪器与科学论文产出之间的相互作用关系及相互作用的周期特征。通过选择科技创新密集型、创新程度高的全球药学领域 1970～2019 年共计 50 年间科学仪器专利数据和科学论文产出数据，采用格兰杰因果关系检验等系列分析与检验方法，揭示了科学仪器与科学论文产出之间的相互作用关系。

科学论文产出与科学仪器之间的关系，实质上是科学与技术之间的关系。随着科学活动的大规模开展，科学研究活动对科学仪器的需求量也越来越大。在现代社会，科学仪器已经发展成了独立的产业，具有很强的商业经营性质。科学仪器对科学论文产出的正向作用关系说明，只有科学仪器适应科学研究发展的需要，即不断为新兴的科学研究活动提供最新的仪器，才能更好地推动科学事业的进步和发展。另一方面，科学研究活动日新月异的发展和科学研究成果的不断问世，也对科学仪器的发展提出了新需求并推动了科学仪器的发展。在实践过程中，科学仪器的设计，尤其是理化和生物仪器的设计，往往落后于科学研究发展几年的时间[1]。科学仪器高昂的价格和费用也限制了科学仪器的发展。这与我们格兰杰因果关系检验中的相关滞后期的研究发现是密切联系的。

"工欲善其事，必先利其器"。一个国家要科学强国，就必须高度重视科学仪器的研发。拥有并充分利用了先进的科学仪器，才更有希望取得科学最前沿的成果。因此，许多国家都高度重视科学仪器的自主研发。例如，在美国，国家重点实验室的一个基本指标就是要拥有 30% 以上的自主研发的实验设备[22, 23]。一些发达国家更是要求公共财政支持科技发展的经费中，需要有不少于 40% 的经费用于支持科学仪器和科学方法的研究。研究表明，有 1/3 的诺贝尔奖得主是通过提出新的理论或科学发现、理论推导而得奖；另有 1/3 是通过思路创新和方法创新而获奖；还有 1/3 是通过科学仪器、科学工具和科学手段的创新而获奖。但我国的科技布局更多瞄准了第一个 1/3，常常把后两个 1/3 忽略了[24, 25]。科研有没有底气在很大程度上在于有没有创新工具。科技部副部长刘燕华曾经表示[26]，在我国的科学研究事业发展过程中，超过 99% 的大型科学仪器设备、超过 80% 的中型科学仪器设备和超过 50% 的生物研究试剂依靠进口。科学仪器对外过度依赖的弊端是不言而喻的[27, 28]。随着我国科学事业的腾飞发展，对科学仪器的需求也越来越大。我们必须高度重视并不断加强科学仪器的自主研发，长足助力科学研究事业日新月异地发展。

本章参考文献

［1］贝尔纳.科学的社会功能［M］.陈体芳，译.桂林：广西师范大学出版社，2003.

［2］Swallow J C. Plastics and cements-applications to scientific instruments［J］. Journal of Scientific Instruments,1946,23(3):44-48.

［3］Wood A B. Development in the scientific instrument industry in great-britain［J］. Nature, 1946, 157(3983): 250-252.

［4］Robertson A, Frost M. Duopoly in scientific instrument industry-milk analyzer case［J］. Research Policy, 1978, 7(3): 292-316.

［5］Bergen S A. The R-and-D production interface-United-Kingdom and West-German practices and achievements in the scientific instrument industry［J］. R&D Management, 1982, 12(1): 21-25.

［6］李坤，韩焱，王鉴，等.国外科学仪器的资助政策及特点分析［J］.中国科技论坛，2019，（11）：172-179.

［7］李元明.科学仪器是观察大自然的窗口吗？［J］.哲学研究，2017，（10）：111-119，129.

［8］Heacock R L. Scientific instruments in space exploration: As our mission capability increases, the problems become more complex and difficult［J］. Science, 1963, 142(3589): 188-195.

［9］高晓培，潘云涛.从哈勃太空望远镜的论文产出看大型科学仪器对科学研究的支撑作用［J］.中国科技论坛，2011，（3）：15-20.

［10］Zuidervaart H J, Anderson D. Antony van Leeuwenhoek's microscopes and other scientific instruments: New information from the Delft archives［J］. Annals of Science, 2016, 73(3): 257-288.

［11］Grzelakowski K. The novel surface science instrument: Double reflection electron emission microscope［J］. Review of Scientific Instruments, 1999, 70(8): 3346-3350.

［12］张米尔，国伟，李海鹏.专利申请与专利诉讼相互作用的实证研究［J］.科学学研究，2016，34（5）：684-689，712.

［13］曹璋，李伟，陈一超.知识产权保护、知识产权贸易壁垒和中美贸易三者关系研究：基于向量自回归与格兰杰因果关系检验［J］.宏观经济研究，2020，（2）：92-101.

［14］刘东强.TiSA 谈判背景下中国服务贸易发展研究［D］.北京：中央财经大学博士学位

论文，2015.

［15］杨润 . 农业劳动力转移率变化的经济增长效应研究［D］. 上海：华东师范大学硕士学位论文，2019.

［16］张甜，李爽 . Stata 统计分析与行业应用案例详解［M］. 2 版 . 北京：清华大学出版社，2017.

［17］逢键涛，温珂 . 主动性人格、工作满意度与员工创新行为：对中国医药生物技术企业的实证分析［J］. 科学学研究，2016，34（1）：151-160.

［18］Jiang Q L, Luan C J. Diffusion, convergence and influence of pharmaceutical innovations: A comparative study of Chinese and US patents［J］. Globalization and Health, 2018, 14: 9.

［19］杨力凡 . 我国医药制造业技术创新效率研究［D］. 成都：西南交通大学硕士学位论文，2018.

［20］Apergis N, Payne J E. Renewable and non-renewable energy consumption-growth nexus: Evidence from a panel error correction model［J］. Energy Economics, 2012, 34(3): 733-738.

［21］Apergis N, Payne J E. Energy consumption and economic growth in central America: Evidence from a panel cointegration and error correction model［J］. Energy Economics, 2009, 31(2): 211-216.

［22］Job P K, Casey W R. Radiological considerations for bulk shielding calculations of national synchrotron light source-Ⅱ［J］. Nuclear Instruments & Methods In Physics Research Section a-Accelerators Spectrometers Detectors And Associated Equipment, 2011, 660(1): 1-6.

［23］Agarwal D A, Sachs S R, Johnston W E. The reality of collaboratories［J］. Computer Physics Communications, 1998, 110(1-3): 134-141.

［24］王静 . 我国科技创新方法存在五大问题［J］. 发明与创新（综合版），2009，（12）：14.

［25］刘燕华 . 用创新方法去实现自主创新的梦想［J］. 中国农村科技，2012，（8）：16-20.

［26］"十二五"规划力改购买国外科研仪器热潮 . http://www.shanghai fenxi.com.cn/html/133319. htm.

［27］徐大海 . 区域大型科学仪器设备共享系统研究［D］. 天津：河北工业大学博士学位论文，2017.

［28］王大洲，何江波，毕勋磊 . 我国大型科学仪器设备研制状况及政策建议［J］. 工程研究-跨学科视野中的工程，2016，8（4）：401-410.

第七章　ICT 企业的专利技术合作与创新网络演化研究——以华为技术有限公司为例

第一节　背景与国内外研究现状

一、背景

在知识经济时代，科技是第一生产力。世界各国都在加大对科技领域的资金投入与政策支持，不仅将创新驱动作为国家发展的战略选择，更是将其纳入国家发展战略，技术创新就显得极为重要。信息通信技术（information and communications technology，ICT）企业是高技术企业中的代表性企业，研究其技术创新网络的演化有助于揭示高技术企业在创新大潮中的发展规律，从而制定相关战略引领创新浪潮。

本文以华为技术有限公司的专利数据作为样本，分阶段地研究其专利合作网络、技术领域与专利质量的演化情况，并结合相应的演化过程、趋势、特征和结果，提出我国 ICT 行业企业技术创新的发展策略。

二、国内外研究现状

早期的创新研究方向遵循熊彼特提出的定义[1]，到了 20 世纪 80 年代，学者们发现创新具有周期性、不确定性等因素。鉴于此，企业的创新模式也从单一线性向非线性的创新网络模式转化。Freeman 于 1991 年提出，创新网络与创新者网络属于同一个概念，企业间的创新合作关系是网络主体的最基本的连接机制[2]。在此基础上，Lundacall 于 1992 年提出了创新网络是创新的重要成分，实质上是元素的相互利用和合作的整合[3]。我国学者连远强提出，对于企业来说，创新网络是战略层面与地理空间层面的综合体现[4]。创新网络中有效的利益分配机制、信任机制、学习机制和技术转移速度等均能加快产品创新的速度。沈必扬等提出创新网络中有效的利益分配机制、信任机制、学习机制和技术转移速度等均能加快产品创新的速度[5]。张云伟以上海张江产业园为研究对象，实证研究发现创新网络生命周期可以分为出现、发展、成熟、衰退、灭绝或复兴五个阶段[6]。

网络演化是网络结构的动态形式。近年来，学者们的研究方向集中在技术创新网络演化研究上，而对于网络演化的研究又分为演化动因研究与演化形态研究。Venkatraman等指出，网络结构和技术特征通过影响组织的优先连接机制间接影响网络演化[7]。Iammarino等提出，通过创造并转移知识，可以加速网络演化进程[8]。吕国庆等通过对东营市石油制造业的研究，将整个网络分为初创期、裂变期、聚变期和重组期[9]。阿丽塔等采用文献计量学方法，分析了中美医药产业技术创新网络的演化路径，指出中国目前的创新网络层次落后于美国[10]。苏屹等通过对我国29个省份的专利授权情况进行实证分析，得出了区域创新关联网络的特征[11]。

社会网络分析法（social network analysis，SNA）是一种满足研究社会结构与社会关系需要的方法。彭继东等将社会网络分析方法应用于专利网络的分析[12]。刘彤等以北京地区纳米技术领域专利为例，构造具有多重属性节点的专利网络，利用社会网络分析方法研究了专利合作网络演化特征，并对网络中潜在的重要关系与变化进行了识别[13]。王海军等基于专利视角以模块化形式梳理了中国石油装备产业的产业结构，并分析了中国石油装备产业产学研协同创新的演变轨迹及存在的问题[14]。

第二节　方法与数据处理

一、方法

本文基于华为技术有限公司的联合申请的国内外专利数据，使用 UCINET 软件来分析技术创新网络，通过分析网络内各节点的专利合作情况来揭示他们的专利合作主体分布特征及技术领域演化情况。

由于本文的研究对象是特定企业的专利合作网络，网络结构一般是以该企业为核心的类星型网络结构，结构较单一。在与特定企业关联的大条件下采用上述网络密度、直径指标与节点层面指标进行测度时并不能准确描述其他主体之间的关系。因此本文采取网络规模度、主体合作强度与网络合作强度三个指标对不同阶段的网络进行测度。其中，主体合作强度指某阶段该主体与特定企业之间的合作频率，网络合作强度指某阶段所有主体合作强度之和。

二、数据处理

1.专利数据来源与检索

华为技术有限公司的合作专利数据源于incoPat科技创新情报平台。由于WIPO收录的PCT专利同样反映了企业的创新能力，因此本文的专利数据是国内专利与PCT国际专利的整合数据。

本文的检索过程如下：在incopat数据库高级检索的指令检索栏中分别输入字段"ap=华为技术有限公司 not no-ap =1"，检索时间为申请日为1985年1月1日到2017年12月31日。我国专利制度是从1985年开始的，所以起始时间为1985年。由于专利申请、授权及后续的被引都具有滞后性的特点，因而设置了3年的缓冲期，将结束时间设置为2017年12月31日。将实用新型与外观过滤掉，获得了华为技术有限公司的合作发明专利。检索出有用的信息包括标题、公开号、申请号、申请日、申请人、IPC分类号、权利要求数量、引证专利次数、发明类型、当前法律状态。

2.数据处理方式

将检索到的专利信息进行清洗后，得到华为技术有限公司的合作发明专利2840件，其中共有151个专利合作申请主体，合作领域按照IPC分类号分成32大类77小类。依据各个申请人之间、技术之间的关系，将华为技术有限公司的专利信息构建成 $N \cdot N$ 矩阵。再利用UCINET将上述矩阵进行可视化处理，绘制出不同阶段的两家公司各自的合作主体网络演化图与技术领域网络演化图。

第三节　华为技术合作网络演化分析

一、合作专利数量

根据华为技术有限公司合作专利数量与合作专利数增长比例情况，并考虑各个阶段时间长度的可比性，将华为技术有限公司专利合作历程分为四个阶段，总体情况如图7-1所示。

第一阶段为2002～2005年。在这个阶段，华为技术有限公司的合作专利数量与合作专利数增长比例逐年上升，且专利数量也呈现稳步增长的态势。前两年处于磨合期，专利合作水平不高，合作专利数量也较少，2002年、2003年的专利数量都不超过10；后两年专利合作数量的增幅较大，说明前两年的铺垫与磨合开始产生显著效果。

　　第二阶段为 2006～2009 年。在第一阶段，华为技术有限公司与各主体建立了合作基础并积累了相关经验，存在一定的专利基数。在本阶段，华为技术有限公司的合作专利数增长比例呈下降趋势，但是专利数依旧缓慢增加，直到 2009 年突然下降，这与 2008 年的金融危机不无关系。

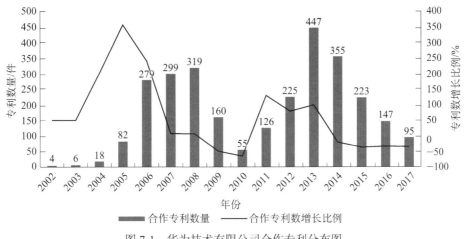

图 7-1　华为技术有限公司合作专利分布图

　　第三阶段为 2010～2013 年。在这个时期内，华为技术有限公司的专利合作数量呈现明显的增长趋势，从 2010 年的 55 件增加到 2013 年的 447 件。在这段时间，最高的增长比例出现在 2011 年，达到近 150%。

　　第四阶段为 2014～2017 年。在这一阶段，华为技术有限公司的合作专利数逐年下降。这可能是因为新旧主体更换导致企业需要重新磨合、试错来寻找新专利合作策略，同时也说明了 R&D 活动及专利申请的时滞性与不规律性。

二、专利申请人合作网络演化分析

（一）不同阶段的专利申请人合作网络图

　　不同阶段华为技术有限公司与高校、研究院所及企业的专利合作申请情况如图 7-2～图 7-5 所示。

（二）网络指标分析

　　从图 7-2～图 7-5 中可以发现，华为技术有限公司在四个阶段的专利合作主体不同，主体合作强度也不同，阶段差异性较显著。由图得到的不同阶段的

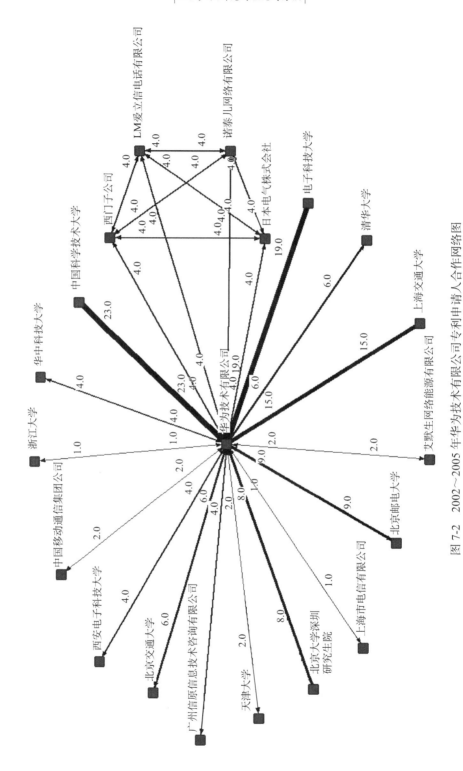

图7-2 2002～2005年华为技术有限公司专利申请人合作网络图

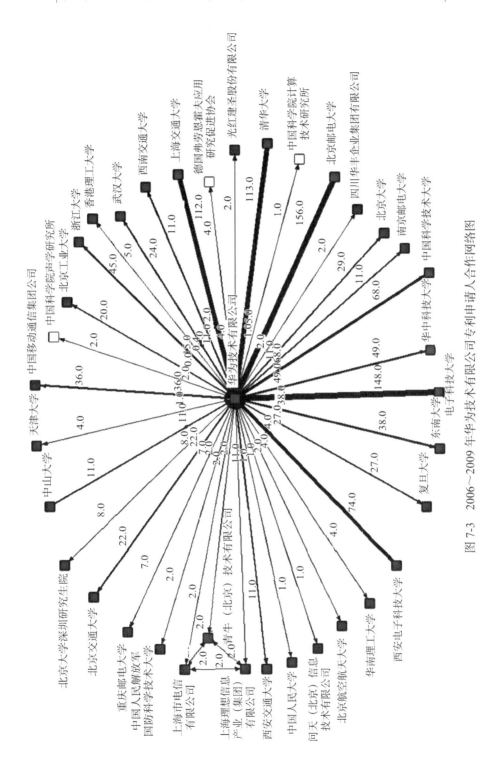

图 7-3　2006～2009 年华为技术有限公司专利申请人合作网络图

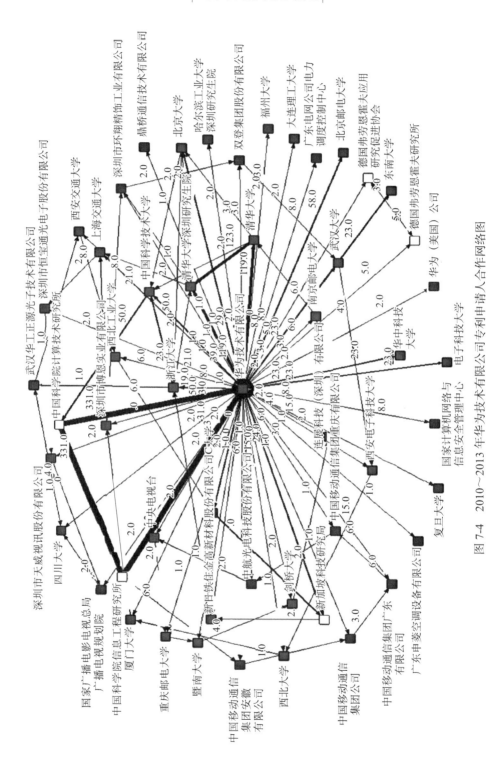

图 7-4　2010～2013 年华为技术有限公司专利申请人合作网络图

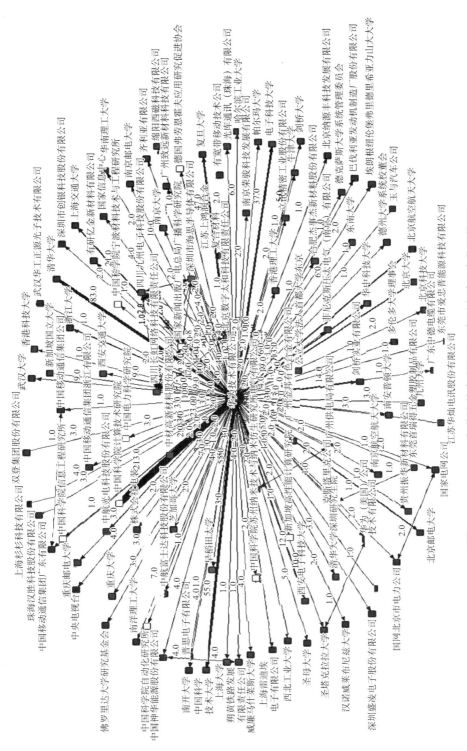

图 7-5 2014～2017 年华为技术有限公司专利申请人合作网络图

申请人合作网络特征指标值如表 7-1 所示。我们将各个阶段主体合作强度排在前 10% 的主体视为强专利活力主体,不同阶段的强专利活力主体对照表如表7-2 所示。

表 7-1　各阶段华为技术有限公司专利合作网络结构特征指标值

网络结构指标	2002～2005 年	2006～2009 年	2010～2013 年	2014～2017 年
网络规模 G	20	37	52	108
网络合作强度 L	122	1061	860	822

表 7-2　华为技术有限公司各阶段强专利活力主体

阶段	强专利活力主体
2002～2005 年	中国科学技术大学（23）、电子科技大学（19）
2006～2009 年	北京邮电大学（156）、电子科技大学（148）、清华大学（113）、上海交通大学（112）
2010～2013 年	中国科学院计算技术研究所（331）、清华大学（119）、北京邮电大学（58）、中国科学技术大学（50）、北京大学（29）
2014～2017 年	中国科学院计算技术研究所（213）、清华大学（83）、中国科学技术大学（55）、复旦大学（47）、电子科技大学（37）、上海交通大学（21）、华中科技大学（19）、北京大学（17）、北京邮电大学（17）、浙江大学（17）、剑桥实业有限公司（14）
2002～2017 年	中国科学院计算技术研究所（545）、清华大学（321）、北京邮电大学（240）、电子科技大学（227）、中国科学技术大学（196）、上海交通大学（169）、西安电子科技大学（105）、华中科技大学（95）、复旦大学（89）、浙江大学（82）、北京大学（75）、东南大学（67）、中国移动通信集团公司（42）、武汉大学（37）、香港理工大学（31）

2002～2005 年为华为技术有限公司展开专利合作的第一阶段。本阶段处于网络构建的初始时期与专利技术的积累时期,华为技术有限公司为了获得更多技术资源开始与外部主体进行专利合作研发。这一阶段的合作主体共有 19 个,其中以中国科学技术大学、电子科技大学两个强专利活力主体为代表。网络合作强度为 122,为四个阶段里最小的。不难发现,华为技术有限公司的合作主体主要是高校与企业,没有科研院所,其中高校的占比超过 50%,且本阶段的强专利活力主体也都是高校,其合作强度贡献已经占到整体网络的 54%。

2006～2009 年为华为技术有限公司展开专利合作的第二阶段。本阶段的合作网络强度达到最高峰,合作主体也从 19 个增加到 36 个,其中包括 26 所高校、3 个科研院所及 7 家企业。随着时间的推移,参与华为技术有限公司创新网络合作里的主体数量越来越多,华为技术有限公司技术知识积累的来源也越来越广泛,此阶段首次同国外主体建立了联系。由表 7-1 和表 7-2 可知,第二阶段的强专利活力合作主体依旧是高校,包括北京邮电大学、电子科技大学、清华大学、上海交通大学。有了第一阶段的相关经验积累,第二阶段的合作专利数量突飞猛进，清华大学依靠自身过硬的知识架构与资源基础，首次合作便已进入强专利活力主体前三席位。本阶段的网络合作强度为 1061，为四个阶段里数量最大的，其中强专利活力合作主体的贡献比达到近 70%，说明华为技术有限公司逐渐熟悉了同高校的合作策略，开始进入专利合作成熟期。

2010～2013 年为华为技术有限公司展开专利合作的第三阶段。本阶段的合作主体数量增加至 51 个，但网络合作强度有所下降。这可能与新网络主体消耗了一定资源，导致已有主体分配资源减少但新进主体的合作效果短期无法体现有关。由表 7-2 与图 7-4 可知，第三阶段合作主体中的高校数量占到一半，有 5 个研究院所、21 家企业。强专利活力主体由 8 所高校与 1 个科研院所组成，其中高校的专利合作数量较上一阶段有所减少，但是高校合作主体增多。中国科学院计算技术研究所的合作频率也从第二阶段的 1 次暴涨到 331 次，列本阶段强专利活力主体第一位，这与其强大的应用研究实力密切相关。此阶段的强专利活力合作主体贡献比达到 81.5%，其中中国科学院计算技术研究所的个体贡献比就达到 38.4%。

2014～2017 年为华为技术有限公司展开专利合作的第四阶段。本阶段专利合作的主体数量达到顶峰，其中有高校 47 所、研究院所 9 个、企业 52 家。这也是企业主体数量首次超过高校数量，占据主体数量第一位。这说明，华为技术有限公司越来越重视来自产业链上的企业合作伙伴，以推动同高校、研究院所合作产出的技术创新成果商业化。随着公司国家化战略的具体落实，华为技术有限公司开始同牛津大学、剑桥大学、早稻田大学为代表的世界名校展开合作，在 47 所高校中，国外名校占到 19 所，其申请的 PCT 国际专利也达到 59 件。由表 7-2 可知，第四阶段的强专利活力主体数量为 11 个，是四个阶段里最多的。中国科学院计算技术研究所凭借上一阶段同华为技术有限公司的大量专利的磨合与经验积累，依旧占据第一的位置，美国的圣塔克拉拉大学与新加坡的南洋理工大学也逐渐崭露头角，合作强度虽未能进入前 10%，但也位居前列。

纵观全阶段发现，在排名前 20 的强专利活力主体中，高校数量有 18 所，其中电子科技大学是四个阶段均为强专利活力的主体。中国科学院计算技术研究所与清华大学凭借自身的技术资源与实力成功占据全阶段强专利活力主体前二的位置。中国移动通信集团公司也围绕着基础通信、物联网、云服务等领域与华为技术有限公司建立了密切联系，从而占据了强专利活力企业的第一位。进一步观察发现，同华为技术有限公司建立联系的研究院所相对较少，这是因为华为技术有限公司在全球共有 16 个研发中心，已经具备了较强的应用技术研发能力。

第四节　华为技术创新网络演化分析

一、技术小类的演化

图 7-6 显示，四个阶段专利合作涉及的技术领域数量及合作专利数量的差异较明显。

第一阶段：这个阶段的专利合作技术领域共有 13 个，合作数量排在前五位的领域分别是 H04L（数字信息的输出）、H04Q（选择）、H04B（传输）、H03M（一般编码、译码或代码转换）、G06F（电数字数据处理）。其中前三个都属于 H04（电通信技术）领域，且他们对应的专利合作数量占比高达 77.5%。

第二阶段：这个阶段的专利合作技术领域共有 29 个，合作数量排在前五位的领域分别是 H04L、H04B、H04N（图像通信）、H04W（无线通信网络）、H04Q。此阶段前五领域全部属于 H04 大类，且 H04J（多路复用通信）首次出现便排在第 8 位。另外，此阶段中专利技术领域上的合作也主要是在 H04 大类里进行的，如 H04L 与 H04B、H04W 与 H04L 的合作。由此可见，H04 领域是华为技术有限公司的强势领域。

第三阶段：这个阶段的专利合作技术领域共有 36 个，合作数量排在前五位的领域分别是 G06F、H04L、H04N、H04W、H04B。此阶段，华为技术有限公司开始重视 G06F 领域上的专利，加大投入力度，虽然前五领域里有四个是 H04 大类的，但 G06F 领域所对应的专利数量依旧占据了半数。

第四阶段：这个阶段的专利合作技术领域共有 65 个，合作数量排在前五的领域与第三阶段的一样，依旧是 G06F、H04L、H04N、H04W、H04B，且排名顺序也毫无变化。与上一阶段略有不同的是，本阶段的 G06F 领域中的专利数量超过了另外四个 H04 领域的专利数量之和。

从全阶段的视角分析图 7-6 发现，在四个阶段中，合作数量均排在前五的领域只有 H04L 与 H04B。这说明，数字信息的输出与传输领域是华为技术有限公司的重点研发领域，具有相对稳定性与持续性。纵观全阶段发现，华为技术有限公司在 H04L 领域的合作专利数量最多，尤其是第二阶段，H04L 领域的专利数量占到总体数量的 40%。这表明，华为技术有限公司在该领域具有较强的技术优势。但从 2010 年至今，华为技术有限公司逐渐重视 G06F 领域的研究，合作研发重点也逐渐从 H04L 领域转向 G06F 领域。由此也可以看出，华为技术有限公司未来的发展领域将会主要集中于以 5G 为主的 H04 与 G06 中的云服务。

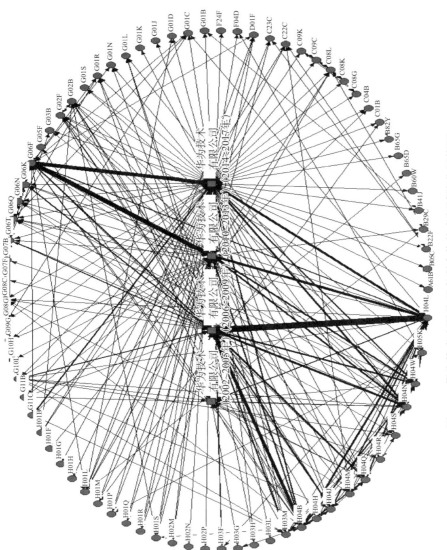

图 7-6 华为技术有限公司专利合作技术领域演化网络图

二、专利合作主体与技术领域的 2- 模网络

为了进一步研究华为技术有限公司专利合作主体的技术领域会聚现象，本文构建了专利合作主体与技术领域的 2- 模网络（图 7-7），更加直观清晰地探讨了华为技术有限公司与各个主体的合作专利在技术领域上的分布情况。

在同高校合作方面，高校共有 62 所，占合作主体数量的 41%。高校申请专利数量占总申请数量的 71%。合作专利数量排在第一位的是清华大学，达到321 件，之后是 240 件的北京邮电大学、227 件的电子科技大学、196 件的中国科学技术大学、169 件的上海交通大学。由图 7-7 发现，它们与华为技术有限公司的合作专利技术领域主要集中在 H04（电通信技术）与 G06（计算；推算；计数），在 H03（基本电子电路）与 G10（乐器；声学）领域也略有合作。

在同研究院所合作方面，研究院所共有 14 个，其专利申请数量占总申请数量的 21%，其中中国科学院计算技术研究所的贡献高达 90%。从合作专利数量来看，中国科学院计算技术研究所以 545 件的合作专利排在专利合作全部主体的第一位，主要技术领域为计算、推算领域，次要技术领域为电通信技术领域。

在同企业合作方面，企业共有 74 家，但合作专利数量却并不多，只有 226个，可见企业在华为技术有限公司技术创新网络中的贡献相对较少。它们的合作领域主要集中在 H04 与 H01（基本电器元件）领域。其中唯一一家强专利活力企业是中国移动通信集团公司。中国移动通信集团公司作为全球第一大移动通信运营商，近年来与华为技术有限公司围绕 5G 通信的关键技术，在基础通信、智慧城市、VR 业务、商用芯片、云服务等领域不断深化，逐渐构建起成熟的战略合作伙伴关系。

第五节　结论与启示

一、结论

技术创新网络的演化是一个持续时间较长的历史过程，也是一个产业实现技术积累的重要组成部分。本文从 ICT 行业技术创新网络演化的角度，以华为技术有限公司这一领先 ICT 企业的专利数据作为样本，分阶段地研究其专利合作网络、技术领域的演化情况。得出以下结论：

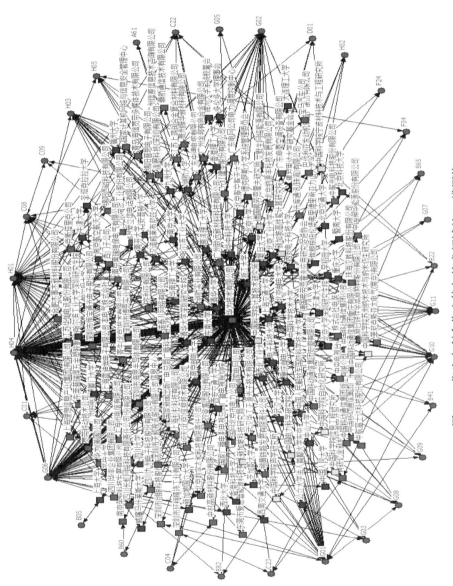

图 7-7　华为专利合作主体与技术领域的 2-模网络

华为技术有限公司的技术创新网络可以分成四个阶段。从网络规模来看，四个阶段华为技术有限公司的网络规模依次递增；从网络合作强度来看，第一阶段的网络合作强度最弱，第二阶段的网络合作强度达到最高峰；从技术领域来看，华为技术有限公司的技术合作领域虽然会随着全球技术发展与主营业务需要呈现一定的阶段性，但在核心领域上相对稳定；从强专利活力主体来看，比较重要的主体有清华大学、中国科学技术大学、北京邮电大学、电子科技大学、上海交通大学等，它们的优势技术领域是 H04 与 G06。

二、启示

通过对华为技术有限公司的技术创新网络分析，并结合相应的演化过程、趋势、特征和结果，提出以下几点发展策略：①构建产学研合作的技术创新网络；②加强行业规范制定与引导；③制定明确的技术目标，选择正确的合作伙伴。

（一）构建产学研合作的技术创新网络

ICT 产业协会等相关组织与政府应引导企业构建产学研合作的技术创新网络。为了提高专利产出能力和水平，企业必须注重加强与其他企业、高校及研究院所等主体的联系以实现优势互补、协同共赢，且企业在选择合作主体时，高校与科研院所要着重考虑。这主要是由于科研院所、高校都具有扎实的基础研究实力与及时辨识与获取国际前沿技术的能力。另外，高校也能按照企业的需要培养关键技术人才，以便为企业后期吸纳人才提供保障。

（二）加强行业规范制定与引导

我国的 ICT 行业应该制定更加合理可行的行业规范，并引导技术创新网络中的各个主体参与到关键技术与核心领域的研发上来。而且，还要及时将有价值的技术信息反馈到技术创新网络中去，从而促进网络稳定发展，进而推动我国的创新强国目标的实现。

（三）制定明确的技术目标，选择正确的合作伙伴

多学科知识会聚是 ICT 产业的显著特征，市场还具有不确定性等特点，且技术创新本来就需要长时间发酵才能显现效果。因此，ICT 企业最重要的就是要紧跟技术发展方向，制定明确的技术目标。在伙伴选择方面，企业不仅要加强对重点领域核心技术合作的稳定强专利活力主体的管理，还要兼顾各技术领域具有相对优势的潜在强专利活力主体的发现。

本章参考文献

［1］陈文婕.低碳汽车技术创新网络演化研究［D］.长沙：湖南大学博士学位论文，2013.

［2］Freeman C. Networks of innovators: A synthesis of research issues［J］. Research Policy, 1991, 20(5): 499-514.

［3］Knight L, Pye A. Network learning: An empirically derived model of learning by groups of organizations［J］. Human Relations, 2005, 58(3): 369-392.

［4］连远强.国外创新网络研究述评与区域共生创新战略［J］.人文地理，2016，31（1）：26-32.

［5］沈必扬，池仁勇.企业创新网络：企业技术创新研究的一个新范式［J］.科研管理，2005，（3）：84-91.

［6］张云伟.跨界产业集群之间合作网络研究［D］.上海：华东师范大学博士学位论文，2013.

［7］Venkatraman N, Lee C H. Preferential linkage and network evolution: A conceptual model and empirical test in the US video game sector［J］Academy of Management Journal, 2004, 47(6): 876-892.

［8］Iammarino S, McCann P. The structure and evolution of industrial clusters: Transactions, technology and knowledge spillovers［J］. Research Policy, 2006, 35(7): 1018-1036.

［9］吕国庆，曾刚，郭金龙.长三角装备制造业产学研创新网络体系的演化分析［J］.地理科学，2014，34（9）：1051-1059.

［10］阿丽塔，刘晓婷，张玢，等.基于专利计量的中美医药产业创新网络对比分析［J］.中国新药杂志，2014，23（11）：1237-1247.

［11］苏屹，韩敏睿，雷家骕.基于社会网络分析的区域创新关联网络研究［J］.科研管理，2018，39（12）：78-85.

［12］彭继东，谭宗颖.一种基于文本挖掘的专利相似度测量方法及其应用［J］.情报理论与实践，2010，33（12）：114-118.

［13］刘彤，郭鲁钢，杨冠灿.基于动态网络分析的专利合作网络演化分析：以纳米技术为例［J］.情报杂志，2014，33（11）：88-93，66.

［14］王海军，邹日崧.专利视角下中国石油装备产业的产学研协同创新［J］.技术经济，2018，37（3）：52-60.

附 录

附表 1　标准化专利申请人全称及申请人类型

序号	标准化专利申请人简称	标准化专利申请人全称	申请人类型
1	国家电网	中国国家电网有限公司	企业
2	许继电气	许继电气股份有限公司	企业
3	华北电大	华北电力大学	高校
4	华电集团	中国华电集团有限公司	企业
5	清华大学	清华大学	高校
6	江苏电力	国家能源集团江苏省电力公司	企业
7	许继集团	许继集团有限公司	企业

附表 2

序号	IPC 分类代码（小类）	释义
1	B60W	车辆控制系统
2	B65D	用于物件或物料贮存或运输的容器；所用的附件、封口或配件；包装元件；包装件
3	B65G	运输或贮存装置，例如装载或倾卸用输送机、车间输送机系统或气动管道输送机
4	B82Y	纳米结构的特定用途或应用；纳米结构的测量或分析；纳米结构的制造或处理
5	C01B	非金属元素；其化合物
6	C04B	石灰；氧化镁；矿渣；水泥；其组合物
7	C08G	用碳-碳不饱和键以外的反应得到的高分子化合物
8	C08K	使用无机物或非高分子有机物作为配料
9	C08L	高分子化合物的组合物
10	C09C	纤维状填料以外的无机材料的处理以增强它们的着色或填充性能
11	C09K	不包含在其他类目中的各种应用材料；不包含在其他类目中的材料的各种应用
12	C22C	合金

序号	IPC 分类代码（小类）	释义
13	D01F	制作人造长丝，线，纤维，鬃或带子的化学特征；专用于生产碳纤维的设备
14	F04D	非变容式泵
15	F24F	空气调节；空气增湿；通风；空气流作为屏蔽的应用
16	G01S	无线电定向；无线电导航；采用无线电波测距或测速；采用无线电波的反射或再辐射的定位或存在检测；采用其他波的类似装置
17	G01R	测量电变量；测量磁变量
18	G01N	借助于测定材料的化学或物理性质来测试或分析材料
19	G01L	测量力、应力、转矩、功、机械功率、机械效率或流体压力
20	G01K	温度测量；热量测量；未列入其他类目的热敏元件
21	G01J	红外光、可见光、紫外光的强度、速度、光谱成分，偏振、相位或脉冲特性的测量；比色法；辐射高温测定法
22	G01D	非专用于特定变量的测量；不包含在其他单独小类中的测量两个或多个变量的装置；计费设备；非专用于特定变量的传输或转换装置；未列入其他类目的测量或测试
23	G01C	测量距离、水准或者方位；勘测；导航；陀螺仪；摄影测量学或视频测量学
24	G01B	长度、厚度或类似线性尺寸的计量；角度的计量；面积的计量；不规则的表面或轮廓的计量
25	G02B	光学元件、系统或仪器
26	G02F	通过改变其中涉及的元件的介质的光学性质来控制光的光学器件或装置；非线性光学元件；光的变频；光学逻辑元件；光学模拟／数字转换器
27	G03B	摄影、放映或观看用的装置或设备；利用了光波以外其他波的类似技术的装置或设备；以及有关的附件
28	G05F	调节电变量或磁变量的系统
29	G06F	电数字数据处理
30	G06K	形数据读取；数据的呈现；记录载体；处理记录载体笔记该子类涵盖：记录载体的标记、传感和传送；从记录载体读取图形表示
31	G06N	基于特定计算模型的计算机系统
32	G06Q	专门适用于行政、商业、金融、管理、监督或预测目的的数据处理系统或方法；其他类目不包含的专门适用于行政、商业、金融、管理、监督或预测目的的处理系统或方法
33	G06T	一般的图像数据处理或产生小类索引通用图像数据处理
34	G07B	售票设备；车费计；用于在一个或多个管理点收车费、通行费或入场费的装置或设备；签发设备小类索引用于印刷或发售票证的机器
35	G07F	投币式设备或类似设备
36	G08C	测量值、控制信号或类似信号的传输系统

序号	IPC 分类代码（小类）	释义
37	G08G	交通控制系统
38	G09G	对用静态方法显示可变信息的指示装置进行控制的装置或电路传输数据的装置在数字计算机与显示器之间
39	G10H	电声乐器；由机电装置或电子发生器产生音调的乐器，或从数据存储器合成音调的乐器
40	G10L	语音分析或合成；语音识别；语音或声音处理；语音或音频编码或解码
41	G11B	基于记录载体和换能器之间的相对运动而实现的信息存储
42	G11C	静态存储器
43	H01B	电缆；导体；绝缘体；导电、绝缘或介电材料的选择
44	H01F	磁体；电感；变压器；磁性材料的选择
45	H01G	电容器；电解型的电容器、整流器、检波器、开关器件、光敏器件或热敏器件
46	H01H	电开关；继电器；选择器；紧急保护装置
47	H01L	半导体器件；其他类目中不包括的电固体器件
48	H01M	用于直接转化学能为电能的方法或装置
49	H01P	波导；谐振器、传输线或其他波导型器件
50	H01Q	天线，即无线电天线
51	H01R	导电连接；一组相互绝缘的电连接元件的结构组合；连接装置；集电器
52	H01S	利用辐射[激光]的受激发射使用光放大过程来放大或产生光的器件；利用除光之外的波范围内的电磁辐射的受激发射器件
53	H02M	用于交流和交流之间、交流和直流之间、或直流和直流之间的转换以及用于与电源或类似的供电系统一起使用的设备；直流或交流输入功率至浪涌输出功率的转换；以及它们的控制或调节
54	H02N	其他类目不包含的电机
55	H02P	电动机、发电机或机电变换器的控制或调节；控制变压器、电抗器或扼流圈
56	H03F	放大器
57	H03G	放大的控制
58	H03H	阻抗网络，例如谐振电路；谐振器
59	H03L	电子振荡器或脉冲发生器的自动控制、起振、同步或稳定
60	H03M	一般编码、译码或代码转换
61	H04B	传输
62	H04H	广播通信
63	H04J	多路复用通信
64	H04M	电话通信

序号	IPC分类代码（小类）	释义
65	H04Q	选择
66	H04R	扬声器、传声器、唱机拾音器或其他声—机电传感器；助听器；扩音系统
67	H04S	立体声系统
68	H04N	图像通信，如电视
69	H04L	数字信息的传输
70	H04W	无线通信网络
71	H05K	印刷电路；电设备的外壳或结构零部件；电气元件组件的制造